民法典
合同编通则
适用与典型案例解读

张晓飞 ◎著

MINFADIAN HETONGBIAN TONGZE
SHIYONG YU DIANXING ANLI JIEDU

中国法制出版社
CHINA LEGAL PUBLISHING HOUSE

自　序

这本书，是我二十余年合同法教学、科研与法律实践的结晶。

我是 1995 年 7 月本科毕业后留校工作的，一开始在校党委机关做文员。为贴补拮据的生活，我开始给民办大学的自考生讲授法学自考课程。由于自己的无知和莽撞，我接手的第一门课程竟然是国际商法。跌跌撞撞地开始，通过不断地备课、讲课，熟悉了《联合国国际货物买卖合同公约》以及《国际贸易术语解释通则》的基本知识。后来，又陆续接手了经济法、国际经济法、国际贸易法、经济合同法、企业法等自考课程的讲授。2003 年 7 月硕士毕业后，我站上了法学院的讲台，主要给法学本科生讲授合同法和商法两门课程。由于家庭出身的贫寒，为解决经济困难，我同时走上了兼职律师这条路。我这二十年，就是将书本所学与法律实践紧密互动的二十年。

无论是单纯的理论思考，还是面对实践难题的挑战；无论是在课堂上，还是在法庭上，我几乎每天都要面对书本知识与实践挑战之间的严肃拷问，其间难免会有很多思考与感悟。我的这本小书，从开始撰写到最终定稿，历经十余年，反复讲了十余年，反复锤炼修改了十余年。从我最初提供给同学们的讲稿，到今天付梓的书稿，也算是见证了从年少轻狂到老成持重的岁月蹉跎。书中的观点可能与主流看法不同，甚至存在错谬之处，但大都经受了学术与实践的双重验证，经由缜密思考所得，绝非轻狂冒失之语。

为方便读者阅读本书，我重点讲一讲法学理论与法律实践的结合问题。

从法学本科开始，经历法学硕士，直到法学博士毕业，我们每天学习、接触的都是规范的法学知识，包括遵循了严格学术规范形成的教材、专著以及论文，还有对法律规范的分析、解释，这些构成规范知识的储备。当我们走出校门，直面具体案件时，这起案件呈现给我们的是社会现实，构成客观事实。要参与解决案件所面临的矛盾，我们就要运用规范知识来分析客观事实，得出认定结论。这个过程一定要受到规范知识的约束，不能因赚取金钱的功利驱动而逾越规范知识的边界。要在规范知识与案件事实的结合上下功夫，用自己规范知识的储备优势取得案件处理上的突破。这样一来，你的收获就是双重的，既有对规范知识的灵活运用与反思，促进规范知识的发展，又能实现功利目的，赚取更多的金钱，在双重目标上实现人生价值。经历法律实践，而不对规范知识进行反思，或者只为赚取金钱，而无视规范知识的约束，都是不值得提倡的。要胜在规范知识的储备优势上，而不是其他。譬如主从关系与因果关系的区分问题。司法实践中有时会混淆主从关系与因果关系，将因果关系视为主从关系，进而适用主合同无效、从合同无效的规则，以原因关系无效推定结果关系无效。要运用规范知识对这类裁判进行分析，指出错误所在。主从关系是决定与被决定的关系，一般而言，主合同无效，从合同无效。因果关系是引起与被引起的关系，遵循无因性原则。违法行为与危害后果之间要有因果关系，不可张冠李戴。如果企业停产不是因合同一方不履行合同义务所引起，停产损失再大，也不能由违约一方赔偿。过错相抵规则中的"有过错"，不是有过错，而是可归责于有因果关系，债权人损失这"一果"是由违约方的违约行为和债权人的行为"多因"所引起，因此，要区分"多因"在引起"一果"中的作用来认定违约方的损失赔偿额，不能只要是债权人的损失都由违约方来赔偿。又如上市公司违规担保案件，由于公司法定代表人未经股东大会决议，对外签订了担保合同，债权人明知的，担保合同因越权代表而无效。担保人上市公司对债权人损失承担赔偿责任的前提是"有过错"，上市公司的过错是否表现为内部管理混乱呢？不是。上市公司内部管理混乱是现象，不是合同行为。那么，导致担保合同无效的原因究竟是越权代表行为，还是上市公司在担保合同上违规加盖印章的行为？越权代表是代表人的行为，违规加盖印章是公司的行为，违规担保案件究竟是存在两个行为还是只有越权代表一个行为？而违规加盖印章只是越权代表行为的表现？如果我们非要把违规加盖印章视作一个独立的行为，你会发现，违规加盖印章是促进担保合同向有效转化的积极因素，而非导致担保合同无效的消极因素。上市公司违规担保案件只有一个违法行为，那就是越权代表行为，越权代表行为是代表人的行为，不是公司的行为。这些规范知识看似寻常，但要信手拈来，运用于具体案件的处理，运用于对法律规范的反思，取得案件处理上的突破，绝非一朝一夕之功。要从这个角度来认识理论与实践的结合问题。不能因为要实践，而迷失了规范知识，进而迷失了自我。

　　从 1991 年 9 月进入法学院攻读法律，至今已三十余年。三十余年法律生涯的绝大多数时间和精力集中在私法领域，有许多思考与感悟，现将这些成果予以阶段性汇总，呈现给大家，请多多批评指正！

　　是为序。

　　　　　　　　　　　　　　　张晓飞
　　　　　　　　　　　2023 年 5 月 29 日于古都长安的绵绵阴雨中

凡　例

主要法律法规及缩略语	
《中华人民共和国民法典》	《民法典》①
《中华人民共和国民法总则》	《民法总则》
《中华人民共和国民法通则》	《民法通则》
《中华人民共和国合同法》	《合同法》
《中华人民共和国担保法》	《担保法》
《中华人民共和国民事诉讼法》	《民事诉讼法》
《中华人民共和国刑事诉讼法》	《刑事诉讼法》
主要司法解释及缩略语	
《最高人民法院关于适用〈中华人民共和国民法典〉时间效力的若干规定》	《时间效力解释》
《最高人民法院关于适用〈中华人民共和国民法典〉总则编若干问题的解释》	《总则编解释》
《最高人民法院关于适用〈中华人民共和国民法典〉合同编通则若干问题的解释》	《合同编通则解释》
《最高人民法院关于审理买卖合同纠纷案件适用法律问题的解释》	《买卖合同解释》
《最高人民法院关于审理商品房买卖合同纠纷案件适用法律若干问题的解释》	《商品房买卖合同解释》
《最高人民法院关于审理城镇房屋租赁合同纠纷案件具体应用法律若干问题的解释》	《城镇房屋租赁合同解释》
《最高人民法院关于审理民间借贷案件适用法律若干问题的规定》	《民间借贷规定》

---

① 本书引用的冠以"中华人民共和国"的法律、法规，简称时省略"中华人民共和国"字样，法律、法规简称均循此规律，不再重复标注。

续表

《最高人民法院关于审理融资租赁合同纠纷案件适用法律问题的解释》	《融资租赁合同解释》
《最高人民法院关于适用〈中华人民共和国民法典〉有关担保制度的解释》	《担保制度解释》
《最高人民法院关于审理建设工程施工合同纠纷案件适用法律问题的解释（一）》	《建设工程施工合同解释（一）》
《最高人民法院关于审理技术合同纠纷案件适用法律若干问题的解释》	《技术合同解释》
《最高人民法院关于审理物业服务纠纷案件适用法律若干问题的解释》	《物业服务纠纷解释》
《最高人民法院关于适用〈中华人民共和国民事诉讼法〉的解释》	《民事诉讼法解释》
《最高人民法院关于适用〈中华人民共和国刑事诉讼法〉的解释》	《刑事诉讼法解释》
《最高人民法院关于审理行政协议案件若干问题的规定》	《行政协议解释》
《最高人民法院关于适用〈中华人民共和国合同法〉若干问题的解释（二）》	《合同法解释（二）》
《全国法院民商事审判工作会议纪要》	《九民纪要》

目　录

案例索引

第一章 绪 论

第一节 合同与合同法

一、合同的概念与法律特征

合同是民事主体之间设立、变更、终止民事法律关系的协议。[①]

合同具有下列法律特征。

(一) 合同系双方或者多方民事法律行为

民事法律行为是民事主体通过意思表示设立、变更、终止民事法律关系的行为。[②] 我们依照"法律行为成立所需主体意思表示不同",将法律行为划分为单方、双方和多方法律行为。[③] 双方法律行为是由"两个意思表示的一致而成立"的法律行为,这在中国传统上被称为契约。[④] 多方法律行为是由"同一内容的多个意思表示的一致而成立"的法律行为,传统上被称为合同。[⑤] 契约与合同概念各有其历史沿革,存在一定的区别。[⑥] 为了学术研究上的便利,中国当代民法学界普遍赞同将"契约"和"合同"不做概念上的区别,等同使用。由此,合同的概念其实包含双方或者多方法律行为两种情形,多方法律行为包括"合伙合同""公司契约"等典型形态。

---

① 《民法典》第 464 条第 1 款。

② 《民法典》第 133 条。

③ 韩松编著:《民法总论》,法律出版社 2006 年版,第 225 页。

④ 梁慧星:《民法总论》(第五版),法律出版社 2017 年版,第 165 页。

⑤ 梁慧星:《民法总论》(第五版),法律出版社 2017 年版,第 166 页。

⑥ 俞江:《"契约"与"合同"之辨——以清代契约文书为出发点》,载《中国社会科学》2003 年第 6 期。

（二）合同系民事法律事实之一种

民事法律事实是"导致民事法律关系变动的原因"。[1] 法律事实包括事件和行为两大类，合同作为法律行为，系法律事实之一种。合同主体可以通过订立合同，设立、变更、终止合同关系。合同是合同关系产生、变更、消灭的原因，合同是行为，合同关系是合同行为的结果。但合同并非合同关系产生的唯一原因，除因当事人合意外，合同关系还会因为法定的事实推定规则而推定产生、变更或者消灭。

《民事诉讼法》规定了作为事实推定的证据规则，是通过 A 事实推定出 B 事实的规则。"根据法律规定推定的事实""根据已知的事实和日常生活经验法则推定出的另一事实"，"当事人无须举证证明""另一事实"的存在。[2] 当事人之间虽无"设立、变更、终止"合同的意思表示，但根据已查明事实可以必然推定出当事人之间有"设立、变更、终止"某种合同关系的意思表示，该合同关系即视为在事实上存在。事实合同关系系由事实行为所引发，"不以表现内心的意思为必要"，其法律效果的发生，并不取决于行为人的意思。[3]

我国现行法明确规定的事实合同关系有事实施工合同关系[4]、事实劳动合同关系[5]、事实不定期租赁合同关系[6]和事实解除合同关系[7]等，是通过法定

---

① 梁慧星：《民法总论》（第五版），法律出版社 2017 年版，第 63 页。

② 《民事诉讼法解释》第 93 条。

③ 梁慧星：《民法总论》（第五版），法律出版社 2017 年版，第 64 页。

④ 《建设工程施工合同解释（一）》第 43 条规定："实际施工人以转包人、违法分包人为被告起诉的，人民法院应当依法受理。实际施工人以发包人为被告主张权利的，人民法院应当追加转包人或者违法分包人为本案第三人，在查明发包人欠付转包人或者违法分包人建设工程价款的数额后，判决发包人在欠付建设工程价款范围内对实际施工人承担责任。"实际施工人与发包人之间存在事实施工合同关系，或者叫事实法律关系。

⑤ 《劳动合同法》第 7 条规定："用人单位自用工之日起即与劳动者建立劳动关系。用人单位应当建立职工名册备查。"劳动关系"自用工之日"即建立。《劳动和社会保障部关于确立劳动关系有关事项的通知》规定，用人单位招用劳动者未订立书面劳动合同，但具备规定情形的，认定劳动关系成立。

⑥ 《民法典》第 734 条第 1 款规定："租赁期限届满，承租人继续使用租赁物，出租人没有提出异议的，原租赁合同继续有效，但是租赁期限为不定期。"

⑦ 《企业破产法》第 18 条规定："人民法院受理破产申请后，管理人对破产申请受理前成立而债务人和对方当事人均未履行完毕的合同有权决定解除或者继续履行，并通知对方当事人。管理人自破产申请受理之日起二个月内未通知对方当事人，或者自收到对方当事人催告之日起三十日内未答复的，视为解除合同。管理人决定继续履行合同的，对方当事人应当履行；但是，对方当事人有权要求管理人提供担保。管理人不提供担保的，视为解除合同。"

的事实依法推定而认定的事实。当"根据已知的事实和日常生活经验法则推定出"另一事实时，应符合必然因果关系等逻辑规则。① 无论是法律直接规定的，还是通过事实推定证据规则推定的，主张某一合同关系存在的一方，均无直接证据证明该事实合同关系的存在，但其已经证明了法定或者推定所需要的作为前提的其他事实，即前面所讲的 A 事实，法律规定或者事实推定均建立在查明了 A 事实的基础上。事实推定应注意以下要点：（1）A 事实作为推定前提；（2）A 事实与推定出的 B 事实之间应具有必然因果关系或者法律的直接规定；（3）无相反的证据否定上述推定。事实推定常常经由裁判完成，审查事实推定正确与否必须关注上述要点。

（三）合同以设立、变更、终止民事法律关系为目的

合同是民事法律行为，目的在于设立、变更或者终止民事法律关系，亦即"发生私法上效果"。合同关系是民事法律关系之一，合同关系具有主体的平等性、内容（权利义务）的财产性和方式的交易性等特点。合同与行政协议在主体、内容、方式、法律适用等方面存在很大区别，不可混淆。

案例 1.1　政府与企业订立的招商引资合同是不是民事合同？

2009 年 6 月，某县政府与某公司签订了《某生态森林公园旅游项目开发经营合同书》。其中约定，某公司需按年向县政府缴纳景区资源使用费 100 万元，每满 3 年递增 30 万元，每年 1 月 10 日前缴清。由于某公司未支付资源使用费，某县政府将某公司诉至法院，请求解除合同，缴纳拖欠的资源使用费。法院经审理后判决支持了县政府的诉请。② 双方均未上诉。案件进入强制执行程序后，在法院主持下，双方达成了《组织回购协议》，约定由县政府以评估价对某公司的所有旅游资产进行回购，评估价扣除执行款后的剩余部分，由县政府支付给某公司。请问：（1）《某生态森林公

---

① 《民事诉讼法解释》第 93 条规定："下列事实，当事人无须举证证明：（一）自然规律以及定理、定律；（二）众所周知的事实；（三）根据法律规定推定的事实；（四）根据已知的事实和日常生活经验法则推定出的另一事实；（五）已为人民法院发生法律效力的裁判所确认的事实；（六）已为仲裁机构生效裁决所确认的事实；（七）已为有效公证文书所证明的事实。前款第二项至第四项规定的事实，当事人有相反证据足以反驳的除外；第五项至第七项规定的事实，当事人有相反证据足以推翻的除外。"
② 陕西省旬邑县人民法院（2017）陕 0429 民初 1337 号民事判决书。

园旅游项目开发经营合同书》究竟是民事合同，还是行政协议？（2）《组织回购协议》究竟是执行和解协议，还是行政协议？

根据《行政诉讼法》及《行政协议解释》，《某生态森林公园旅游项目开发经营合同书》（以下简称《开发经营合同》）应属"政府特许经营协议"，适用行政协议的规则，通过行政诉讼解决。那么，当政府的合同权益因对方的违约行为遭受损害时，政府该如何维护自己的权益呢？《开发经营合同》属于典型的招商引资合同，至少在签订合同时，投资者与政府是平等的，合同经由协商一致而订立。投资者希望通过签订招商引资合同固定政府承诺；政府也愿意通过签订招商引资合同向外界传达其吸引外来投资、发展地方经济的诚意。当招商引资合同履行发生争议后，政府直接借助行政权力制裁对方的违约行为以实现自身合同权益？还是政府放弃依托行政权力维护合同权益的便利，借助司法程序公平解决争议？这两种方式，哪一种方式更妥当呢？尽管以民事诉讼的方式解决《开发经营合同》纠纷在行政法学者看来是不合理的，但其行为背后的诸多考量值得我们反思。从当事人订立《开发经营合同》的目的来看，该合同应属民事合同，应当按照民事诉讼规则解决双方的争议。《组织回购协议》是在民事执行程序中达成，系执行和解协议，应按照执行和解协议的规则处理争议。

判断当事人的行为是否属于合同，必须关注其行为的目的，即是否以设立、变更、终止民事法律关系为目的。

案例 1.2　为解决信访问题达成的方案是否属于民事合同？

2016 年 10 月，某酒业公司领导 4 人、职工代表 11 人、所在地政府工信局领导 2 人共同签署了《关于某酒业公司职工诉求的解决方案》。该方案载明：针对企业股权转让期间，原国企身份职工维权问题，经 2016 年 10 月 7 日下午 3 点 30 分公司领导、职工代表、工信局领导召开见面会，双方达成共识，具体解决方案如下：一、酒业公司 49% 的小股东一次性拿出 600 万元人民币，用于 2006 年企业改制期间在职、内退职工二次分配，由公司董事会主导制定分配方案，征求职工意见后，指定专门机构发放……三、在投资人资金到位的前提下，力争 10 月底按照第一条优先兑现职工……该方案并未得到执行。2018 年 4 月，公司改制后内退职工代表委托律师，拟根据方案规定的内容提起民事诉讼，以维护其权益。请问：该方案是否属于合同？

该方案不是合同。首先，签署方案的各方不只是民事主体，还包括行政机关；其次，签署方案的目的是解决信访问题，不以在签署各方之间设立民事法律关系为目的；最后，方案规定的民事给付内容不具体、不确定。因此，无法通过该方案提起民事诉讼。

要将民事合同与刑事和解协议区分开来。刑事和解协议附属于刑事诉讼，刑事和解协议不是民事合同，不应适用民事诉讼程序解决。

案例 1.3　是刑事和解协议还是民事合同？

2016 年 12 月，被告人闫某因犯票据诈骗罪被公诉。在一审法院主持下，闫某的母亲陈某、妹夫王某与被害人贾某签订了《调解协议》，约定：一、闫某主动向被害方退赔现金 30 万元；二、闫某及其家属自愿将其所有的一套住房赔付给被害方，待本案判决生效后房屋转让方可生效；三、被害方谅解被告人闫某的犯罪行为，希望对其从轻、减轻处罚。《调解协议》签订后，被告人家属将 30 万元现金交至法院，被害人向法院出具了书面谅解书。一审刑事判决认为，案发后，被告人家属一次性赔偿被害人经济损失（一套房子及 30 万元现金），取得了被害人的谅解。……被告人闫某以非法占有为目的，明知是伪造的承兑汇票仍使用并骗取他人财物，数额特别巨大，其行为已构成票据诈骗罪，应予以惩处。……其配合家属积极主动全额赔偿被害人损失，避免特别严重后果发生，取得了被害人的谅解，依法可对其减轻处罚。根据其犯罪情节及悔罪表现，决定对其减轻处罚，判处有期徒刑五年。[①] 闫某不服，上诉，被驳回。[②] 闫某家属遂拒绝将房屋过户给被害人贾某。贾某无奈，将陈某、王某及闫某一并诉至法院，请求赔偿因不交付房屋给其造成的经济损失 43 万元。一审判决认为，《调解协议》有效。原告作为被害方按协议内容谅解了被告闫某的犯罪行为，闫某也因此获得了减轻处罚。被告陈某、王某作为闫某的亲属，也应

---

① 陕西省神木市人民法院（2017）陕 0821 刑初 24 号刑事判决书。
② 陕西省榆林市中级人民法院（2018）陕 08 刑终 331 号刑事裁定书。

按协议内容履行自己的义务。而该二被告仅按协议内容给付了 30 万元后，剩余款项承诺以房屋赔付，现因闫某不同意用房屋赔付，导致原告无法实际得到赔偿。被告陈某、王某应承担违约责任，应与闫某共同赔偿原告的损失。判决支持原告诉请。① 二审维持原判。② 陈某、王某申请再审，未被受理。③ 陈某、王某的上诉及再审理由均认为，他们不是《调解协议》的当事人，判决他们承担民事赔偿责任于法无据。那么，《调解协议》是否属于民事合同？陈某、王某究竟是不是《调解协议》的当事人呢？可否适用民事诉讼解决争议呢？

根据《刑事诉讼法》第 288 条之规定，案涉《调解协议》属于刑事和解协议，是被告人与被害人之间的协议。另据《刑事诉讼法解释》第 589 条第 1 款的规定："被告人的近亲属经被告人同意，可以代为和解。"作为近亲属，陈某、王某是在代闫某和解，陈某、王某并非《调解协议》的当事人。原判决在合同当事人及赔偿义务人的认定上发生了错误。本案被害人利益被侵害的原因是刑事程序违法，应当对刑事案件提起再审。首先，被告人的量刑起点是十年以上有期徒刑，依法不得适用刑事和解，而一审法院在本案中适用了刑事和解程序；其次，刑事和解协议"应当在签署后即时履行"，而《调解协议》为履行附了条件；最后，审理刑事案件的一审法院未尽到对《调解协议》内容合法性的审查义务。刑事和解协议从属于刑事诉讼程序，不具有独立性，不是民事合同，不能独立成讼。刑事和解协议是刑事判决从轻减轻处罚的依据，刑事和解协议不履行，刑事判决从轻减轻的依据发生变化，应当重新审理（再审）刑事案件。

二、合同法的概念与法律特征

合同法是指调整合同关系的法律规范的总称。合同法属于《民法典》合同编，民法是私法，私法对应公法。私法是调整平等主体之间民事权利义务关系的法律，是保护私人权利的法。从这个角度来看，合同法至少具有以下

---

① 陕西省神木市人民法院（2019）陕 0881 民初 6224 号民事判决书。
② 陕西省榆林市中级人民法院（2020）陕 08 民终 1967 号民事判决书。
③ 陕西省高级人民法院（2021）陕民申 2770 号民事裁定书。

法律特征。

（一）合同法是任意法

合同法以任意性规范为主，合同内容经由当事人意思自治来确定。当事人自愿决定的合同内容只要是有效的，就是相当于法律的、应当被执行的规则。法律为合同所制定的规则大多属于补充性质的，是从解决争议的角度，在当事人没有约定或者约定不明时方可适用的补足规则。

（二）合同法是财产法

合同是财产交换的外在形式，合同法是调整财产关系的法律规范，以引起财产关系的合法变动为主要目的。婚姻法中也有涉及财产关系的协议，譬如婚约、婚前财产约定、婚前婚内的各种赠与协议、离婚财产分割协议等，但这些均与身份关系有关，并以身份关系的存在为前提和基础。劳动关系首先是一种身份关系，尽管劳动关系也会涉及财产内容，基于劳动关系所产生的纠纷原则上也不归合同法调整。《民法典》合同编原则上亦不适用于"婚姻、收养、监护等有关身份关系的协议"，只有当有关该身份关系的法律没有规定时，方"可以根据其性质参照适用"《民法典》合同编的规定。这是我国民事立法的重大变化，扩大了合同法的适用范围，提升了合同法在民法体系中的地位。

（三）合同法是交易法

合同法是规范交易关系的法，财产借助合同这一外在形式，在不同主体之间以交易的方式交换。交易强调协商一致，注重对价与条件。合同法制定得越完善，社会财富流转就越合理，人们的自由和财产就越有保障，社会就越文明。

三、我国的合同立法

光绪二十七年（1901年）八月二十日，慈禧在西安发布懿旨："自经播越，一载于兹。幸赖社稷之灵，还京有日。卧薪尝胆，无时可忘。推积弱所由来，叹振兴之不早。"懿旨一开头，交代了事件的背景，尽显美化粉饰之能事。最后回到了正题，要赶紧设法振兴了。如何振兴呢？"择西法之善者，不难舍己从人；救中法之弊者，统归实事求是。"具体来说，就是"整顿中法、仿行西法"。① 自此拉开了晚清改法修律之序幕，西方式的以权利为内核的民事立法开始进入中国历史。

清末自光绪三十三年（1907年）十月起，迄宣统三年（1911年）八月，修得《大清民律草案》一稿，未及颁行，清即覆。民律第一次草案共五编，第二编债权之第二章契约，包括通则、买卖、互易、赠与、使用赁贷借、用益赁贷借、使用贷借、消费贷借、雇佣、承揽、居间、委任、寄托、合伙、隐名合伙、终身定期金契约、博戏及赌事、和解、债务约束及债务认诺、保证等，是我国最早的合同法（草案）。②

民国肇立，即着手编纂民法，及至十五年（1926年），乃成一稿，史称民律第二次草案。民律二草债编第二章契约，包括债务契约、利他契约、有偿契约、买卖、互易、赠与、使用租赁、用益租赁、使用借贷、消费借贷、雇佣、承揽、居间、委任、寄托、合伙、隐名合伙、终身定期金契约、赌博、和解、债务约定及债务承认、保证等。③ 民律二草"适值政变，法统废弃后，国会迄未恢复"之故，"未能成为正式民法法典"。④

民国十六年（1927年）六月，南京国民政府设立法制局，着手订立国家各项法律。经斟酌，决定先行起草民法亲属、继承两编。该两编于民国十七年（1928年）十月完成，后因立法院尚未成立，遂搁置未颁。⑤ 该次订立未涉及合同法的内容。

1929年11月22日，中华民国民法债编公布，自1930年5月5日起施行。其中，第二章为各种之债，包括买卖、互易、交互计算、赠与、租赁、借贷、雇佣、承揽、出版、委任、经理人及代办商、居间、行纪、寄托、仓库、运送营业、承揽运送、合同、隐名合同、指示证券、无记名证券、终身定期金、保证等，属于典型的民商合一立法，包含了主要合同类型的规则。⑥

中华人民共和国成立初期，1950年9月，政务院财政经济委员会颁布了

---

① 上海商务印书馆编译所编纂：《大清新法令（1901—1911）（点校本）》（第一卷），商务印书馆2010年版，第11页。
② 谢振民编著：《中华民国立法史》（下），中国政法大学出版社2000年版，第746页。
③ 修订法律馆：《法律草案汇编·民律草案债编》，京城印书局1926年版，第3页。
④ 谢振民编著：《中华民国立法史》（下），中国政法大学出版社2000年版，第747页。
⑤ 谢振民编著：《中华民国立法史》（下），中国政法大学出版社2000年版，第753页。
⑥ 谢振民编著：《中华民国立法史》（下），中国政法大学出版社2000年版，第763页。

《机关、国营企业、合作社签订合同契约暂行办法》，是新中国第一部合同法规范。随后，各部委在各自职责范围内相继制定了一批合同法规章，在社会主义改造中发挥了巨大作用。①

改革开放后，我国开始进入大规模的经济立法时代。1981 年 12 月 13 日，第五届全国人民代表大会第四次会议通过了《经济合同法》，该法"适用于平等民事主体的法人、其他经济组织、个体工商户、农村承包经营户相互之间，为实现一定经济目的，明确相互权利义务关系而订立的合同"②。《经济合同法》包括总则、经济合同的订立和履行、经济合同的变更和解除、违反经济合同的责任、经济合同纠纷的调解和仲裁、经济合同的管理、附则 7 章，对购销合同、建设工程承包合同、加工承揽合同、货物运输合同、供用电合同、仓储保管合同、财产租赁合同、借款合同、财产保险合同等九种有名合同作了专门规定。1985 年 3 月 21 日，第六届全国人民代表大会常务委员会第十次会议通过了《涉外经济合同法》，该法的"适用范围是中华人民共和国的企业或者其他经济组织同外国的企业和其他经济组织或者个人之间订立的经济合同"，但不包括国际运输合同。③ 1987 年 6 月 23 日，第六届全国人民代表大会常务委员会第二十一次会议通过了《技术合同法》，该法"适用于法人之间，法人和公民之间、公民之间就技术开发、技术转让、技术咨询和技术服务所订立的确立民事权利与义务关系的合同"。但当事人一方是外国的企业、其他组织或者个人的合同除外。④

1999 年 3 月 15 日，第九届全国人民代表大会第二次会议通过了《合同法》，于 1999 年 10 月 1 日起施行，《经济合同法》《涉外经济合同法》《技术合同法》同时废止，《合同法》规范得以统一。统一《合同法》施行后，为正确审理合同纠纷案件，最高人民法院陆续公布了多个有关合同法的司法解释，择其要者录如下：

1.《最高人民法院关于审理融资租赁合同纠纷案件若干问题的规定》

---

① 王利明、崔建远：《合同法新论·总则》（修订版），中国政法大学出版社 2000 年版，第 88 页。
② 《经济合同法》（1993 年修正）第 2 条。
③ 《涉外经济合同法》第 2 条。
④ 《技术合同法》第 2 条。

（1996 年 5 月 27 日施行，已失效）

2. 《最高人民法院关于适用〈中华人民共和国合同法〉若干问题的解释（一）》（1999 年 12 月 29 日施行，已失效）

3. 《最高人民法院关于审理商品房买卖合同纠纷案件适用法律若干问题的解释》（2003 年 6 月 1 日施行，已被修改）

4. 《最高人民法院关于审理技术合同纠纷案件适用法律若干问题的解释》（2005 年 1 月 1 日施行，已被修改）

5. 《最高人民法院关于审理建设工程施工合同纠纷案件适用法律问题的解释》（2005 年 1 月 1 日施行，已失效）

6. 《最高人民法院关于审理涉及国有土地使用权合同纠纷案件适用法律问题的解释》（2005 年 8 月 1 日施行，已被修改）

7. 《最高人民法院关于审理涉外民事或商事合同纠纷案件法律适用若干问题的规定》（2007 年 8 月 8 日施行，已失效）

8. 《最高人民法院关于适用〈中华人民共和国合同法〉若干问题的解释（二）》（2009 年 5 月 13 日施行，已失效）

9. 《关于当前形势下审理民商事合同纠纷案件若干问题的指导意见》（2009 年 7 月 7 日施行）

10. 《最高人民法院关于审理城镇房屋租赁合同纠纷案件具体应用法律若干问题的解释》（2009 年 9 月 1 日施行，已被修改）

11. 《最高人民法院关于审理买卖合同纠纷案件适用法律问题的解释》（2012 年 7 月 1 日施行，已被修改）

12. 《最高人民法院关于国有土地开荒后用于农耕的土地使用权转让合同纠纷案件如何适用法律问题的批复》（2012 年 11 月 1 日施行，已被修改）

13. 《最高人民法院关于审理融资租赁合同纠纷案件适用法律问题的解释》（2014 年 3 月 1 日施行，已被修改）

14. 《最高人民法院关于审理民间借贷案件适用法律若干问题的规定》（2015 年 9 月 1 日施行，已被修改）

15. 《最高人民法院关于审理建设工程施工合同纠纷案件适用法律问题的解释（二）》（2019 年 2 月 1 日施行，已失效）

涉及合同法规范的其他司法解释有:

1. 《最高人民法院关于适用〈中华人民共和国保险法〉若干问题的解释（一）》（2009 年 10 月 1 日施行）

2. 《最高人民法院关于适用〈中华人民共和国保险法〉若干问题的解释（二）》（2013 年 6 月 8 日施行，已被修改）

3. 《最高人民法院关于适用〈中华人民共和国保险法〉若干问题的解释（三）》（2015 年 12 月 1 日施行，已被修改）

4. 《最高人民法院关于适用〈中华人民共和国保险法〉若干问题的解释（四）》（2018 年 9 月 1 日施行，已被修改）

5. 《最高人民法院关于审理矿业权纠纷案件适用法律若干问题的解释》（2017 年 7 月 27 日施行，已被修改）

为规范合同司法，最高人民法院还会在法院内部下发一些文件，指导各级法院的裁判活动。这些文件具有规范属性，主要包括：一是涉及合同审判工作的各类司法文件（通知、意见、决定等）。司法文件的时效性、针对性、指导性都非常强，在某一特定时期，或者某一特定领域，对合同审判工作都具有很强的指导作用。二是由最高人民法院组织召开的全国法院系统专题审判工作会议纪要。如 2019 年 11 月 14 日的《九民纪要》对民商事审判工作中的具体问题作出了明确的指导意见，以统一各级法院的裁判思路。

2020 年 5 月 28 日，《民法典》经第十三届全国人民代表大会第三次会议通过，自 2021 年 1 月 1 日起施行。《婚姻法》《继承法》《民法通则》《收养法》《担保法》《合同法》《物权法》《侵权责任法》《民法总则》同时废止。

《民法典》分总则、物权、合同、人格权、婚姻家庭、继承、侵权责任共 7 编。《民法典》合同编共 3 分编 29 章，其中，第 1—8 章为"第一分编通则"，包括一般规定、合同的订立、合同的效力、合同的履行、合同的保全、合同的变更和转让、合同的权利义务终止、违约责任 8 章；第 9—27 章为"第二分编典型合同"，包括买卖合同，供用电、水、气、热力合同，赠与合同，借款合同，保证合同，租赁合同，融资租赁合同，保理合同，承揽合同，建设工程合同，运输合同，技术合同，保管合同，仓储合同，委托合同，物业服务合同，行纪合同，中介合同，合伙合同共 19 种典型合同；第 28—29 章为"第三分编准合同"，包括无因管理和不当得利两种债发生的原因。

《民法典》合同编兼具了民法债编总则的功能。我国民法将债分为两编，即合同编与侵权责任编分别立法，将传统民法典中债编总则的主要内容置于合同编通则中规定。

应当结合《民法典》总则编和合同编方能认识合同法制度的全貌。为避免重复立法，总则编已经提取了合同编的"公因式"，已经提取的部分合同编不再重复规定。合同法这部分内容要从总则编的相应规定中去还原。

在《民法典》颁行后，最高人民法院对涉及《民法典》的司法解释进行了全面修改。修改后重新公布的与合同有关的司法解释主要包括：

1. 《最高人民法院关于适用〈中华人民共和国民法典〉时间效力的若干规定》（2021 年 1 月 1 日施行）

2. 《最高人民法院关于审理买卖合同纠纷案件适用法律问题的解释》（2021 年 1 月 1 日施行）

3. 《最高人民法院关于审理融资租赁合同纠纷案件适用法律问题的解释》（2021 年 1 月 1 日施行）

4. 《最高人民法院关于审理涉及国有土地使用权合同纠纷案件适用法律问题的解释》（2021 年 1 月 1 日施行）

5. 《最高人民法院关于审理商品房买卖合同纠纷案件适用法律若干问题的解释》（2021 年 1 月 1 日施行）

6. 《最高人民法院关于审理城镇房屋租赁合同纠纷案件具体应用法律若干问题的解释》（2021 年 1 月 1 日施行）

7. 《最高人民法院关于审理物业服务纠纷案件适用法律若干问题的解释》（2021 年 1 月 1 日施行）

8. 《最高人民法院关于审理民间借贷案件适用法律若干问题的规定》（2021 年 1 月 1 日施行）

9. 《最高人民法院关于审理建设工程施工合同纠纷案件适用法律问题的解释（一）》（2021 年 1 月 1 日施行）

10. 《最高人民法院关于适用〈中华人民共和国民法典〉有关担保制度的解释》（2021 年 1 月 1 日施行）

11. 《最高人民法院关于适用〈中华人民共和国民法典〉总则编若干问题的解释》（2022 年 3 月 1 日施行）

12. 《最高人民法院关于适用〈中华人民共和国民法典〉合同编通则若干问题的解释》（2023 年 12 月 5 日施行）

......

四、《民法典》合同编的调整范围

《民法典》合同编调整哪种类型的社会关系呢？根据立法，具体包括以下几个方面。

（一）"因合同产生的民事关系"适用《民法典》合同编

《民法典》第 463 条规定："本编调整因合同产生的民事关系。""因合同产生的民事关系"即合同关系，合同关系既包括合同订立关系、合同履行关系，也包括合同清理结算关系和违约责任关系。合同是合同关系的事实基础，合同关系的内容除了合同约定外，还有法律的规定，譬如依据诚信原则衍生出的附随义务，依据履行补足规则确定的给付义务，依据合同解释规则所确定的给付义务，等等。

（二）身份关系可参照适用《民法典》合同编

《民法典》第 464 条第 2 款规定："婚姻、收养、监护等有关身份关系的协议，适用有关该身份关系的法律规定；没有规定的，可以根据其性质参照适用本编规定。"合同编原则上不适用于婚姻、收养、监护、劳动等身份关系，但当法律对该身份关系未作规定时，可以参照适用与合同分编"典型合同"性质最为接近的规范来处理，或者参照适用合同编"通则"规范来处理。"参照适用"在司法过程中就表现为法官的裁量权。

案例 1.4　用人单位与劳动者为解决劳动人事争议订立的协议能否适用《民法典》合同编？

乙方冯某因职务犯罪被判处有期徒刑后，用人单位甲方遂将其开除。后乙方经申诉改判无罪释放，并于 2012 年 8 月向甲方提出《关于依据有关政策尽快恢复申请人党籍公职和补偿有关待遇的再次申请》。经协商，双方达成以下协议：甲方给予乙方 110 万元补贴；甲方同意与乙方恢复劳动关系，并明确为正处级；甲方不再安排乙方具体工作岗位，工资按局机关同职同期标准发放、同步调整；甲方同意以现行的集团公司住房配售管理规定按局机关待遇在西安基地或西安地区（如无现房，等再建新房时给予解决）调剂解决乙方住房问题，由乙方自行购买；……除住房外，其他事项在协议签订之日起一个月内办结；等等。2013 年，甲方以 3500 元每平方米的价格分配住房时未通知乙方。2019 年，乙方起诉甲方，要求甲方按照西安地区房屋的市场售价与 2013 年单位分配住房时售价之间的差价 8500 元，以 120 平方米的住房标准向其赔偿损失 102 万元。法院受理了本案。请问：甲乙双方之间的协议能否适用《民法典》合同编的相关规定？

甲乙双方的协议属于劳动关系。劳动关系是身份关系，不以财产交换为目的。该协议中的财产内容是基于身份关系而发生，从属于身份关系。有关该协议的纠纷，"适用有关该身份关系的法律规定"，"没有规定的，可以根据其性质参照适用"《民法典》合同编规定。协议所涉住房问题属于劳动关系的内容，协议有关调剂（分配）住房的约定有效。调剂住房，有现房解决现房，无现房再建新房时给予解决。甲方在有现房时没有解决，构成违约，应自同期住房住户入住之日起向乙方承担房租损失。房租的计算标准是以同职级住房标准来计算，直至调剂住房成功。甲乙双方没有买卖房屋的合意，乙方基于买卖的房屋差价请求赔偿损失缺乏事实依据。乙方的损失不应是购房损失，而应是租房损失。乙方要为其租房提供证据。法官应向其释明，如果原告不变更诉请，驳回诉请即可。本案中的协议虽然不属于民事合同，但其与民事合同在基本原理上具有同一性，在一般规范上也具有一致性，可以参照适用《民法典》合同编。

案例 1.5　男女双方的《协议书》能否适用《民法典》合同编？

2018 年 12 月 13 日，李某（男）与王某（女）签订《协议书》，约定双方于 2015 年开始共同生活，且已举办婚礼，后育有一子。现男方因出轨给女方造成严重伤害。男方向女方认错，并补办结婚证。……男方如再违反忠实义务，双方离婚，子女抚养权归女方，男方向女方支付 50 万元及男方名下房产作为赔偿金。请问：此《协议书》能否适用《民法典》合同编？

该协议书可以参照适用《民法典》合同编，约定合法有效。在因男方再次出轨导致双方离婚时，男方分得的共有财产应拿出 50 万元赔偿女方，男方名下的房屋归女方所有。

（三）非典型合同的《民法典》合同编适用

《民法典》第 467 条第 1 款规定："本法或者其他法律没有明文规定的合同，适用本编通则的规定，并可以参照适用本编或者其他法律最相类似合同的规定。"这是非典型合同的法律适用规则。法律对非典型合同没有作出明文（专门）规定的：（1）适用合同编通则的规定；（2）可以参照适用合同编"典型合同"或者其他法律中最相类似的合同的规定；（3）有偿合同参照适用买卖合同的有关规定。[①]

案例 1.6　建设工程监理合同是否为"最相类似"建设工程施工合同？

2012 年 9 月，原告某监理公司与被告某城改办签订了《某某花园小区公租房项目建设工程监理合同》。该合同专用条款第 5.2.1 条约定：监理费暂定 1305 万元，监理费结算按实际工程总造价进行调整增减，本项目监理服务时限为 30 个月，从监理方实际进场之日开始计算工期。因非监理方原因造成的工期延期，超出监理服务时限的，按延期服务计算服务费。监理延期服务费按照"监理总费用/监理合同服务期限×延期工作日"计取。2017 年 7 月，原告诉请被告支付 2014 年 2 月 26 日至 2017 年 6 月 25 日已经发生的 40 个月监理延期服务费 1740 万元。经审理，法院以"先定后招"为由，认定中标无效、合同无效。判决认为，建设工程监理合同虽然不是建设工程施工合同，但属于广义的建设工程类合同，因此，有关处理建设工程施工合同无效的司法处理原则可参照适用于监理合同领域。参照《最高人民法院关于审理建设工程施工合同纠纷案件适用法律问题的解释》第 2 条之规定，建设工程施工合同无效，但建设工程经竣工验收合格，承包人请求参照合同约定支付工程价款的，应予支持。虽

[①] 《民法典》第 646 条规定："法律对其他有偿合同有规定的，依照其规定；没有规定的，参照适用买卖合同的有关规定。"

招投标程序因存在违规之处而导致涉案合同无效，但涉案合同的签订系双方真实意思表示，对合同价款部分的约定已由双方达成合意，即使合同无效，对于监理服务费部分的合同约定也应参照适用。被告应按施工延期期限向原告支付延期部分的监理服务费。判决支持了原告请求支付延期监理服务费 1740 万元的诉请。① 二审法院认为，监理合同虽系无效合同，但双方意思表示真实且合同已实际履行，计价标准及方式亦符合相关规定，一审法院参照该实际履行的监理合同对监理费用价格和方式结算，并无不妥。驳回了城改办的上诉，维持原判。② 再审法院裁定认为，监理行为系与工程建设密切相关的服务，原审法院在本案中适用《最高人民法院关于审理建设工程施工合同纠纷案件适用法律问题的解释》第 2 条之规定并无不妥。驳回了城改办的再审申请。③ 请问：本案监理合同是否"最相类似"建设工程施工合同？参照适用建设工程施工合同的规定是否符合法律适用规则？

建设工程监理合同是一类非典型合同，应当按照《民法典》第 467 条的规定解决其法律适用问题。监理公司是受发包方委托，代表发包方对承包方的施工过程进行专业监督的。监理合同与典型合同中的委托合同"最相类似"，除了适用合同编通则的规定外，可以适用委托合同的规则。《民法典》第 796 条规定："建设工程实行监理的，发包人应当与监理人采用书面形式订立委托监理合同。发包人与监理人的权利和义务以及法律责任，应当依照本编委托合同以及其他有关法律、行政法规的规定。"笔者认为，本案可以从法律适用错误的角度申请抗诉。

（四）非合同之债的《民法典》合同编适用

《民法典》第 468 条规定："非因合同产生的债权债务关系，适用有关该债权债务关系的法律规定；没有规定的，适用本编通则的有关规定，但是根据其性质不能适用的除外。"合同之债适用合同编的相关规定，侵权之债适用侵权责任编的相关规定，无因管理之债、不当得利之债适用合同编第三分编

---

① 陕西省西安市中级人民法院（2017）陕 01 民初 1008 号民事判决书。
② 陕西省高级人民法院（2019）陕民终 648 号民事判决书。
③ 最高人民法院（2019）最高法民申 5797 号民事裁定书。

"准合同"归入合同之债之大类适用。非因合同所生之债——侵权之债、无因管理之债、不当得利之债以及其他的债权债务关系，没有对应的法律可供适用时，均应适用合同编通则之规定。合同编通则相当于传统民法上的债法总则，是债法的一般规范。

另外，还应注意《民法典》合同编的法律适用问题。总则编、合同编同属《民法典》，合同纠纷案件应优先适用《民法典》合同编，此系"特别法优于普通法"之喻。但由于总则编系通过"提取公因式"方式所编纂，合同法规范既规定在《民法典》合同编，也规定在总则编中，当《民法典》合同编没有规定的，就应当适用总则编的规定。

第二节 民法基本原则与合同纠纷案件的裁判

我国《民法典》制定后，原规定于《合同法》第一章"一般规定"中的合同法的几个基本原则——平等原则、自愿原则、公平原则、诚实信用原则、社会公共利益原则等统归于《民法典》。如何正确适用民法的基本原则裁判合同纠纷案件，是司法实践中的一个重要话题。

一、民法基本原则概述

（一）法律原则与民法原则

法律概念、法律规则、法律原则是法的要素的基本类型。"法律原则是法律的基础性真理、原理或为其他法的要素提供基础或本源的综合性原理或出发点。"法律原则的功能主要有："为法律规则和概念提供基础或出发点；直接作为审判的依据；可以作为疑难案件的断案依据。"[1] 法律原则有基本原则和具体原则之分，"基本原则是体现法的总体指导思想、基本精神和价值取向的原则"，而具体原则则是基本原则在不同法律部门或者法律调整过程的不同阶段的具体化，"具体原则的适用必须以基本原则为指导"。[2] 民法原则即属

---

① 张文显主编：《法理学》（第五版），高等教育出版社 2018 年版，第 120 页。

② 孙国华、朱景文主编：《法理学》（第二版），中国人民大学出版社 2004 年版，第 288 页。

于法律原则中的具体原则，是法律原则在民商部门法中的具体化。单就民商部门法而言，民法原则又构成了民商部门法的基本原则，合同法、物权法、公司法等民商部门法所属具体法律又具有各自适用的具体原则。如契约自由原则是合同法的基本原则，物权公示公信原则是物权法的具体原则，公司类型法定原则是公司法的具体原则等。因此，"基本原则与具体原则的划分有一定的相对性"①。

民法基本原则"是贯穿整个民事立法，对各项民法制度和民法规范起统率与指导作用的立法方针"。它不仅是一切民事主体的行为准则，也是解释民事法律的依据，是补充法律漏洞、发展学说判例的基础。"在现行法缺乏相应的具体规范时，法院可直接适用民法基本原则裁判案件。"② 我国《民法典》制定后，民法原则在民商部门法内部进行了调整与整合，过去分散于民商各单行法中的民法基本原则被提炼，写进了《民法典》总则编中。具有民商各单行法特质的具体原则，则被继续规定在各编的"一般规定"当中。如《合同法》第3条的平等原则被整合进《民法典》总则编第4条，《合同法》第4条的合同自由原则被整合进《民法典》总则编第5条，《合同法》第5条的公平原则被整合进《民法典》总则编第6条，《合同法》第6条的诚实信用原则被整合进《民法典》总则编第7条，《合同法》第7条的社会公共利益原则被整合进《民法典》总则编第8条，相应取消了合同编通则"一般规定"中的对应条款。而《物权法》第6条"不动产物权的设立、变更、转让和消灭，应当依照法律规定登记。动产物权的设立和转让，应当依照法律规定交付"的"物权公示公信原则"则被保留在物权编通则的"一般规定"中。

（二）我国民法的基本原则

《民法典》总则编共规定了7项民法原则，具体体现在《民法典》第3—9条。

1. 私权保护原则

《民法典》第3条规定："民事主体的人身权利、财产权利以及其他合法权益受法律保护，任何组织或者个人不得侵犯。"民事主体的民事权利（私

---

① 孙国华、朱景文主编：《法理学》（第二版），中国人民大学出版社2004年版，第289页。
② 梁慧星：《民法总论》（第五版），法律出版社2017年版，第46页。

权）应受法律保护，但尚不能说就是"私权神圣"。权利的"神圣性"与信仰有关，是说人的权利是来自某位尊神的赋予，权利的权威性来自神的权威性，谁触犯了该权利，也就触犯了神灵。权利的"神圣性"是指权利的不可侵犯与不可剥夺性。神赋予，神剥夺，才合乎"神圣性"权利的逻辑。民事主体的权利是由法律赋予，由法律保护。法律的运行机制是这一原则实现的根本保障。

2. 平等原则

《民法典》第4条规定："民事主体在民事活动中的法律地位一律平等。"有学者据此认为，"所谓平等原则，是指在民事活动中一切当事人法律地位平等，任何一方不得将自己的意志强加给对方"[①]。"法律地位平等"是指在法律制度安排上的平等，是法律上的平等，法律不对任一主体刻意作出歧视性规定。"一方不得将自己的意志强加给另一方"是民事主体"法律地位平等"的必然要求，是落实平等原则的具体体现。

3. 自愿原则

《民法典》第5条规定："民事主体从事民事活动，应当遵循自愿原则，按照自己的意思设立、变更、终止民事法律关系。"此即我国民法上的自愿原则，也被称作自由原则、意思自治原则，民事主体有权利按照自己的意思（意愿）从事民事活动。

法律赋予民事主体从事民事活动的自由，除非民事主体的行为与法律价值发生严重冲突，否则，法律就应当承认、尊重、保护民事主体的民事行为，这是民事法律行为有效的法律价值。自愿具有了法律上的价值，能够给民事主体带来利益。既然行为是按照民事主体自己的意愿所实施的（自我主宰），行为的后果应归属于实施该行为的民事主体，责任理应由行为人自己承担（自我承受）。由此可见，自由是法律框架内的自由，是"群"与"己"的"权界"，与责任紧密关联。[②] 自由不是摆脱人世间一切规则束缚的为所欲为，而是权利边界内的自由，是不能跨越权利边界的不自由。法律规则的确定性使人们获得了对任何行为予以价值评判的公开规则，也使评判结论可得确定

① 梁慧星：《民法总论》（第五版），法律出版社2017年版，第47页。
② 严复最早翻译密尔的《论自由》一书时，使用的书名是《群己权界论》。

与验证，法律制度也因具备了科学成分而与传统在诸多方面格格不入。

4. 公平原则

《民法典》第 6 条规定："民事主体从事民事活动，应当遵循公平原则，合理确定各方的权利和义务。"这是法律对民事主体从事民事活动的基本要求，要求民事主体在从事民事活动时，在涉及他人利益时，应当公平合理地确定该行为所涉各方的权利义务，努力做到利益和责任分配上的公平。例如，民事主体从事单方法律行为，如遗嘱时，"应当为缺乏劳动能力又没有生活来源的继承人保留必要的遗产份额"①，否则就是不合理的。民事主体在从事双方或者多方法律行为时，如果具备确定交易条件的优势地位，就应当合理地确定各方权利义务，努力使各方利益均衡。如"采用格式条款订立合同的，提供格式条款的一方应当遵循公平原则确定当事人之间的权利和义务，并采取合理的方式提示对方注意免除或者减轻其责任等与对方有重大利害关系的条款，按照对方的要求，对该条款予以说明"②。如果不是格式合同，鉴于合同是"由两个意思表示的一致而成立"的事实，③ 要否定合同的效力，或者某个合同条款的效力，就必须有明确的法律依据和充分的事实依据，否则，就会助长不诚信行为的发生。慎重适用公平原则否定合同效力，也是基于诚信原则的考虑。

《民法典》第 151 条规定："一方利用对方处于危困状态、缺乏判断能力等情形，致使民事法律行为成立时显失公平的，受损害方有权请求人民法院或者仲裁机构予以撤销。"乘人之危致使显失公平的，属于可撤销的合同。这是公平原则在合同效力制度上的又一体现。

《民法典》第 533 条规定："合同成立后，合同的基础条件发生了当事人在订立合同时无法预见的、不属于商业风险的重大变化，继续履行合同对于当事人一方明显不公平的，受不利影响的当事人可以与对方重新协商；在合理期限内协商不成的，当事人可以请求人民法院或者仲裁机构变更或者解除合同。人民法院或者仲裁机构应当结合案件的实际情况，根据公平原则变更或者解除合同。"合同关系成立时符合公平原则，在合同关系成立后，由于不

---

① 《民法典》第 1141 条。
② 《民法典》第 496 条第 2 款。
③ 梁慧星：《民法总论》（第五版），法律出版社 2017 年版，第 165 页。

可归责于当事人的原因，导致合同不公平了，当事人仍然有权利要求变更合同内容，以满足公平原则的要求。否则，就可以请求解除合同。当事人在请求人民法院或者仲裁机构予以变更或者解除时，人民法院或者仲裁机构应当遵循公平原则来变更或者解除，而不能偏离公平原则。

5. 诚信原则

《民法典》第7条规定："民事主体从事民事活动，应当遵循诚信原则，秉持诚实，恪守承诺。"诚信原则既是民法的最高原则，也是一种基本的道德准则。诚实待人，守信做人，是一个人做人做事应一以贯之的行为准则，而不应是权宜之计。诚信作为道德准则，它应当是无条件的，而不应赋予其功利性和目的性，不能根据需要来定，需要讲诚信时就讲诚信，不需要讲诚信时就背信弃义。

6. 公序良俗原则

《民法典》第8条规定："民事主体从事民事活动，不得违反法律，不得违背公序良俗。"这一条是整合《民法通则》第6条"民事活动必须遵守法律，法律没有规定的，应当遵守国家政策"和第7条"民事活动应当尊重社会公德，不得损害社会公共利益，扰乱社会经济秩序"两条规定的结果，"公序良俗"属于新规定进《民法典》总则编的一个法律概念。在《民法典》总则编中，"公序良俗"一词共出现了四次，分别是第8条、第10条、第143条、第153条，且每次都是与"法律"这个概念同时出现的。譬如第8条"不得违反法律，不得违背公序良俗"，第10条"处理民事纠纷，应当依照法律；法律没有规定的，可以适用习惯，但是不得违背公序良俗"，第143条第3项"不违反法律、行政法规的强制性规定，不违背公序良俗"，第153条"违反法律、行政法规的强制性规定的民事法律行为无效。……违背公序良俗的民事法律行为无效"。

民事法律行为"违反法律"与"违背公序良俗"的法律后果不同。单纯地"违反法律"并不必然导致民事法律行为无效，必须违反的是"法律的强制性规定"。但民事法律行为一旦"违背公序良俗"，直接就是无效的。[1]

公序良俗包含"公共秩序"和"善良风俗"两个方面。"公共秩序"相

---

[1] 《民法典》第153条。

当于《民法通则》所指的"社会公共利益""社会经济秩序","善良风俗"相当于《民法通则》所指的"社会公德"。"公序良俗"是法律规范的一种,属于法律原则。"公序良俗属于不确定概念和一般条款,其内涵和外延均不确定"①,属于法官自由裁量的范畴。"公序良俗"适用于个案裁判,必须遵守法律适用的一般规则,经由充分论证后形成具体规则,而后用于裁判。② 当事人的违法行为,与法官查明确认的具体化了的"公序良俗"规则予以结合,形成裁判结论。法官具体化了的"公序良俗"规则,既为事实,亦为观点,是事实与观点的结合,受价值偏好的影响。

7. 绿色原则

《民法典》第9条规定:"民事主体从事民事活动,应当有利于节约资源、保护生态环境。"这被称作民法的绿色原则,是我国民法典回应环境问题挑战的一个鲜明特色,也是中国制定面向新世纪的生态文明民法典的应有态度。有人认为,绿色原则"具有裁判性,而非仅仅是宣示性原则"③。其实,即使被学者们普遍认为仅具宣示性的法律原则,既然已经规定成了法律条文,就有被法官随时适用以裁判案件的可能。讨论法律原则的宣示性,或是裁判性,对约束法官的裁判行为,几乎没有什么实益。

《民法典》总则编既然已经将基本原则作为法律条文规定在了第一章,我们就难以阻止法官"向一般条款逃逸"。学界关于民法基本原则究竟是否具有裁判性,或是宣示性的讨论,对于法官适用法律原则裁判案件几乎没有任何影响。适用法律原则裁判案件,大多数情况下契合了预先设定的某种正确的价值观的需要,符合支撑该价值观背后的权力的运行逻辑。

《民法典》总则编规定的7项基本原则,已经将民事领域的一般法律思想转化为法律的一般(概括)条款,成为法律条文。既然是法律条文,任一民法基本原则都存在被适用于合同纠纷案件进行裁判的可能,在民法基本原则所代表的宏大的正向价值理念光辉照耀下,任何谈论法律技术的声音都显得极其不合时宜,道德说教取代了法律理念思辨,作为内核的德治不断被强化。

本书谨从学术研究的需要出发,选择公平原则、诚信原则和公序良俗原

---

① 梁慧星:《民法总论》(第五版),法律出版社2017年版,第206页。
② 也叫法律续造,或者叫法的续造。
③ 解思辛、张雨:《绿色原则在民事审判中的适用》,载《人民法院报》2019年2月28日。

则适用于合同纠纷案件裁判的典型案例，对民法基本原则适用于合同纠纷案件裁判这一司法活动予以分析说明。

二、公平原则适用于合同纠纷案件的裁判

在合同纠纷案件审理过程中，原告诉请被告承担某一具体的违约责任方式时，违约责任的一般构成要件，及该责任方式对应的特殊构成要件就是案件需要查明的基本事实。违约责任构成要件中的任一事实不被证实，责任都不能成立，原告诉请被告承担的具体的违约责任承担方式就不应被支持。但当法官认为，适用违约责任构成的基本规则裁判合同纠纷案件所得出的裁判结论是不公平的时候，就会通过适用公平原则，避开或者修改违约责任构成的法律规则，通过公平原则的说理，弥补事实不足或者法律依据不足的缺陷，进而得出预先设定的裁判结论。

案例 1.7 合同有效约定与公平原则哪个具有优先适用效力？（一）

2005 年 2 月，甲乙双方签订了《钢网架、屋面及钢马道工程分包合同书》，约定将甲方承包的某校体育馆工程中的"网架、压型彩钢屋面保温板、钢马道等部分的设计、加工制作及施工安装"分包给乙方施工。该合同书第 9.2 条约定："在工程完工验收达到合同要求后 20 天内，乙方就完成的全部工作内容编制工程结算书并报甲方签收、审核。此后提供的任何单据，无论经任何部门盖章和签字，均不得作为增加工程量结算的依据，不得以此要求甲方支付任何款项。"双方于 2007 年 7 月办理了最终结算。2008 年 6 月，乙方提交了一份于 2007 年 3 月 9 日制作，2007 年 5 月 15 日经监理、甲方确认的《工程变更签证单》，就该签证单增加的工程款102105.57 元要求甲方支付。双方对该笔增加的工程款事实没有异议，但甲方坚持认为，按照合同约定，乙方无权再就此"要求甲方支付任何款项"。乙方诉至法院，一审、二审均判决甲方应当支付该笔工程款。二审判决认为："……虽然甲乙合同中有工程结算书应在工程完工验收后 20 天内报对方签收、审核，此后提供的任何单据，无论经任何部门盖章签字，均不得作为增加工程量结算的依据之约定，但该项变更增加的工程，乙方已经施工，工程价款已经甲方确认，且甲方就此增加的工程与业主单位结

算了相应的工程款，甲方拒付该部分工程款虽然符合合同约定，但其在没有实际施工情况下从业主单位收取实际施工人乙方应当享有的工程款并拒绝支付给乙方的行为有悖于民事活动应当遵循的公平、等价有偿原则，故甲方应将从业主单位实际结算的该部分工程价款支付给乙方。"①

判决通过援引公平原则，摆脱了合同书第 9.2 条约定的约束。但问题在于，如果我们认可该约定是有效的规则的话，那么，该约定应优先于公平、等价有偿原则适用，而不是相反。

案例 1.8　合同有效约定与公平原则哪个具有优先适用效力？（二）

2016 年 6 月，甲公司与乙律师事务所签订了《律师合同》，甲聘请乙为其与他方建设工程施工合同纠纷案提供诉讼代理服务。《律师合同》第 6 条第 2 款约定，本案一审律师代理费为 339 万元，二审律师代理费和案件执行代理费分别按一审律师代理费计费标准的 25% 收取，不收取反诉应诉代理费。2017 年 3 月，乙要求甲方按照案件他方反诉金额减本诉金额差额按市律师收费办法中档计算，向乙支付反诉律师费 6294932.50 元。一审判决认为，甲乙双方在《律师合同》订立及履行过程中应遵循公平原则，即合同权利义务对等。虽然双方在召开案件准备讨论会时，已考虑到案件他方可能提起反诉，并且《律师合同》约定，不收取反诉应诉代理费。但乙方针对反诉不仅制作了《反诉答辩思路法律意见书》，还多次参加庭前会议，及时向甲方反馈案件进展、制作《要案专报》，并根据庭前会议内容帮助甲方调整思路、提出建议，以及调整本诉、反诉证据，故乙方为反诉案投入大量人力。且该案本诉、反诉标的均达上亿元，反诉标的远超本诉标的，案件由高院审理，符合市律协《关于律师服务收费中重大、疑难、复杂诉讼案件的认定标准及实施办法》规定的重大、疑难、复杂诉讼案件。在此情况下，《律师合同》约定不收取反诉案律师代理费，有违公平原则。综合考虑乙方代理反诉案所耗费的工作时间和精力、案件难易程度、可能承担的风险和责任、案件审理情况等因素，参照《市收费标准》，酌情对乙方主张的反诉案律师代理费予以调整，支持乙方 250 万元律师

---

① 陕西省西安市中级人民法院（2008）西民四终字第 404 号民事判决书。

费的请求。① 该案被二审法院以"系争合同对反诉应诉不收取律师代理费有明确约定，乙方也未以《合同法》第 54 条为法律依据主张权利的情况下，适用公平原则进行判决不当"为由，撤销了一审判决，改判驳回了乙方的诉讼请求。②

上述两起案件中，拒付工程款、拒付律师费的行为均有明确的合同约定依据，不构成违约行为，不应承担违约责任。但上述两案在审理时均存在一个基本的前置性判断，就是如果按照合同约定执行的话，会带来不公平的结果。必须通过适用公平原则，绕过合同约定，判决支付工程款、律师费，方能使合同公平。那么问题来了，合同有关不支付工程款及律师费的约定有什么法律价值呢？

这两起适用公平原则裁判的案件存在以下值得商榷之处。

1. 判决均选择了"向一般条款逃逸"

案例 1.7 中的《钢网架、屋面及钢马道工程分包合同书》第 9.2 条、案例 1.8 中的《律师合同》第 6 条均系有效约定。但法官认为，适用该约定，必然造成违反公平原则的结果，那就只好选择"逃逸"，不直面该两条约定的效力问题，直接"逃逸"至公平原则的适用。但笔者认为，法官在当事人有明确有效约定的前提下适用法的一般原则裁判案件，违反了法律适用原则，恐助长不诚信行为蔓延。

2. 判决均回避了对被告是否存在违约行为事实的认定

违约责任的核心构成要件是违约行为。被告拒绝支付工程款、拒绝支付律师费是不是违约行为？如果不是违约行为，继续履行的违约责任由何而来？适用公平原则裁判案件，回避了是否存在违约行为的事实查明与认定。从判决结论来看，法官通过适用公平原则的说理，弥补了缺乏违约行为这一基本事实，判决了被告承担继续履行的违约责任。

3. 判决弥补了合同价款的"漏洞"

在案例 1.7 中，法官以被告从业主单位的该项工程结算价作为应支付给原告的工程款，通过判决确定了工程价款。在案例 1.8 中，因为合同约定

① 上海市黄浦区人民法院（2018）沪 0101 民初 5809 号民事判决书。
② 上海市第二中级人民法院（2019）沪 02 民终 1336 号民事判决书。

"不收取反诉应诉代理费"，因此合同中就没有反诉应诉代理费计算标准及数额的约定，判决在认定继续履行的前提下，通过"有权解释"弥补了"反诉应诉代理费"计算标准及数额条款，代替当事人订立了合同。

除了通过适用公平原则弥补案件事实不足的缺憾外，法官也会适用公平原则来弥补法律依据不足的缺憾。

案例 1.9 公平原则能否弥补案件事实不足及法律依据不足的缺憾？

2010 年 10 月，广东四建将其与拼牌公司签订的《建设工程施工合同》以分包名义"转包"给了化州二建，段某挂靠化州二建实际施工。因工程需要，段某陆续从梁某处借款 1192 万元。因段某未按期归还借款，梁某将段某、广东四建诉至法庭，要求偿还借款。一审判决以广东四建"在非法转包与工程施工管理上存在明显过错"为由，判决广东四建对实际施工人段某在施工过程中为工程所借的款项承担连带清偿责任。[1] 二审法院认为，实际施工人段某与广东四建之间构成表见代理，而段某也愿意对借款承担责任，"一审判决由段某对梁某出借款项承担清偿责任，广东四建公司承担连带责任，表述上略有不当，但实体上不影响各方当事人的权利义务，故本院对裁判结果予以维持"[2]。广东四建申请再审。最高人民法院认为，"即使广东四建公司不承担借款的还款责任，也应向实际施工人对工程的投入支付工程款。因此，依据公平原则，由工程总承包人广东四建公司承担用于工程借款的连带还款责任，并无不妥"。裁定驳回广东四建的再审申请。[3]

笔者认为，该案三份法律文书，分别存在不同缺陷。一审法院以广东四建对工程转包及施工管理上存在过错为由，判决其为段某的个人债务承担连带责任，违反了合同相对性原则，既无事实依据，也无法律依据。广东四建跟梁某无"约"，自然也不存在"违约"。二审法院认定了存在表见代理的事实，那么就在梁某与广东四建之间成立了民间借贷关系，作为广东四建代理人的段某不应对被代理人的债务向债权人梁某承担连带责任。但因段某本人

---

[1] 湖南省娄底市中级人民法院（2013）娄中民三初字第 15 号民事判决书。

[2] 湖南省高级人民法院（2014）湘高法民一终字第 22 号民事判决书。

[3] 最高人民法院（2014）民申字第 604 号民事裁定书。

"愿意"承担连带责任，因此，二审法院认为一审判决仅在"表述上略有不当"，予以维持。广东四建与段某，谁是主债务人，谁是连带（从）债务人，这属于案件的基本事实，怎么仅是"表述上略有不当"呢？二审判决连带责任缺乏法律依据。再审裁定通过适用公平原则，弥补了判决连带责任在事实和法律依据上不足的缺憾，维持了原判决。公平原则在本案中还起到了弥补法律依据不足的缺憾的作用。

在市场交易中，由于当事各方地位上的差异，在交易条件的确定上会出现对一方不利的情形，但你完全有权利不去接受这些苛刻的交易条件。如果自愿选择签署合同，只要没有证据证明合同或合同条款是无效的，就应当坚决履行，这才符合诚信原则。

三、诚信原则适用于合同纠纷案件的裁判

诚信首先是一种道德规范。民法上的诚信原则是"帝王条款"，是当事各方的行为准则，时时刻刻约束着当事人的行为。各方诚实守信，合同交易就会达至最佳效果，各方利益就会完美呈现、会最大化。当事人的违约行为在大多数情况下都与其不诚信有关，但并不是说所有的违约行为都是因违约方的不诚信导致的。不诚信行为并不必然就是违约行为，但只有违约行为才可能引起违约责任，并使当事人承担不利后果。

适用诚信原则裁判案件，主要目的在于弥补违约（法）事实不足的缺憾，通过对行为人动机的挖掘，以动机的不道德性来定性行为的违法，违反道德亦即违反法律，道德和法律通过诚信原则实现了完美融合，为实现预先设定的裁判目标铺平了道路，但同时模糊了两者之间的边界。

案例 1.10 法律能否剥夺一个不诚信者的诉权？

2016 年 4 月，某公司与李某签订了《认购合同》，约定由李某购买某公司开发的商品住宅一套。李某随即向某公司支付了全部购房款。2018 年 2 月，某公司以案涉房屋未取得商品房预售许可证为由，将李某诉至法院，请求确认《认购合同》无效。庭审中，李某认可双方所签《认购合同》系事实上的商品房预售合同，一审法院向李某释明合同无效的后果后，李某仍坚持认为合同有效，坚持要求某公司交房。案涉房地产项目于 2018

年 6 月 8 日取得了商品房预售许可证。2018 年 6 月 14 日，一审宣判。一审依据《商品房买卖合同解释》第 2 条 "出卖人未取得商品房预售许可证明，与买受人订立的商品房预售合同，应当认定无效，但是在起诉前取得商品房预售许可证明的，可以认定有效" 之规定，判决某公司与李某于 2016 年 4 月签订的认购合同无效。① 李某提起上诉。二审判决认为："案涉认购合同实质上是商品房预售合同，某公司与李某之间形成了商品房预售合同法律关系。""首先，李某在签订认购合同当日即支付了全额购房款，某公司在自身合同目的已经实现情形下，非但不积极履行应尽的合同义务，面对房地产市场出现价格大幅上涨，反而主张合同无效的做法，显然违背诚实信用原则。其次，某公司作为房地产开发企业，对房屋预售所需条件应当是清楚的，对自身不办理商品房预售许可证即预售商品房行为的违法性应当是明知的。现某公司以自身原因造成的违法事实为由提起本案诉讼，真正目的在于获取超出合同预期的更大利益，某公司的行为显然与社会价值导向和公众认知相悖。为弘扬社会主义核心价值观，彰显司法公正，对此种行为不应予以支持。最后，某公司签约时未取得商品房预售许可证，虽然违反了有关 '商品房预售应当取得商品房预售许可证明' 的规定，但是并不必然导致其签订认购合同的民事法律行为无效。"该判决援引《民法总则》第 7 条、第 153 条之规定，驳回了某公司的诉讼请求。②

该判决应该说是取得了良好的司法效果和社会效果。但如果从法律适用的角度稍稍反思一下，也会帮助我们做得更完美一些。

首先，从该案二审判决所援引的法律依据来看，无法得出《认购合同》有效的结论。二审判决所适用的法律是《民法总则》第 7 条诚信原则和第 153 条违反法律、行政法规的强制性规定及违背公序良俗的民事法律行为无效。适用这两条，最终只会得出案涉《认购合同》无效的结论。适用《民法总则》第 7 条、第 153 条的结论，与适用《商品房买卖合同解释》第 2 条的结论，在对《认购合同》效力认定上别无二致。如果是要取得一致的结论，显然没有必要绕这么的大圈子。那么，二审判决到底想要否定某公司哪一行为

---

① 陕西省西安市长安区人民法院（2018）陕 0116 民初 2519 号民事判决书。
② 陕西省西安市中级人民法院（2018）陕 01 民终 8145 号民事判决书。

的效力呢？

其次，该案二审判决是要说《认购合同》无效，还是要说某公司基于《认购合同》的起诉行为无效呢？《认购合同》有效或者无效是一个自始确定的事实，并不会因为某公司的起诉行为而发生变化。也就是说，某公司不诚信、不道德的起诉行为并不是引起合同无效的法定情形。《认购合同》有效或无效是一个在起诉前已经发生的事实状态，只需判决认定即可。导致法律行为无效的情形只能是行为，动机在个别情形下是作为行为的要素而非行为本身来对待的。无论是一审判决援引的《商品房买卖合同解释》第 2 条，还是二审判决援引的《民法总则》第 7 条、第 153 条，《认购合同》无效已成共识。二审判决认为，如果不剥夺某公司不道德的提起诉讼的权利，就一定会得出某公司欲求的裁判结果，因为实体法的规定对某公司是有利的。二审判决须否定某公司的诉权。但剥夺一个不道德者的诉权需要有明确的法律依据。二审判决应当驳回某公司的起诉，最后却驳回某公司的诉讼请求。其实，无论是驳回起诉，还是驳回诉讼请求，在法律依据的找寻上都具有很大的难度。

最后，最高人民法院的司法解释是否具有强制适用的效力？当最高人民法院对某一"具体应用法律的问题"① 作出司法解释后，人民法院在什么情形下应当适用司法解释作为裁判依据呢？目前是不明确的。根据《最高人民法院关于司法解释工作的规定》第 5 条"最高人民法院发布的司法解释，具有法律效力"的规定，最高人民法院的司法解释属于法律渊源之一种，可以被各级人民法院作为裁判依据。又据该规定第 27 条第 1 款，"司法解释施行后，人民法院作为裁判依据的，应当在司法文书中援引"。人民法院如果将司法解释作为裁判依据，就应当在司法文书中列明。人民法院如果没有将司法解释作为裁判依据，自然无须在司法文书中列明。人民法院对司法解释的适用是不是自由的呢？在同类案件中，是不是既可以适用，也可以不适用呢？如果真是这样的话，就会出现同类案件法律适用不统一，引发"同案不同判"的现象。司法解释既然属于法律渊源的一种，它对于人们的行为就应当具有规范和指引功能，遵守或者不遵守的后果一定是确定的，而不能是不确定的。

---

① 《最高人民法院关于司法解释工作的规定》第 2 条规定："人民法院在审判工作中具体应用法律的问题，由最高人民法院作出司法解释。"因为司法解释针对的是"人民法院在审判工作中具体应用法律的问题"，所以司法解释应当归入法律规则的范畴。

司法解释属于法律规则范畴，在有法律规则的情形下，应当优先适用规则，而不能动辄"逃逸"至法律原则。

要正确发挥诚信原则在合同纠纷案件裁判中的规范价值。诚信原则是判断合同附随义务及其是否得到适当履行的重要依据。例如，在一起重工机械购销合同纠纷案件中，双方约定卖方交货的最后截止日期是 2010 年 2 月 28 日，买方应在卖方交货前 7 日付清货款。买方在合同签订后向卖方支付定金 176 万元。2010 年 3 月，买方即以卖方逾期交货为由，起诉请求解除合同、双倍返还定金。本案合同约定了交货的最后截止日期，约定了付款义务与交货义务的顺序及时间差，付款义务的最终期限确定依赖于卖方的交货时间。从卖方的角度来看，卖方享有先履行抗辩权，先履行抗辩权的行使无须明示。从买方的角度来看，合同对卖方交货的最后截止日期作了明确约定，"期限代人催告"，买方无须对卖方进行催告。合同约定出现了漏洞，而双方又都"各怀鬼胎"。作为法院，能否支持买方双倍返还定金的诉求呢？笔者认为不可以。双方在合同履行过程中，在交货截止日期到来之前有没有尽到互相通知、催告等附随义务，这是诚信原则的必然要求。没有通知、催告，买方的解除权从何而来？

四、公序良俗原则适用于合同纠纷案件的裁判

公序良俗作为原则性的民事行为规范要求，规定在《民法典》第 8 条、第 10 条。公序良俗作为民事法律行为的效力规则，规定在《民法典》第 143 条、第 153 条。公序良俗的效力规则，既有行为模式，又有法律后果，可以直接适用于案件裁判。公序良俗从民法基本原则的价值宣示性到民事法律行为效力规则的可裁判性，经由从原则到规则的转换，真正具有可裁判性的是公序良俗的效力规则，而非公序良俗的法律原则。对公序良俗的具体认定是裁判说理的重心。

案例 1.11　公共管理规范能否等同于公序良俗？

2011 年 11 月，甲公司与乙公司签订了《信托持股协议》，约定由乙公司代甲公司持有某人寿保险公司 2 亿股股份（占 20%）的实益权利。2014 年 10 月 30 日，甲公司向乙公司发出《关于终止信托的通知》，要求乙公

司将信托股份过户到甲公司名下。乙公司不从，被甲公司诉至法院。乙公司依据《保险公司股权管理办法》（2014年）第8条，"任何单位或者个人不得委托他人或者接受他人委托持有保险公司的股权"之规定，答辩认为《信托持股协议》无效。一审判决以《信托持股协议》未违反法律、行政法规的强制性规定，系有效合同为由，确认《信托持股协议》解除。乙公司上诉。最高人民法院"从《保险公司股权管理办法》禁止代持保险公司股权规定的规范目的、内容实质，以及实践中允许代持保险公司股权可能出现的危害后果"三方面进行综合分析后认定，《信托持股协议》因"损害社会公共利益"无效，裁定撤销原判决，发回重审。理由具体为：首先，从《保险公司股权管理办法》禁止代持保险公司股权的制定依据和目的来看，尽管《保险公司股权管理办法》在法律规范的效力位阶上属于部门规章，并非法律、行政法规，但原保监会是依据《保险法》第134条关于"国务院保险监督管理机构依照法律、行政法规制定并发布有关保险业监督管理的规章"的明确授权，为保持保险公司经营稳定，保护投资人和被保险人的合法权益，加强保险公司股权监管而制定。据此可以看出，该管理办法关于禁止代持保险公司股权的规定与《保险法》的立法目的一致，都是加强对保险业的监督管理，维护社会经济秩序和社会公共利益，促进保险事业的健康发展。其次，从《保险公司股权管理办法》禁止代持保险公司股权规定的内容来看，该规定系原保监会在本部门的职责权限范围内，根据加强保险业监督管理的实际需要具体制定，该内容不与更高层级的相关法律、行政法规的规定相抵触，也未与具有同层级效力的其他规范相冲突，同时其制定和发布亦未违反法定程序，因此《保险公司股权管理办法》关于禁止代持保险公司股权的规定具有实质上的正当性与合法性。最后，从代持保险公司股权的危害后果来看，允许隐名持有保险公司股权，将使得真正的保险公司投资人游离于国家有关职能部门的监管之外，势必加大保险公司的经营风险，妨害保险行业的健康有序发展。加之由于保险行业涉及众多不特定被保险人的切身利益，保险公司这种潜在的经营风险在一定情况下还将危及金融秩序和社会稳定，进而直接损害社会公共利益。综上，违反《保险公司股权管理办法》有关禁止代持保险公司股权规定的行为，在一定程度上具有与直接违反《保险法》等法律、行政法规一样的法律后果，还将出现破坏国家金融管理秩序、损害包括众多保险法律关系主体在内的社会公共利益的危害后果。① 请问：公共管理规范能否等同于公序良俗？

在该案成功判决的基础上，最高人民法院将违反行政规章的合同效力认定规则写进了《九民纪要》，成为指导审判工作的司法文件。《九民纪要》规定："违反规章一般情况下不影响合同效力，但该规章的内容涉及金融安全、市场秩序、国家宏观政策等公序良俗的，应当认定合同无效。人民法院在认定规章是否涉及公序良俗时，要在考察规范对象基础上，兼顾监管强度、交易安全保护以及社会影响等方面进行慎重考量，并在裁判文书中进行充分说理。""规范对象"是说规章所调整的社会关系，这些社会关系如果涉及金融安全、市场秩序、国家宏观政策等方面的，就可以被认定为公序良俗。另外，应兼顾监管强度、交易安全保护以及社会影响等方面。无论是作为公序良俗认定基础的规范对象，还是应兼顾的监管强度、交易安全保护以及社会影响因素，都带有不同程度的抽象性。因此，判决将规章认定为公序良俗时必须进行充分说理。

需要注意的是，一定要警惕公序良俗认定的扩大化，以免损害契约自由和交易安全。遵守上位法，是下位法有效的基本条件。合同效力规范与行政监管是不同性质的法律关系，依据不同的法律规范在不同领域运行。案例1.11中的《信托持股协议》有效或者无效都不影响金融监管机关的监管，法院即使认定《信托持股协议》有效，也不能越权强令行政机关认可胜诉者的保险公司合格股东身份，最终完成股权变更登记。维护金融监管秩序无须以损害法律行为效力制度的权威性为代价。相反，只有认定《信托持股协议》有效，才能通过法律责任的适用追究失信者的违约责任，弘扬诚实守信的价值观。另外，我们还应注意合同无效的后果。《民法典》第157条规定："民事法律行为无效、被撤销或者确定不发生效力后，行为人因该行为取得的财产，应当予以返还……"当法院认定该案中的《信托持股协议》无效、驳回原告诉请的同时，必须依法判令"返还"。这是立法对法院行使职权的明确要求。

---

① 最高人民法院（2017）最高法民终529号民事裁定书。

第三节　合同解释

一、合同解释概说

合同解释即"有相对人的意思表示的解释",是指对合同"争议条款"、不同文本"使用的词句"所作的分析说明,以确定合同条款及词句的含义。

引发合同解释的原因有两个:一是当事人对合同条款的理解有争议;二是合同不同文本"使用的词句不一致"。

当事人对合同条款的理解有争议时,为解决争议应适用的合同解释方法是:按照所使用的词句,结合相关条款、行为的性质和目的、习惯以及诚信原则,确定意思表示的含义。① 合同不同文本使用的词句不一致时,为解决不一致应适用的解释方法是:根据合同的相关条款、性质、目的以及诚信原则等予以解释。②

上述是狭义的合同解释。狭义的合同解释被称作有权解释的原因在于,解释的主体不再是合同当事人,而是受理争讼的法院或者仲裁机构。解释是裁判过程中为查明事实所采用的一种证明方法。解释的目的在于确定案件争讼的基本事实,解释的结论就是查明了的事实,该事实成为裁判的依据,直接适用于裁判。合同解释的直接转化性使法官或者仲裁员的解释结论成为法律文书认定的事实。这就是"有权解释论"所称"有权"的意义。③

广义的合同解释还包括《民法典》第510条规定的情形,被称作合同漏洞的弥补。合同漏洞弥补其实也是一种合同解释方法。《民法典》第510条规定:"合同生效后,当事人就质量、价款或者报酬、履行地点等内容没有约定或者约定不明确的,可以协议补充;不能达成补充协议的,按照合同相关条款或者交易习惯确定。"当合同"质量、价款或者报酬、履行地点等内容"出

---

① 《民法典》第142条第1款。
② 《民法典》第466条第2款。
③ 相关论述可参阅张晓飞:《合同解释如何产生法律效力——对有权解释论的反思》,载《学术论坛》2006年第8期。

现漏洞时，首先由当事人"协议补充"。当事人"不能达成补充协议的"，"按照合同相关条款或者交易习惯确定"。"按照合同相关条款或者交易习惯确定"显然是法院或者仲裁机构的解释行为，因为当事人已经"不能达成补充协议"，当事人自治已经失灵了。这仍然应被归入有权解释的范围。当有权解释也无法达到弥补合同漏洞的目的时，应适用法定的补足规则，即《民法典》第511条的规定，以确定合同质量、价款或者报酬、履行地点、履行期限、履行方式、履行费用等主要条款。

本节主要论述狭义合同解释的规则，合同漏洞弥补规则放在合同的履行一章详述。

二、合同争议条款的解释

根据《民法典》第466条第1款之规定，"当事人对合同条款的理解有争议的"，应当"按照所使用的词句，结合相关条款、行为的性质和目的、习惯以及诚信原则"，确定争议条款的含义。

何谓"当事人对合同条款的理解有争议"？在纠纷发生后，当事人对任何于己不利的条款都会提出质疑，都希望通过自己的解释使其含义转向对己有利的一面。因此，"争议"有时并不是条款本身确实存在不具体、不确定的情形，争议只是"理解"上的差异造成的。作为裁判者，要回应当事人"理解"上的"争议"，不能因为"争议"是荒谬的无稽之谈而不予理睬。裁判文书的说服力必须是在论理上，这些"争议"恰恰是论理的靶子。没有"争议"，论理如何出彩！

(一) 文义主义解释方法

对争议条款的解释应"按照所使用的词句"的通常含义来理解，是为文义主义解释方法，是基础的解释方法。因为基础，所以常常被称作文义主义解释原则，其他因素都是用来"结合"文义主义这一原则而适用的，不是可以独立采用的解释方法。"所使用的词句"白纸黑字，谁也无法篡改，文义主义解释方法是为客观主义方法。

"词句的通常含义"除了受语言文字本身含义的约束外，还要受理性人原则的影响。"词句的通常含义"的适用不能与"当事人的共同理解"相冲突。

"有证据证明当事人之间对合同条款有不同于词句的通常含义的其他共同理解"，应以"共同理解"作为确定词句含义的依据。①

案例 1.12　合同解释应遵循文义还是探求真意？

借款人甲，出款人乙，保证人丙。保证条款约定：1. 甲同意以个人名义对本协议之借款承担无限连带保证责任；2. 丙同意以其 450 平方米营业用房 22 年经营权、使用权作为抵押，对借款承担连带担保责任。甲违约后，乙遂以甲、丙为共同被申请人申请仲裁，请求丙为甲的借款承担连带责任。乙的代理律师认为丙的保证人身份是具体确定的，丙反对。仲裁庭最终认定，丙的真实意思并不是保证，而是质押担保，应以当事人的真意为准。但由于丙所质押的经营权、使用权无法办理质押登记，质押条款无效。丙对质押无效有过错，裁决丙向乙承担连带赔偿责任。

抛开仲裁裁决结论不论，从论证过程来看，仲裁庭抛开"文义"去探求"真意"，将"文义"与"真意"对立起来，显然违反了合同解释规则。即使探求真意，也应当探求双方真实的合意，而非一方的真意。本案无论是"文义"还是"真意"，都是合同内容，而保证与权利质押并不冲突。登记不是权利质押的生效要件，而是对抗要件。以丙对权利质押无法登记存在过错为由，裁决丙承担连带责任无法律依据。

在文义主义方法基础上，解释争议条款的含义，还可以"结合相关条款、行为的性质和目的、习惯以及诚信原则"。文义主义是原则、是根本，其余的因素都是用来"结合"的，是用来辅助文义主义方法的。不能抛开文义主义，直接适用其他方法。

案例 1.13　合同解释应文义优先还是目的优先？

2017 年 10 月 16 日，甲方与乙方订立《保证合同》，第 1 条"被担保的主债权"之 1 约定："本合同项下被担保的主债权为甲方与债务人丙方在债权发生期间为自 2017 年 10 月 16 日起至 2019 年 10 月 15 日止所订立的一系列借款合同所形成的债权。"同日，甲方与丙方签订《借款合同》，约定丙方向甲方借款 1.1 亿元，月息 2%。甲方在《借款合同》签订后并

---

① 《合同编通则解释》第 1 条第 2 款。

未向丙方支付出借款项。甲方在民事起诉状中称："上述《借款合同》实际上系对丙方出借借款本金的最终确认。"一审判决认为："《借款合同》其实系甲方与丙方之间的结算依据而非再次成立借款关系。"[①] 二审判决认为："该《借款合同》是甲方和丙方对截至 2017 年 10 月 16 日借款余额的确认，因此自 2017 年 3 月 14 日起，甲方向丙方支付的款项与丙方向甲方归还的款项，均是对《借款合同》的实际履行，1.1 亿元只是对履行金额的最终结算。""该借款合同是对之前借款的确认结算。"[②] 由此可知，1.1 亿元债权并非发生在"2017 年 10 月 16 日起至 2019 年 10 月 15 日止"这段期间，那么，乙方应否为该债权承担保证责任呢？

立足文义主义方法，本案保证人乙方应为"债权发生期间"形成的债权承担保证责任。不难看出，本案债权发生在 2017 年 10 月 16 日之前，《借款合同》只是对过往交易的结算，而非发生新的债权债务关系，《借款合同》不是债发生的依据。要坚持文义主义解释方法的原则，不能抛开文义主义，转向适用合同目的主义解释方法来解释"债权发生期间"，立足保证的目的来认定保证人的责任。

（二）体系主义解释方法

结合"相关条款"是为体系主义解释方法，要把争议条款置于合同全文中去理解，要结合合同的上下文来理解，不能孤立地看待争议条款。要把合同作为一个整体来对待。

（三）目的主义解释方法

结合"行为的性质和目的"是为目的主义解释方法，目的是根本。为实现特定合同目的，必须选择适当的交易方式。合同性质也能倒推出合同目的。在运用目的主义解释方法时就会涉及真意的探求，探求的真意应该是合同目的，是双方的合意，而不是某一方单独的真意。

案例 1.14 如何正确适用目的主义解释方法？

某《商品房买卖合同》约定，开发商"400 天之内为业主办结产权登

---

① 上海市第一中级人民法院（2019）沪 01 民初 264 号民事判决书。

② 上海市高级人民法院（2021）沪民终 123 号民事判决书。

记。否则每天承担房屋总价万分之一的违约金"。开发商在第 406 天办结了房屋产权证。业主将开发商申请至仲裁委，请求按 406 天来计算违约金。开发商认为只能按 6 天来计算违约金。如何理解这一约定？

合同约定办证违约金的目的是什么？是督促开发商尽快为业主办理房产证，业主的合同目的是拿到房产证。400 天是开发商合同义务的履行期限，设定期限的目的是督促开发商尽快履行办理房产证的合同目的。400 天内办结房产证，开发商并不违约，逾期办结，是为违约。从合同目的的角度来解释，应以 6 天而不是 406 天来计算违约金。

（四）习惯主义解释方法

有习惯，要结合习惯来确定合同争议条款的含义。对习惯的认定，要满足下列条件：（1）习惯不违反法律、行政法规的强制性规定且不违背公序良俗；（2）习惯是当事人之间在交易活动中的惯常做法；（3）习惯在交易行为当地或者某一领域、某一行业通常采用并为交易对方订立合同时所知道或者应当知道的做法。对于交易习惯，由提出主张的当事人一方承担证明责任。①

案例 1.15　如何正确适用习惯主义解释方法？

2018 年至 2020 年，被告张某委托承运人王某、杨某等从原告某建材公司处拉运石粉。石粉出库时，承运人要在标明收料人为张某的发料单上签字，张某按照发料单记载陆续给原告结算货款。后双方对 2018 年 10 月至 2019 年 4 月由王某拉运的标明收料人为张某的 18 车石粉货款的支付发生了争议，原告将张某、王某诉至法院，请求"判令二被告支付欠原告石粉款 51952 元及利息"。一审判决认为：原告提交的发料单，收料人虽载明为被告张某，但系原告工作人员书写；被告张某虽曾在原告处购买石料，亦要求被告王某 2018 年 10 月 26 日在原告处拉取石料，但仅能证实双方曾发生过交易，不能据此直接证明原告提交的上述发料单系原告与被告张某之间产生的买卖关系。原告以发料单为证主张被告张某拖欠货款，被告张某予以否认，原告应对其主张案涉发料单所载石料系被告张某购买且拖欠款项继续举证。庭审中，原告并未提交其他证据证明自己的主张，原

---

① 《合同编通则解释》第 2 条。

告应承担举证不能的不利后果，故对原告主张被告张某向其支付石粉款及利息的请求，不予支持。原告提交的案涉发料单，领料人处均有被告王某及其司机的签字，被告王某亦予以认可，其庭审中辩称系按照被告张某的要求在原告处拉运石料，但未提交证据证明该主张，亦无法说明上述石料运送至何处，故对被告王某该辩称不予采信。被告王某及其司机自行在原告某公司处拉取石粉，应由被告王某向原告支付相应价款。判决由王某支付。[1] 王某不服，提起上诉。二审判决认为：张某承认与某建材公司存在石料买卖口头合同关系，并由王某、杨某负责运输至指定地点，这是本案的基本事实。故张某与某建材公司为该买卖合同关系的结算主体，结算范围理应包括上述所有承运人（或司机）拉料时签字的发料单。根据双方的交易惯例，某建材公司可以依据真实有效的发料单主张该部分货款。原审判令王某承担石料款与事实不符，应予纠正。改判由张某向某建材公司支付货款。[2]

本案争议焦点是对发料单所记载的法律关系的认定。根据发料单记载，货物确实是被王某拉走了，王某有无将货物交付给托运人不影响出卖人的权益。对发料单记载内容的解释应当关注双方过往的交易习惯。张某从未在发料单上签字，此前和此后的发料单都认可，为什么单单不承认这几笔货款呢？应当依习惯来解释发料单记载的意义，确认张某为买受人，承担支付货款的责任。

（五）诚信主义解释方法

结合"诚信原则"是为诚信主义解释方法，即从诚信角度来确定争议条款的含义。

案例 1.16 如何正确适用诚信主义解释方法？

2010 年 10 月，开发商甲与乙方雒某签订《联建协议》，就县城大什字西北角 89—92 号院联合建设补偿事宜达成协议：一、乙方同意甲方在此 89—92 号院联合建设项目中，一次性以该建筑物所占用的实际建筑面积予以补偿一层商铺。所补偿乙方商铺乙方不承担公摊面积，按建筑规划红线

---

① 陕西省泾阳县人民法院（2020）陕 0423 民初 3345 号民事判决书。
② 陕西省咸阳市中级人民法院（2021）陕 04 民终 1504 号民事判决书。

实际丈量，确定补偿面积，协议另补。二、乙方同意以占用的实际建筑面积1：2补偿住宅。……2016年6月，乙方将甲方起诉至法院，称被告向其交付的商铺及住宅面积均不足，商铺需补差120.91平方米，住宅需补差146.76平方米。合计补差折合人民币2736429.09元。原告举证国有土地使用权证书，证明其用以联建的院落面积为206平方米。被告举证《国有土地登记发证宗地平面图》，证明其建筑物仅占用原告部分土地，不是全部。法院委托中介机构就原告实际取得的商铺及住宅面积进行了测量，测得商铺面积为95.28平方米、住宅为132.62平方米。对原告院落建筑占地面积进行了测绘，原告土建使用面积在被告建筑中投影面积为145.16平方米。法院据此判决，被告应补偿原告商铺面积为145.16平方米、住宅面积为290.32平方米，参照当时的售价，被告应向原告补偿差价1016921.56元及利息。[①] 原告不服，提起上诉，被驳回。"该建筑物"究竟是指"院落"还是"院落中的房屋"？

原判决的审判逻辑，显然是将"以该建筑物所占用的实际建筑面积予以补偿"中的"该建筑物"解释为"院落中的房屋"，而不是"院落"。笔者认为，这一解释值得商榷。用以联建的是"89—92号院"，即土地，而非建筑物。从合同目的及诚信原则出发，将"该建筑物"解释为"院落"最符合合同目的，也是诚实不诈的要求。

案例1.17 什么是合同的优先解释顺序？

根据某合同第6条之合同文件构成，合同文件相互解释，互为说明，除专用条款另有约定外，组成本合同的文件及优先解释顺序如下：（1）本合同协议书；（2）中标通知书；（3）投标文件及其附件；（4）本合同专用条款；（5）本合同通用条款；（6）合同附件；（7）标准、规范及有关技术文件；（8）设计文件、资料和图纸；（9）已标价工程量清单或预算书；（10）双方约定构成合同组成部分的其他文件。双方在履行合同过程中形成的双方授权代表签署的会议纪要、备忘录、补充文件、变更和洽商等书面形式的文件构成本合同的组成部分。

---

① 陕西省凤翔县人民法院（2016）陕0322民初1353号民事判决书。

合同的优先解释顺序是指确定合同争议条款含义的事实依据的先后顺位。适用在先顺位的事实依据确定的合同内容或者合同争议条款的含义具有优先效力。这是对法定解释规则的补充。以本案为例，当我们适用文义主义解释方法时，位于在先顺位的书面文件所记载的文义优先于在后顺位的书面文件所记载的文义。

从鼓励交易原则出发，对合同条款存在两种以上解释的，可能影响该条款效力的，人民法院应当选择有利于该条款有效的解释。属于无偿合同的，应当选择对债务人负担较轻的解释。[①] 然而，合同解释的目的在于确定争议条款的含义，如果经过解释，仍然存在两种或者两种以上的理解，这个时候就已经不是合同条款本身的问题了，而成了解释的问题了。

三、合同"各文本使用的词句不一致"的解释

《民法典》第466条第2款规定："合同文本采用两种以上文字订立并约定具有同等效力的，对各文本使用的词句推定具有相同含义。各文本使用的词句不一致的，应当根据合同的相关条款、性质、目的以及诚信原则等予以解释。"合同文本采用两种以上文字订立的情形会出现在：（1）我国少数民族聚居地区或者多民族共同居住地区的居民订立的合同。《国家通用语言文字法》第8条规定："各民族都有使用和发展自己的语言文字的自由。少数民族语言文字的使用依据宪法、民族区域自治法及其他法律的有关规定。"因此，各民族享有"使用自己的语言文字"签订合同的自由。《民事诉讼法》第11条第1款规定："各民族公民都有用本民族语言、文字进行民事诉讼的权利。"人民法院应当允许，并且为使用民族语言文字签订的合同提供适当的诉讼条件，以确保诉权。（2）我国主体与外国主体签订的涉外合同。涉外合同常常会采用两种以上文字订立。

对采用两种以上文字订立的合同，首先应推定各文本使用的词句具有相同含义。当各文本使用的词句不一致[②]时，应当根据合同的性质、目的以及诚信原则予以解释。

---

① 《合同编通则解释》第1条第3款。
② 这里的"不一致"不是指文字不一致，而是指含义不一致。

第二章　合同的订立与成立

第一节　合同订立的方式

合同订立是指当事人为成立合同关系而实施磋商的过程。《民法典》第471条规定："当事人订立合同，可以采取要约、承诺方式或者其他方式。"由此规定可知，要约、承诺是合同订立的一种方式，除此之外，还有其他方式，譬如招标投标、拍卖、挂牌等。要约、承诺是合同订立的一般方式。

一、合同订立的一般方式——要约、承诺

要约、承诺是将合同订立过程抽象后的结果。

（一）要　约

1. 要约的概念与构成要件

《民法典》第472条规定："要约是希望与他人订立合同的意思表示，该意思表示应当符合下列条件：（一）内容具体确定；（二）表明经受要约人承诺，要约人即受该意思表示约束。"该条中，主动作出"希望与他人订立合同的意思表示"的人为要约人，要约指向的"他人"为受要约人。要约的构成要件有以下几个方面。

（1）要约人必须是特定的人。要约是要约人单方的意思表示。既为意思表示，必须是特定的民事主体的意思表示，要约人是特定的人，就是指要约人必须是民法上确定的或者可得确定的具体的、特定的主体，是意思表示行为后果的承担者。民法规定的民事主体包括自然人、法人和非法人组织。确定自然人身份的关键要素是"公民身份号码"，该号码是唯一的。确定商主体（个体工商户、个人独资企业、营利法人、合伙企业）身份的关键要素是"统

一社会信用代码"，记载在营业执照上。"统一社会信用代码"是将企业原有的"纳税人识别号""组织结构代码"多证合一后的结果。企业还有"注册号"，该号码也是唯一的。确定非营利法人（事业单位、社会团体、基金会、社会服务机构）身份的核心要素是登记证书。民办非企业单位，如民办学校、民办幼儿园、民办医疗机构等都有登记证书。

（2）要约必须以订立合同为目的。是不是以订立合同为目的，除了要约人单方陈述外，还应当通过要约内容是否具体、确定予以判断。

（3）要约应当向受要约人作出。受要约人是要约人选定的订立合同的对方当事人，要约必须向受要约人作出。要约只有向受要约人作出，使受要约人知悉要约的内容，要约希望订立合同的目的才有可能实现。与要约人相同，受要约人也必须是确定的或者可得确定的特定的民事主体，是未来合同关系的当事人。在特殊情况下，法律也允许要约人向不特定的相对人发出要约。要约人一旦做出向不特定的相对人发出要约的行为，他就必须为该行为的后果负责。悬赏广告即此类型的要约。

悬赏广告是悬赏人以公开方式声明对完成一定行为的人支付报酬，完成了特定行为的人有权请求悬赏人支付报酬的行为。[①]《民法典》第499条规定："悬赏人以公开方式声明对完成特定行为的人支付报酬的，完成该行为的人可以请求其支付。"悬赏人在"特定行为"及对应"报酬"的意思表示得不明确、不具体，是引发此类纠纷的根本原因。

（4）要约的内容应具体、确定。这是要约的核心构成要件，也是我们必须反复强调的事实。要约内容的具体、确定，首先是指要约所承载的内容无论是合同的主要条款，还是非主要条款，其用语及表达都是明确、肯定的，不是含含糊糊、模棱两可的。其次是要约包含合同成立所应具备的主要条款。一般而言，要约具备了"当事人姓名或者名称、标的和数量"三个条款，就做到了内容的具体、确定，构成有效要约。[②] 当然，合同类型不同，对主要条款的要求也不同，应当根据要约人拟发生的合同关系的类型来具体认定要约内容的具体、确定。最后是要约的具体、确定还包含要约人缔约目的明确、

---

① 《合同法解释（二）》第3条。该解释已废止，但概念尚可用。
② 《合同编通则解释》第3条第1款。

肯定，要约人向受要约人传达着要约"一经受要约人承诺，要约人即受该意思表示约束"的肯定的信息，该信息使受要约人产生信赖，并依该信赖而行事。要约人缔约意思的具体确定，既可以通过明示方式表达，也可以通过默示方式表达。

案例 2.1　是悬赏广告还是危机公关？

"空姐乘滴滴顺风车遇害案"发生后，2018 年 5 月 10 日晚间，滴滴公司发布通告称：因涉及重要事项，滴滴公司向全社会公开征集线索，寻找一位名为刘某的顺风车司机。对提供线索的热心人，滴滴将视线索重要程度给予最高 100 万元人民币的奖励。[①]

这是滴滴公司的一份单方通告，该通告因内容的不具体、不确定而不构成要约，无法适用悬赏广告的规则来解决相关纠纷。该则通告没有规定"线索重要程度"的判断标准，100 万元的奖励仅是"最高"奖励，不同"重要程度"对应的奖励标准不具体、不确定。在空姐被顺风车司机杀害后，滴滴公司此举仅为危机公关之用，不具有法律上的约束力。

2. 要约邀请

《民法典》第 473 条规定："要约邀请是希望他人向自己发出要约的表示。拍卖公告、招标公告、招股说明书、债券募集办法、基金招募说明书、商业广告和宣传、寄送的价目表等为要约邀请。商业广告和宣传的内容符合要约条件的，构成要约。"要约邀请也叫要约引诱，是发出要约邀请的人希望受邀请的人向自己发出要约。一般而言，拍卖公告、招标公告、招股说明书、债券募集办法、基金招募说明书、商业广告和宣传、寄送的价目表等属于要约邀请。但对于商业广告和宣传而言，如果其内容符合要约条件的，构成要约。

案例 2.2　是要约还是要约邀请？

开发商在其售楼部沙盘模型及宣传彩页上均将小区西侧一片空地标注为停车位，该停车位弥补了小区配套车位不足的缺憾。交房后，小区业主

---

① 该事件详见《空姐乘顺风车遇害 滴滴道歉悬赏百万寻疑凶》，载央视网，https://news.cctv.com/2018/05/11/ARTIsSpvEmgYCEmSOrRUgcAF180511.shtml，2023 年 12 月 11 日访问。

正常租用这些车位。突然有一天，政府张贴公告，称该停车位占用了市政规划道路，因道路施工需要，限期腾交。小区业主于是将开发商诉至仲裁委，要求开发商在邻近小区购买同等数量的车位供业主租用。经查，开发商在报审时已知悉该处为市政规划道路，但并未如实告知业主。仲裁委裁决认为，沙盘模型、宣传彩页不是要约，不构成合同内容，未支持业主诉请。

本案争议焦点是开发商在沙盘模型、宣传彩页中有关停车位的标示是否成为合同内容。根据《民法典》第473条的规定，一般情况下，"商业广告和宣传"为要约邀请，但当"商业广告和宣传的内容符合要约条件的，构成要约"。"商业广告和宣传"是否构成要约的审查重点是其"内容"，而不是其作为意思表示的外在形式。"商业广告和宣传的内容"要构成要约，应当具备合同成立的主要条款，因为要约一经承诺，合同即告成立。区分"商业广告和宣传"究竟为要约邀请还是要约，目的在于判断合同是否成立，而本案当事人之间已经订立了《商品房买卖合同》，作为原告的业主，借助沙盘模型、宣传彩页，要证明的并不是双方之间的合同关系是否成立，而是沙盘模型、宣传彩页中所标示的停车位是否应成为合同的内容，成为开发商的从给付义务。应从沙盘模型、宣传彩页关于停车位的标示是否具体、确定，是否使买受人产生信赖这个角度去审查。没有了沙盘模型、宣传彩页中标示的停车位，小区配套车位是否达标？买受人是否会选择购买该小区的商品房？如果这些事实被查实，就应当裁决开发商承担违约责任。

对于电商在互联网上所发布的商品或者服务信息究竟是要约邀请，还是要约？除了从要约构成要件角度去分析之外，还应注意以下几点：（1）信息发布者的身份。信息发布者是不是电商？即在互联网上从事商业活动的经营者。对经营者身份的判断一看名称，二看行为。有的自媒体虽然没有使用商业名称，甚至也没有进行任何商业登记，但其行为包含利用互联网平台售卖货物（俗称带货），也应当被认定为电商。（2）信息发布的平台。如果选择在淘宝、当当、京东、苏宁易购等这些公众熟知的互联网购物网站上发布交易信息，无论是网站自营的商品，还是加盟商家的商品，信息发布者的目的就是销售货物。（3）有无提交订单功能及页面。购物者选择了标明主要信息的商品，提交订单并成功，经营者发布这些信息的行为就应当被认定为要约。①

3. 要约生效的时间

要约适用到达生效规则。根据《民法典》第 137 条、第 474 条之规定，以对话方式作出的要约，受要约人知道要约内容时生效。要约人在与受要约人交谈时，要约即时送达受要约人，受要约人"知道其内容"是基于送达事实而推定的结果，除非相对人事后有证据证明他当时根本就没有听懂要约人在说什么。以非对话方式作出的要约，到达受要约人时生效。如果要约人采用"数据电文形式"送达要约的，要约到达受要约人指定的特定系统时生效；未指定特定系统的，受要约人知道或者应当知道该数据电文进入其任一系统时生效。双方对采用数据电文形式的要约的生效时间另有约定的，按照双方的约定执行。譬如，以工作日上班时间开始时为要约生效时间的约定。

4. 要约的撤回

要约可以撤回。撤回要约应当采用通知的方式（明示方式）。撤回要约的通知应当在要约到达受要约人前或者与要约同时到达受要约人。撤回是阻止要约生效的一种方法，要赶在要约生效之前为之。要约未到达受要约人的，要约未生效，撤回要约的通知先于要约到达受要约人，阻止了要约的生效。撤回要约的通知与要约"同时到达受要约人"，如能阻止要约的生效，撤回也是有效的。但如果要约先于撤回要约的通知到达了受要约人，要约已经生效了，就应当适用要约的撤销规则了。

5. 要约的撤销

要约生效后，要约人可以依法撤销要约，使要约的效力终止。要约到达受要约人后，要约已经生效，撤销要约时就应注意保护受要约人的合理信赖利益。当有下列情形之一的，要约不可撤销：（1）要约人以确定承诺期限或者其他形式明示要约不可撤销。要约人"确定承诺期限"，或者采取其他形式，给受要约人传达了"不可撤销"要约的肯定的意思表示的，要约是不可撤销的。（2）受要约人有理由认为要约是不可撤销的，并已经为履行合同做

---

① 《民法典》第 491 条第 2 款规定："当事人一方通过互联网等信息网络发布的商品或者服务信息符合要约条件的，对方选择该商品或者服务并提交订单成功时合同成立，但是当事人另有约定的除外。"

了合理准备工作。受要约人的理由是指可归责于要约人的因素，使得受要约人对要约产生了信赖，并基于该信赖而行事，"已经为履行合同做了合理准备工作"，这时该要约是不可撤销的。①

对于"以对话方式作出的"撤销要约的意思表示，必须先于"受要约人作出承诺之前为受要约人所知道"。这里的"知道"是指了解了撤销要约的意思表示的内容，而不只是收到了这个通知。"知道"与"送达"的含义不同，"知道"的要求高于"送达"。对于"以非对话方式作出的"撤销要约的意思表示，"应当在受要约人作出承诺之前到达受要约人"即可产生撤销的法律后果。②

6. 要约的失效

要约的失效是指要约效力的消灭。要约如果被承诺，合同关系产生，要约效力的使命终结，要约就正常消灭了。要约的失效重点是说要约效力的非正常提前终止。

有下列情形之一的，要约失效：（1）要约被拒绝。受要约人在收到要约后，明确表明其不会接受该要约。要约被拒绝，要约也就失效了。（2）要约依法被撤销。要约人依照《民法典》第 476 条、第 477 条的规定撤销了要约，要约的效力终止，要约失效。（3）承诺期限届满，受要约人未作出承诺。"承诺期限"依照《民法典》第 481 条、第 482 条认定，见下文叙述。"承诺期限届满"，要约人通过要约赋予受要约人的承诺资格丧失，要约不再对要约人具有法律约束力。（4）受要约人对要约的内容作出实质性变更。"实质性变更"的认定标准参见《民法典》第 488 条、第 489 条之规定，下文详述。受要约人对要约内容的"实质性变更"本质上是对要约的否定，不是接受，会导致要约效力的消灭。

（二）承　诺

1. 承诺的概念与构成要件

承诺是受要约人同意要约的意思表示。③ 承诺应具备下列构成要件。

（1）承诺应当由受要约人作出。只有受要约人才有资格作出承诺，受要

---

① 《民法典》第 476 条。
② 《民法典》第 477 条。
③ 《民法典》第 479 条。

约人承诺的资格是要约人通过要约赋予的。

（2）承诺应当向要约人作出。承诺是对要约的承诺，承诺只有向要约人作出，才能发生法律上的效果，成立合同关系。

（3）承诺的内容应当与要约的内容一致。实现承诺与要约内容一致的有效办法就是受要约人完全接受要约，是为普通法上的镜像原则。但为促成交易，现代合同法引入了"实质性变更"的标准，承诺只要不是对要约内容的"实质性变更"，承诺即为有效，合同成立。"实质性变更"的认定标准有二：一是要约人的主观标准。要约人在要约中明确要求"承诺不得对要约的内容作出任何变更"的，承诺对要约的任一变更都应被认定为"实质性变更"，会导致承诺无效。即使要约人在要约中未作出"承诺不得对要约的内容作出任何变更"的表示，受要约人对要约内容的非实质性变更到达要约人后，"要约人及时表示反对"，承诺也是无效的。[1] 二是法定客观标准。当要约人没有提出"实质性变更"的主观标准时，认定承诺对"有关合同标的、数量、质量、价款或者报酬、履行期限、履行地点和方式、违约责任和解决争议方法等的变更，是对要约内容的实质性变更"，是新要约。[2]

（4）承诺应在要约确定的期限内到达要约人。如果要约没有确定承诺期限的，承诺应当按照下列规则到达：一是要约以对话方式作出的，受要约人应当即时作出承诺；二是要约以非对话方式作出的，承诺应当在合理期限内到达要约人。[3] 合理期限的确定应考虑三个因素：一是要约由要约人到达受要约人的合理在途期间；二是受要约人收到要约后到作出承诺决定的合理期间；三是承诺由受要约人到达要约人的合理的在途期间。承诺期限起算点的确定，要约以信件或者电报作出的，承诺期限自信件载明的日期或者电报交发之日开始计算。信件未载明日期的，自投寄该信件的邮戳日期开始计算。要约以电话、传真、电子邮件等快速通讯方式作出的，承诺期限自要约到达受要约人时开始计算。[4]

（5）承诺应当以通知的方式作出。"通知的方式"即为明示方式，承诺

---

① 《民法典》第 489 条。
② 《民法典》第 488 条。
③ 《民法典》第 481 条。
④ 《民法典》第 482 条。

的意思表示不能通过默示作出。但"根据交易习惯或者要约表明可以通过行为作出承诺的除外"①。沉默在"符合当事人之间的交易习惯时",可以被视为意思表示。② 要约人在要约中规定,受要约人可以通过行为作出承诺的,受要约人可以直接通过作出某种行为来对要约予以承诺。

2. 承诺的生效及其意义

承诺到达要约人时生效。一般而言,承诺生效时合同成立。但法律规定、或当事人约定了合同成立规则的除外。③

承诺生效的规则同要约。需要注意的是,"承诺不需要通知的,根据交易习惯或者要约的要求作出承诺的行为时生效"④。

3. 承诺的撤回

承诺撤回规则同要约撤回规则。⑤

4. 迟到承诺的效力

迟到的承诺有两种情形:一是迟发而迟到的承诺;二是未迟发而迟到的承诺。

迟发而迟到的承诺又可分为两种情形:一是受要约人超出承诺期限发出承诺;二是承诺虽在承诺期限内发出,但按照通常情形不能在承诺期限内到达要约人的。迟发的承诺一般均为新要约,除非"要约人及时通知受要约人该承诺有效"。⑥

未迟发而迟到的承诺系指受要约人在承诺期限内发出承诺,按照通常情形也能够在承诺期限内到达要约人,但因不可归责于受要约人的原因,承诺在承诺期限届满后才到达要约人,除非要约人及时通知受要约人因承诺超过期限不予接受外,为有效承诺。⑦

(三)强制要约与强制承诺

强制要约与强制承诺,也叫强制缔约,是指缔约的一方或者双方负有依

---

① 《民法典》第 480 条。
② 《民法典》第 140 条第 2 款。
③ 《民法典》第 483 条。
④ 《民法典》第 484 条第 2 款。
⑤ 《民法典》第 485 条。
⑥ 《民法典》第 486 条。
⑦ 《民法典》第 487 条。

法应当向对方发出要约或者应当作出承诺的义务。

1. 强制要约

强制要约是指有关民事主体依法必须向特定的或者不特定的相对人发出要约。而受要约人是否作出承诺则是自由的。

《证券法》第 65 条第 1 款规定："通过证券交易所的证券交易，投资者持有或者通过协议、其他安排与他人共同持有一个上市公司已发行的有表决权股份达到百分之三十时，继续进行收购的，应当依法向该上市公司所有股东发出收购上市公司全部或者部分股份的要约。"这是关于强制要约收购的法律规定，"应当依法向该上市公司所有股东发出"，就是对收购方的强制要约，受要约人是"该上市公司所有股东"，法律并不强制所有股东必须承诺。

《民法典》第 494 条第 1 款、第 2 款规定："国家根据抢险救灾、疫情防控或者其他需要下达国家订货任务、指令性任务的，有关民事主体之间应当依照有关法律、行政法规规定的权利和义务订立合同。依照法律、行政法规的规定负有发出要约义务的当事人，应当及时发出合理的要约。"对于国家下达的订货任务或者指令性任务，负有发出要约义务的当事人"应当及时发出合理的要约"。

2. 强制承诺

强制承诺是指有关民事主体对于一方当事人依法发出的要约，必须及时予以承诺的制度。这里，要约人是否发出要约是自由的，但受要约人是否作出承诺则是不自由的。

《民法典》第 494 条第 3 款规定："依照法律、行政法规的规定负有作出承诺义务的当事人，不得拒绝对方合理的订立合同要求。"对于国家下达的指令性任务或者订货任务，要约只要是"合理的"，"负有作出承诺义务的当事人"就"不得拒绝"，必须承诺。《突发事件应对法》第 32 条第 3 款规定："县级以上地方各级人民政府应当根据本地区的实际情况，与有关企业签订协议，保障应急救援物资、生活必需品和应急处置装备的生产、供给。"对于"应急救援物资、生活必需品和应急处置装备"的生产厂家及供应商，必须接受此类国家订货任务。

《民法典》第 648 条第 2 款规定："向社会公众供电的供电人，不得拒绝用电人合理的订立合同要求。""向社会公众供电"具有保障性和普惠性，此类供电企业"不得拒绝用电人合理的订立合同要求"。

《民法典》第810条规定:"从事公共运输的承运人不得拒绝旅客、托运人通常、合理的运输要求。""公共运输"同样具有保障性和普惠性,对于"从事公共运输"的企业,国家会有相应的税收优惠、财政补贴,或者其他一些经营上的便利甚至特权,目的就在于为社会公众提供一个最低保障,以维护社会公平。此类企业,"不得拒绝旅客、托运人通常、合理的运输要求"。

二、合同订立的其他方式

合同订立的其他方式是指不同于要约、承诺一般方式的方式。对其他方式中各方意思表示的性质及效力的认定,不能通过贴标签式的简单方式套用要约、承诺的规则。不能将招标文件、拍卖文件、挂牌文件简单等同于要约邀请。

根据现行法的规定,合同订立的其他方式主要包括招标投标、拍卖和挂牌。这些方式被强制适用于国有建设用地使用权出让、矿业权出让等国有资产的交易领域。招标投标、拍卖和挂牌等合同订立的方式同时被赋予了预防权力腐败的政治使命,而掌握权力的人利用及异化招标投标、拍卖和挂牌规则,掩盖贪腐、粉饰廉洁也就在所难免了。

(一)招标、投标

招标、投标是一种订立合同的特殊方式。招标、投标是指商品或者服务的买受人,为获取最优交易条件,而通过向多个同类商品或者服务的提供者(出卖人)发出邀请,由提供者提出交易条件,买受人从提供者提供的交易条件中择优以缔结合同的交易方式。买受人称招标人,提供者称投标人。

1. 招标、投标的法律特征

招标、投标的订立合同方式具有以下法律特征。

(1)招标、投标方式会在投标人之间形成公平竞争。招标、投标不是一对一的谈判,而是一对多的谈判。招标人提出的交易条件对投标人是公开的,投标人从招标人处获取信息的机会是均等的,招标程序是程式化的。信息公开是实现公平的基本保障。同类商品或者服务的提供者提出的交易条件会集中公开展示在招标人和投标人面前,由招标人根据自己的需要择优确定。因此，投标人一定会在标书中充分展示自己的优势，通过专业特长帮助招标人，以实现招标人利益最大化，取得订立合同的机会。投标人之间会有竞争，但这些竞争都是建立在公开、公平的条件和程序之上的。

（2）招标、投标方式的交易条件是由投标人提供的。招标人如果能够确定全部的交易条件，就无须招标了，直接抛出全部条件，谁接受，就跟谁订立合同。由于招标人不是商品或者服务的提供者，他对于这一领域可能是完全陌生的。招标人在招标文件中有时会提一些他们认为重要的条件，要求投标人把这些条件贯彻进标书中去（响应）。招标文件的要求最终必须转化为标书的内容，否则投标就会失败。从形式上看，全部交易条件最终是由投标人完整提供的。

（3）招标、投标方式是由招标人根据自己的需要和法律的规定采用的。招标、投标方式需要经过复杂的程序，花费一定的时间、金钱、精力，因此，只有招标人认为确有必要时或者法律认为必须采用时才会采用。根据《招标投标法》第3条第1款的规定，进行下列工程建设项目包括项目的勘察、设计、施工、监理以及与工程建设有关的重要设备、材料等的采购，必须进行招标。包括大型基础设施、公用事业等关系社会公共利益、公众安全的项目；全部或者部分使用国有资金投资或者国家融资的项目；使用国际组织或者外国政府贷款、援助资金的项目。这些都是指工程建设项目，其他项目是否需要招标，由"法律或者国务院"规定。招标投标程序在实践中存在被扩大适用的现象。

案例 2.3 央企集团内部企业可以提供的服务是否也应公开招标？

甲和乙同属丙集团，丙集团系央企集团下属一级企业。2020年6月，甲"重点实验室及创新平台搬迁建设项目"经丙集团批复同意建设。该项目安装部分的预算系由甲通过对具备设备搬迁安装资质及能力的丁、戊和乙三家企业的报价综合测算后确定。甲拟以预算价不通过招标方式确定乙负责搬迁项目设备的搬迁安装工作。请问：该做法是否合法？

分析本案，首先，要确定案涉项目是否包含在必须招标的项目范围内。案涉安装项目不属于工程建设项目，不是依法必须进行招标的项目。其次，即使属于，本项目是否依法"可以不进行招标"？《招标投标法实施条例》第

9 条第 1 款第 2 项规定，"采购人依法能够自行建设、生产或者提供"的，"可以不进行招标"。本次采购的采购人如果是丙集团的话，搬迁安装工作在集团内部就能够自行提供，无须招标。

国有建设用地的出让、矿业权的出让必须采用招标、拍卖、挂牌等公开方式。

（4）招标、投标方式是招标人为获取最优交易条件，而非最低价格而采用的缔约方式。无论是购买商品还是服务，价格只是交易条件的一部分。价格是所有交易条件综合的结果，价格与投标人所能够提供的其他交易条件是同向运动的。投标人价格下降，其他交易条件也会跟着向下运动，这是市场交易的常识。最低价中标的做法是对招投标制度价值的曲解。实践中，有些招标人在为预防腐败而强制要求的招标、投标活动中，常常通过最低价中标来彰显自己的清廉，岂不知这样做的结果是以牺牲商品或工程质量、工期、服务等为代价的。

2. 招标、投标的程序

《招标投标法》规定的招标、投标程序主要适用于依法必须采用招标投标方式的项目，自愿采用招标投标方式的招标人可以灵活选择适用这些程序。

（1）招标

招标可以采用公开招标和邀请招标两种方式。公开招标，是指招标人以招标公告的方式邀请不特定的法人或者非法人组织投标。邀请招标，是指招标人以投标邀请书的方式邀请特定的法人或者非法人组织投标。招标人采用公开招标方式的，应当发布招标公告。招标公告应当载明招标人的名称和地址、招标项目的性质、数量、实施地点和时间以及获取招标文件的办法等事项。依法必须进行招标的项目的招标公告，应当通过国家指定的报刊、信息网络或者其他媒介发布。招标人采用邀请招标方式的，应当向三个以上具备承担招标项目的能力、资信良好的特定的法人或者其他组织发出投标邀请书。

招标人应当根据招标项目的特点和需要编制招标文件。招标文件应当包括招标项目的技术要求、对投标人资格审查的标准、投标报价要求和评标标准等所有实质性要求和条件以及拟签订合同的主要条款。招标文件不得要求或者标明特定的生产供应者以及含有倾向或者排斥潜在投标人的其他内容。

招标人不得以不合理的条件限制或者排斥潜在投标人，不得对潜在投标人实行歧视待遇。招标人不得向他人透露已获取招标文件的潜在投标人的名称、数量以及可能影响公平竞争的有关招标投标的其他情况。招标人设有标底的，标底必须保密。

（2）投标

投标是投标人响应投标、参加投标的行为。投标人的条件和范围是由招标人确定的。

投标人投标时，应当按照招标文件的要求编制投标文件。投标文件应当对招标文件提出的实质性要求和条件作出响应。"作出响应"在绝大多数情况下就是接受招标方提出的条件。

投标人应当在招标文件要求提交投标文件的截止时间前，将投标文件送达投标地点。招标人收到投标文件后，应当签收保存，不得开启。投标人少于三个的，招标人应当依法重新招标。投标人在招标文件要求提交投标文件的截止时间前，可以补充、修改或者撤回已提交的投标文件，并书面通知招标人。补充、修改的内容为投标文件的组成部分。

（3）开标、评标和中标

开标由招标人主持，邀请所有投标人参加。开标应当在招标文件确定的提交投标文件截止时间的同一时间公开进行。开标地点应当为招标文件中预先确定的地点。开标时，由投标人或者其推选的代表检查投标文件的密封情况，也可以由招标人委托的公证机构检查并公证；经确认无误后，由工作人员当众拆封，宣读投标人名称、投标价格和投标文件的其他主要内容。招标人在招标文件要求提交投标文件的截止时间前收到的所有投标文件，开标时都应当当众予以拆封、宣读。开标过程应当记录，并存档备查。

评标由招标人依法组建的评标委员会负责。评标委员会应当按照招标文件确定的评标标准和方法，对投标文件进行评审和比较。设有标底的，应当参考标底。评标委员会完成评标后，应当向招标人提出书面评标报告，并推荐合格的中标候选人。招标人根据评标委员会提出的书面评标报告和推荐的中标候选人确定中标人。招标人也可以授权评标委员会直接确定中标人。

在确定中标人前，招标人不得与投标人就投标价格、投标方案等实质性内容进行谈判。中标人确定后，招标人应当向中标人发出中标通知书，并同时将中标结果通知所有未中标的投标人。中标通知书对招标人和中标人具有法律效力。中标通知书发出后，招标人改变中标结果的，或者中标人放弃中标项目的，应当依法承担法律责任。

(4) 签约

招标人和中标人应当自中标通知书发出之日起 30 日内，按照招标文件和中标人的投标文件订立书面合同。招标人和中标人不得再行订立背离合同实质性内容的其他协议。

一般而言，招标人向投标人送达中标通知书就标志着双方合同关系的成立。招标人与中标人订立书面合同，只是对已经成立的合同关系的确认。要注意，以招标投标方式订立合同时，合同成立时间的确认不能适用《民法典》的一般规定。实践中，常有中标后拒不签署书面合同的情形。这时，应当根据招标文件、投标文件和中标通知书等确定合同内容。①

(二) 拍　卖

1. 拍卖的概念和法律特征

拍卖是指以公开竞价的方式，将特定物品或者财产权利转让给最高应价者的买卖合同缔结方式。拍卖的法律特征有以下几个方面。

(1) 拍卖是由出卖人主动采取的一种缔约方式。这与招标投标是由买受人主动采取的一种买卖方式正好是相对的。

(2) 拍卖是确定市场价格的一种买卖方式。商品或者商业服务都应当具有市场定价的机制，定价机制科学合理才能形成公允的市场价格，交投才会活跃。出卖人和买受人都需要借助一个定价机制来确定合理的市场价格，以此价格完成交易才是公平的。拍卖人会根据拍卖标的及市场行情，与出卖人协商确定一个保留价，然后再在保留价以下或者以保留价确定起拍价。如果拍卖标的的起拍价低于市场价格，就会有人应价，应价超过保留价的，取价高者得；如果拍卖标的的起拍价高于市场价格，就会无人应价，或者应价低于保留价，出现流拍的现象，只得折价再拍。

(3) 拍卖标的具有特殊性。拍卖标的要么是独一无二的珍贵物品，如文物或者艺术品，无法通过比价的方式确定市场价格；拍卖标的要么是罚没物

---

① 《合同编通则解释》第 4 条第 1 款。

品或者强制执行的物品，需要通过拍卖的方式以规范公权力运行，彰显公平。

（4）拍卖是由中介机构按照法定的程序独立实施的。中介机构即法律上的拍卖人，拍卖人依法独立实施拍卖。出卖人拟通过拍卖方式出售标的物，应当委托拍卖人去实施。拍卖人的拍卖行为属于典型的商事代理，可以以自己的名义出卖，非依法有权不披露出卖人。出卖人与买受人不直接实施交易。交易的有效性是由法定的拍卖程序来保障的。只要各方严格遵守了法定的拍卖程序，意思表示就是真实的，拍卖的结果就是有效的，是难以被推翻的。

2. 拍卖的程序

（1）拍卖委托

出卖人（委托人）欲通过拍卖方式出售其物品或者财产权利，应当委托拍卖人实施。出卖人委托拍卖人时，应当提供身份证明和拍卖人要求提供的拍卖标的的所有权证明或者依法可以处分拍卖标的的证明及其他资料。拍卖人应当对委托人提供的有关文件、资料进行核实。拍卖人认为需要对拍卖标的进行鉴定的，可以进行鉴定。鉴定结论与委托拍卖合同载明的拍卖标的状况不相符的，拍卖人有权要求变更或者解除合同。

拍卖人接受委托的，应当与委托人签订书面委托拍卖合同。委托拍卖合同应当载明以下事项：委托人、拍卖人的姓名或者名称、住所；拍卖标的的名称、规格、数量、质量；委托人提出的保留价；拍卖的时间、地点；拍卖标的交付或者转移的时间、方式；佣金及其支付的方式、期限；价款的支付方式、期限；违约责任；双方约定的其他事项。

（2）拍卖公告与展示

拍卖人应当于拍卖日 7 日前发布拍卖公告。拍卖公告应当载明下列事项：拍卖的时间、地点；拍卖标的；拍卖标的的展示时间、地点；参与竞买应当办理的手续；需要公告的其他事项。拍卖公告应当通过报纸或者其他新闻媒介发布。拍卖人应当在拍卖前展示拍卖标的，并提供查看拍卖标的的条件及有关资料。拍卖标的的展示时间不得少于 2 日。

有意竞买者应按拍卖公告指示，向指定账户缴纳竞买保证金（给出卖人的）和履约保证金（给拍卖公司的），至拍卖公司参加报名，签收《拍卖须知》《拍卖特别规定》，签署《竞买申请书》《竞买协议书》，并领取全套拍卖文件。

（3）拍卖的实施和成交

拍卖师应当于拍卖前宣布拍卖规则和注意事项。拍卖标的无保留价的，拍卖师应当在拍卖前予以说明。拍卖标的有保留价的，竞买人的最高应价未达到保留价时，该应价不发生效力，拍卖师应当停止拍卖标的的拍卖。竞买人的最高应价经拍卖师落槌或者以其他公开表示买定的方式确认后，拍卖成交。拍卖成交后，买受人和拍卖人应当签署成交确认书。签订成交确认书，只是对已经成立的合同关系的确认，不是双方合同关系成立的标志。拍定后，当事人拒绝签订确认书以及书面合同的，应依据拍卖公告、竞买人的报价等确定合同内容。①

拍卖人进行拍卖时，应当制作拍卖笔录。拍卖笔录应当由拍卖师、记录人签名；拍卖成交的，还应当由买受人签名。拍卖标的需要依法办理证照变更、产权过户手续的，委托人、买受人应当持拍卖人出具的成交证明和有关材料，向有关行政管理机关办理手续。

案例 2.4 出让人能否依照《成交确认书》的约定追究竞得人违约责任？

2018 年 1 月 5 日，某县资源局、某拍卖公司联合发布《某某沟建筑石料用灰岩矿采矿权拍卖出让公告》，以公开拍卖方式出让采矿权。2018 年 2 月 2 日，某集团公司以 48900 万元竞得该采矿权，并与拍卖公司、县资源局当场签署了《成交确认书》。确认，竞得人在成交后 20 个工作日内足额付清全部采矿权出让成交价款。如果不按时支付，自滞纳之日起，每日按应缴纳费用 2‰支付滞纳金；逾期 60 日仍未缴纳，出让人有权解除本合同，收回采矿权，竞得人前期缴纳的竞买保证金和履约保证金不予退还并将相关信息纳入企业诚信系统；另外，竞得人必须按照采矿权出让成交价款的 20%向甲方支付违约金。相关事宜，在《国有采矿权出让合同》中另行约定。后某集团公司未履行签订《国有采矿权出让合同》及支付采矿权成交价款的义务。2020 年 3 月 27 日，县资源局作出《关于追缴拍卖违约金的行政处理决定书》，决定：一、由某集团公司承担拍卖成交价款 20%

---

① 《合同编通则解释》第 4 条第 2 款。

的违约责任，即 9780 万元违约金；二、对某集团公司的 5000 万元保证金不予退还，依法收缴抵作违约金。其余应缴违约金 4780 万元限于收到本决定书后 15 日内向资源局缴纳。逾期不复议、不诉讼的，将依照《行政强制法》的规定申请强制执行。某集团公司辩称，行政机关应先签订出让合同，再按照出让合同的约定要求其履行义务。请问：双方的采矿权出让合同有无成立？出让人能否依据《成交确认书》追究竞得人违约责任？

拍卖作为一种特殊的合同订立方式，应依照特别法的规定处理。《拍卖法》第 51 条规定："竞买人的最高应价经拍卖师落槌或者以其他公开表示买定的方式确认后，拍卖成交。""拍卖成交"亦即买卖合同成立。《拍卖法》第 52 条规定："拍卖成交后，买受人和拍卖人应当签署成交确认书。""成交确认书"是对已经成立的买卖合同关系事实的确认。因此，某集团公司与某县资源局的采矿权出让合同关系自拍定时成立。某县资源局与某集团公司之间的采矿权出让合同关系自 2018 年 2 月 2 日起成立。三方签订的《成交确认书》具备了合同的主要条款，且对违约责任作了明确约定，应予遵守。

（4）佣金的支付

委托人、买受人可以与拍卖人约定佣金的比例。委托人、买受人与拍卖人对佣金比例未作约定，拍卖成交的，拍卖人可以向委托人、买受人各收取不超过拍卖成交价 5% 的佣金。收取佣金的比例按照同拍卖成交价成反比的原则确定。拍卖未成交的，拍卖人可以向委托人收取约定的费用；未作约定的，可以向委托人收取为拍卖支出的合理费用。

（三）挂　牌

挂牌是适用于国有土地使用权出让出租、矿业权出让活动的一种特殊缔约方式。

1. 挂牌的概念与法律特征

《招标拍卖挂牌出让国有建设用地使用权规定》第 2 条第 4 款规定："本规定所称挂牌出让国有建设用地使用权，是指出让人发布挂牌公告，按公告规定的期限将拟出让宗地的交易条件在指定的土地交易场所挂牌公布，接受竞买人的报价申请并更新挂牌价格，根据挂牌期限截止时的出价结果或者现场竞价结果确定国有建设用地使用权人的行为。"《探矿权采矿权招标拍卖挂牌管理办法（试行）》第 3 条第 3 款规定："本办法所称探矿权采矿权挂牌，是指主管部门发布挂牌公告，在挂牌公告规定的期限和场所接受竞买人的报价申请并更新挂牌价格，根据挂牌期限截止时的出价结果确定探矿权采矿权竞得人的活动。"由以上规定可以看出，所谓挂牌，是指由行政主管部门将国有建设用地使用权的出让、出租价格，矿业权的出让价格以挂牌方式公示，并按照竞买人的出价更新挂牌价，以挂牌截止时的出价结果确定竞得人及价格的合同缔结方式。

挂牌与招标、拍卖同属竞争缔约方式，在国有建设用地使用权出让、出租领域，矿业权出让领域，具有同等重要的地位。招标、拍卖、挂牌三种缔约方式中，拍卖和挂牌渊源最近，规则也有诸多重叠之处。挂牌与拍卖相比，有下列显著法律特征。

（1）挂牌仅适用于国有建设用地使用权出让、出租及矿业权出让领域。而拍卖的适用范围广泛得多，不仅适用于国有资产的出让领域，还适用于大量非国有资产的转让领域。

（2）挂牌的场所是特定的，一般是在政府指定的国有产权交易中心（市场）挂牌。而拍卖的场所是不特定的，由委托人和拍卖人协商确定。

（3）挂牌的时间较长，不少于 10 日。而拍卖一般是现场实施、当场即时成交，一般不会超过一天时间。

（4）挂牌对竞买人有资格要求，但无最低人数要求，有一个竞买人也可成交。而拍卖至少要有三个竞买人报名方可举行。

（5）挂牌的出价方式是申请。挂牌以后，竞买人按照公布的规则向出卖人提出报价申请，出卖人（行政部门）按照竞买人的出价及时更新挂牌价。挂牌并不是把竞买人集中在一起，而是分散出价。而拍卖的叫价方式是具有悠久历史传统的特定仪式——举牌叫价，由拍卖师主持，竞买人容易被现场气氛所感染。例如案例 2.4 中的"某某沟建筑石料用灰岩矿采矿权"拍卖，就经过了 352 轮竞价。从竞得人事后反悔的事实来推测，叫价受到了拍卖现场气氛的感染，出现了非理性冲动。

（6）挂牌的成交确认规则特殊。一般是按照挂牌截止时的出价结果确定竞得人及价格。同样都是价高者得，拍卖价的最终确定却是由拍卖师拍定的。

2. 挂牌的程序

以国有土地使用权挂牌出让为例，挂牌程序一般包括以下几个方面。

（1）在法定场所公示挂牌信息。根据《招标拍卖挂牌出让国有建设用地使用权规定》第 17 条的规定，在挂牌公告规定的挂牌起始日，出让人将挂牌宗地的面积、界址、空间范围、现状、用途、使用年期、规划指标要求、开工时间和竣工时间、起始价、增价规则及增价幅度等，在挂牌公告规定的土地交易场所挂牌公布。

（2）符合条件的竞买人填写报价单报价，即竞买人提出报价申请。

（3）产权中心（市场）的挂牌主持人对竞买人的申请进行审查后确认有效，然后根据新的出价更新显示挂牌价格。

（4）产权中心（市场）的挂牌主持人在挂牌公告规定的挂牌截止时间确定竞得人。双方在规定期限内签订书面出让合同。

在产权交易所等机构主持拍卖、挂牌交易，交易所公布的拍卖公告、交易规则等文件公开确定了合同成立需要具备的条件，该条件具备时合同成立。[①]

第二节 合同的成立

一、合同成立概述

合同成立是指合同关系的产生。合同关系经由订立而成立，合同关系因合同成立而产生。通过对合同订立过程的考察，能够帮助我们判断一个合同关系究竟是否成立，以及在什么地点、什么时间成立。

判断合同关系是否成立的关键因素是合意，合同订立过程是当事人合意形成的过程。合意是指订约各方在合同主要条款上达成意思表示一致，而不是要对所有条款都达成一致合同关系才成立。

合同成立后，在当事人之间就形成了一种新的法律关系。

---

① 《合同编通则解释》第 4 条第 3 款。

二、合同成立的时间

合同成立的时间，当事人的约定优先。当事人没有约定时，可依下列规则确定。

（一）合同成立时间的一般规则——承诺生效时合同成立

《民法典》第483条规定："承诺生效时合同成立，但是法律另有规定或者当事人另有约定的除外。""承诺生效时合同成立"是合同成立的一般规则。承诺生效的规则参见第一节内容。

一般而言，当事人对合同是否成立存在争议时，能够确定当事人姓名或者名称、标的和数量的，合同即成立。合同欠缺的价款或者报酬、质量、履行期限、履行地点和方式、违约责任等条款可以通过合同漏洞填补规则来补足。但当事人在订立合同过程中，未就价款或者报酬进行磋商，通过漏洞填补规则仍无法确定时，合同不成立。[①]

（二）当事人采用合同书形式订立合同时的成立时间

《民法典》第490条第1款规定："当事人采用合同书形式订立合同的，自当事人均签名、盖章或者按指印时合同成立。在签名、盖章或者按指印之前，当事人一方已经履行主要义务，对方接受时，该合同成立。"由此规定可见：（1）一般而言，当事人采用合同书形式订立合同的，合同自当事人均签名、盖章或者按指印时成立；（2）当事人虽然采用合同书形式订立合同，但在签名、盖章或者按指印之前，当事人一方已经履行主要义务，对方接受时，合同应自接受时成立。

（三）当事人未采用书面形式订立合同时的成立时间

《民法典》第490条第2款规定："法律、行政法规规定或者当事人约定合同应当采用书面形式订立，当事人未采用书面形式但是一方已经履行主要义务，对方接受时，该合同成立。"也就是说，尽管法律、行政法规规定，或者当事人约定了应采用书面形式订立合同，但在未采用书面形式之前，一方已经履行主要义务，合同成立的时间是对方接受一方履行的合同主要义务时。

---

① 《合同编通则解释》第3条第1款、第2款。

（四）签订确认书时合同成立

《民法典》第491条第1款规定："当事人采用信件、数据电文等形式订立合同要求签订确认书的，签订确认书时合同成立。"当事人通过信件、电子邮件等形式订立了合同，但为稳妥起见，约定再签订确认书的，合同自签订确认书时成立。

（五）对方选择该商品或者服务并提交订单成功时合同成立

《民法典》第491条第2款规定："当事人一方通过互联网等信息网络发布的商品或者服务信息符合要约条件的，对方选择该商品或者服务并提交订单成功时合同成立，但是当事人另有约定的除外。"这是关于网购合同的规定。消费者通过网络平台，对电商所提供的商品或者服务进行挑选后，提交了订单，网络界面显示订单提交成功，双方之间的电子合同自提交订单成功时成立。

三、合同成立的地点

合同成立的地点与合同成立的时间紧密相关。判断合同成立时间的行为要素发生的地点也是确认合同成立地点的要素。合同成立地点是合同纠纷案件管辖权确认的要素之一。在涉外合同关系中，合同成立的地点也是确定合同纠纷案件法律适用的重要依据。

合同成立的地点，当事人的约定优先。当事人有时会在合同中明示"合同签订地"。当事人没有约定时，可依下列规则确定。

（一）承诺生效的地点为合同成立的地点

《民法典》第492条第1款规定："承诺生效的地点为合同成立的地点。"这是判断合同成立地点的一般规则。

（二）收件人的主营业地为合同成立的地点

《民法典》第492条第2款规定："采用数据电文形式订立合同的，收件人的主营业地为合同成立的地点……"这是对电子商务合同成立地点的特别规定。收件人的主营业地是指主要办公经营场所所在地，与其登记的住所不一定一致。确定电子商务合同成立的地点，以收件人的主营业地为优先。

（三）收件人的住所为合同成立的地点

《民法典》第492条第2款规定："……没有主营业地的，其住所地为合同成立的地点。"住所地就是其在登记机关登记的法定住所,相较于主营业地,是劣后的确定要素。

(四)最后签名、盖章或者按指印的地点为合同成立的地点

《民法典》第 493 条规定:"当事人采用合同书形式订立合同的,最后签名、盖章或者按指印的地点为合同成立的地点,但是当事人另有约定的除外。"这是采用合同书形式订立合同时合同成立地点确定的规则。

"合同成立的地点"是《民法典》使用的概念,它与《民事诉讼法》规定的"合同签订地"是否为同一所指呢?《民事诉讼法》第 35 条规定:"合同或者其他财产权益纠纷的当事人可以书面协议选择被告住所地、合同履行地、合同签订地、原告住所地、标的物所在地等与争议有实际联系的地点的人民法院管辖,但不得违反本法对级别管辖和专属管辖的规定。""合同签订地"成为选择管辖的一个备选项。那么,什么是"合同签订地"呢?《合同法解释(二)》第 4 条曾规定:"采用书面形式订立合同,合同约定的签订地与实际签字或者盖章地点不符的,人民法院应当认定约定的签订地为合同签订地;合同没有约定签订地,双方当事人签字或者盖章不在同一地点的,人民法院应当认定最后签字或者盖章的地点为合同签订地。"除了约定之外,是以签字或者盖章地点为"合同签订地"的。因此,应通过确定"合同成立的地点"来确定"合同签订地",进而落实选择管辖规则在合同纠纷案件中的适用。

第三节 合同的内容和形式

一、合同的内容

合同的内容是指合同关系中各方当事人的权利义务,即合同权利与合同义务。

合同权利即债权,是合同当事人依法享有的请求合同对方为给付的权利。合同权利的内容主要是给付请求权,除此之外,还包括相对权、选择权、平等权等权能。

合同义务即债务，是合同当事人依法负有的向合同对方为给付行为的义务。合同义务可分为主给付义务和从给付义务。主给付义务是合同关系本身所固有的、用以决定合同类型的基本义务。从给付义务具有辅助主给付义务实现的功能，其存在的价值在于使合同权利人的权利能够获得最大限度的实现和满足。合同义务人所负有的合同义务是一个义务群，不同义务之间相互配合、相互作用，共同促进合同权利的最大限度实现。

合同内容是由一个个具体的合同条款所承载，合同条款是合同内容的载体。

（一）合同的主要条款与次要条款

合同条款依其作用可分为主要条款和次要条款。合同的主要条款如果缺失的话，就会导致合同不成立。认定合同主要条款，除了法律的一般规定外，还应结合合同的类型。合同类型不同，合同的主要条款就会不同。根据《合同编通则解释》第3条第1款规定：当事人对合同是否成立存在争议，人民法院能够确定当事人姓名或者名称、标的和数量的，一般应当认定合同成立。但是，法律另有规定或者当事人另有约定的除外。一般情况下，当事人、标的和数量是合同的主要条款。

除了主要条款之外，其他的条款就是合同的次要条款。次要条款的欠缺不影响合同关系的成立。次要条款的欠缺还可以通过合同漏洞弥补的方法来补充。

（二）合同的一般条款

《民法典》第470条第1款规定："合同的内容由当事人约定，一般包括下列条款：（一）当事人的姓名或者名称和住所；（二）标的；（三）数量；（四）质量；（五）价款或者报酬；（六）履行期限、地点和方式；（七）违约责任；（八）解决争议的方法。"这是合同的一般条款，合同只要具备了这些条款，在内容上就是完备的。

1. 当事人的姓名或者名称和住所

首先，当事人是自然人的，应核对其身份证并留存身份证复印件，合同上应记载其公民身份证号码，并记载和签署与其身份证登记姓名一致的姓名。身份证上记载的住址与实际住址不一致的，还应当记载实际住址。要完整记载自然人的联系方式，包括手机号码、电子邮箱地址、QQ号或者微信号。其次，当事人是法人或者非法人组织的，应核对其登记证书、营业执照、许可证等，并留存复印件。要使用登记名称，加盖印章。法人的法定代表人签名，非法人组织的负责人签名，或者授权人签名。在住所之外，还可以加注"主营业地"。要留存承办人、联系人的授权书及其本人的基本信息。

双方在合同中最好能够约定送达方式及地址，将来在诉讼时也可以使用合同约定的送达地址。

案例 2.5　被告是否具体确定？

被告吴某某，男，汉族，1979 年 12 月 10 日出生，陕西省子长县人，现住宝塔区。被告李某，女，汉族，现住址不详。原告诉被告吴某某、李某民间借贷纠纷一案，在法院审理过程中，因原告不能提供被告的准确住址，法院无法及时向被告送达民事起诉状及开庭传票，且原告也未能提供被告下落不明的证明，应认定原告没有提供明确的被告，故不符合起诉条件。裁定驳回起诉。[①]

本案的实际情况并不是原告不能提供被告的准确住址，而是原告无法提供被告真实的身份信息。因为根据民事诉讼法的规定，只要当事人是具体确定的，完全能够通过公告送达的方式送达法律文书。

合同主体的认定首先应坚持形式主义原则，以合同本身的记载为准。对于挂靠经营、借用资质、加盟连锁、隐名合伙等经营活动中主体的认定，除了考察当事人的真意之外，必须注重对交易安全的保护。

案例 2.6　是否存在共同借款人？

2013 年 1 月 9 日，出借人朱某与借款人庞某签订了借款合同，约定借款 100 万元，并由出借人转账支付至借款人指定账户。借期 12 个月，自 2013 年 1 月 10 日起至 2014 年 1 月 9 日止，月息 1.5%，到期本息一并归还。合同末尾借款人处，除了庞某的签名，还有胡某的签名。据出借人讲，是庞某和胡某两人共同借款，胡某的签名系庞某代签。后借款到期未还，在出借人催讨期间，胡某于 2016 年去世。2019 年 2 月，出借人欲诉讼，请问：被告该如何列示？

---

① 延安市宝塔区人民法院（2019）陕 0602 民初 7581 号民事裁定书。

本案应当按照当事人之间真实的交易关系来处理，将庞某和胡某列为共同被告。但因胡某已经死亡，只能列庞某一人。因系共同债务，而非按份、连带债务，可直接诉请庞某为全部债务之履行。

案例 2.7　《钢材买卖合同》的买方究竟是谁？

2014 年 4 月，某钢铁公司（卖方）与某集团一公司某合同段项目 2 分部（买方，以下简称项目 2 分部）在贵州签订了《钢材买卖合同》，双方约定管辖法院为长沙市雨花区人民法院。双方每月对账结算一次，买方在结算单上加盖"项目 2 分部物资管理专用章"。2016 年 5 月，某集团二公司向钢铁公司出具《关于项目 2 分部还款计划的函》，载明：项目 2 分部隶属于某集团二公司。后因二公司未按计划还款，钢铁公司拟起诉。钢铁公司在提供给律师的《业务情况概述》中提及，项目 2 分部"所在上级单位某集团二公司（实际用料单位）"。经查：某集团一公司的住所为陕西省渭南市临渭区，某集团二公司的住所为湖南省长沙市雨花区。请问：案涉《钢材买卖合同》的买方究竟是谁？应以谁为被告？如何确定管辖法院？

买方项目 2 分部不是法律上的主体。从双方意思表示、约定管辖以及还款承诺等方面来看，合同买方应为某集团二公司，而非一公司。所以，应以某集团二公司为被告，向长沙市雨花区法院立案起诉。

2. 标的

这里的标的，准确的理解应为合同法律关系的客体，是合同权利义务指向的对象。双务合同中，就是指双方各自负担的给付行为。我国立法使用标的概念，侧重于标的物，如买卖合同中的标的物——货物、土地使用权、矿业权等，交易的标的应具有合法性、可流通性等。

3. 数量

数量必须具体确定，否则合同主要条款不具备，合同就不成立。在数量的表述上，不要使用"一批""一堆"等含混不清的词语。合同可以根据标的物的自然属性，对合理误差范围作出约定。

4. 质量

质量是标的物的内在素质（物理的、机械的、化学的、生物的等）和外观形象的综合，它包含品种、型号、等级、规格、名称、质地等具体内容。合同的质量要求和标准必须明确、详细、具体。有约定从约定，没有约定或者约定不明确的，按照强制性国家标准履行；没有强制性国家标准的，按照推荐性国家标准履行；没有推荐性国家标准的，按照行业标准履行；没有国家标准、行业标准的，按照通常标准或者符合合同目的的特定标准履行。① 在凭样品买卖中，当事人应当封存样品，并可以对样品质量予以说明，交付的标的物应当与样品及其说明的质量相同。②

5. 价款或者报酬

通常简称"价金"，指一方当事人向另一方当事人以货币形式支付的对价。在以物为标的的合同中，称为价款；在以劳务、智力成果为标的的合同中，称为报酬。价金除必须执行国家定价的以外，由当事人约定；除法律、法规另有规定的以外，必须以人民币计算和支付；有些情形下，除国家允许用现金履行义务的以外，价金应通过银行转账结算。

6. 履行期限、地点和方式

履行期限是指合同义务履行的时间界限，包括期间和期日两种情形。期间是一段时间，一次性合同的义务履行只要在约定的时间段内，都是适当的。继续性合同的义务履行必须覆盖约定的时间段。期间的约定包括自然日和工作日两种情形，自然日的到期日是法定节假日的，顺延至收假后的第一个工作日。工作日是指正常上班时间，不包括法定节假日。期日是指某一天，原则上不能提前，也不能推后。对期限的违反一般表现为迟延履行，当事人可以在合同中专为迟延履行约定违约金。

履行地点是指合同主要义务实施的地点。"合同履行地"既是法定一般管辖权确定的依据，③ 也是选择管辖权确定的依据。④ 合同主要义务不同，履行地就有可能不同。一个合同，可能因存在多个主要义务而同时存在多个履行

---

① 《民法典》第 511 条第 1 项。

② 《民法典》第 635 条。

③ 《民事诉讼法》第 24 条规定：因合同纠纷提起的诉讼，由被告住所地或者合同履行地人民法院管辖。

④ 《民事诉讼法》第 35 条规定：合同或者其他财产权益纠纷的当事人可以书面协议选择被告住所地、合同履行地、合同签订地、原告住所地、标的物所在地等与争议有实际联系的地点的人民法院管辖，但不得违反本法对级别管辖和专属管辖的规定。

地点，"合同履行地"的确定就会成为争抢管辖或者推诿管辖的争议焦点。当事人对合同履行地点的约定应当充分考虑案件审理的需要，要有利于人民法院查明案件事实，要遵守程序正当的基本要求。从这个角度来看，当事人对合同履行地点的约定不能是完全自由的，约定要符合"与争议有实际联系"的选择管辖基本要求。履行地点一定是履行合同主要义务的地点。根据《民法典》第 511 条第 3 项，确定合同履行地点的法定补足规则是：给付货币的，在接受货币一方所在地履行；交付不动产的，在不动产所在地履行；其他标的，在履行义务一方所在地履行。

履行方式是指合同主要义务的履行方法，包括标的物的交付方式和价款的支付方式两种情形。以买卖合同为例，包括标的物的运输方式、交货方式，价款的支付方式（币种、支付路径、分期付款等）。

7. 违约责任

违约责任是指当事人违反合同的法律责任。即使合同未对违约责任作出约定，也不影响守约方依法追究违约方违约责任的权利。当事人可以在合同中就定金、违约金、因违约产生的损失赔偿额的计算方法、免责条款等作出约定。除法律另有规定外，当事人对上列几项的适用应以约定为前提。

8. 解决争议的方法

解决争议的方法是指纠纷解决方式。从程序法上讲，法律允许当事人在合同中就合同争议是否通过仲裁方式或诉讼方式解决作出约定。当事人一旦选择了仲裁，就不能再通过诉讼方式解决了。

《民法典》第 507 条规定："合同不生效、无效、被撤销或者终止的，不影响合同中有关解决争议方法的条款的效力。""解决争议方法的条款的效力"存续具有特殊性，并不会因为"合同不生效、无效、被撤销或者终止"而无效。

（三）合同的特别条款

合同的特别条款包括：格式条款（《民法典》第 496 条、第 497 条、第 498 条）、免责条款（《民法典》第 506 条）、结算和清理条款（《民法典》第 567 条）、违约金和定金条款（《民法典》第 588 条），还有典型合同特有的条款，如技术合同的保底条款（《技术合同解释》第 22 条）、中介条款（《技术合同解释》第 39 条、第 41 条）、包销或者回购条款（《技术合同解释》第 42 条），等等。摘其要论述如下。

1. 格式条款

《民法典》第 496 条第 1 款规定："格式条款是当事人为了重复使用而预先拟定，并在订立合同时未与对方协商的条款。"认定格式条款的关键要素是"未与对方协商"而非"重复使用"，当事人不得以未实际重复使用为由来否认格式条款的成立。格式合同是指合同系"采用格式条款订立"的。普通人在生活中会遇到大量的格式合同，譬如跟工作单位签订的劳动合同，看病就医的医疗合同，购房、买车、保险、旅游所签的合同。格式合同首先关乎每一个普通人的合法权益。其次，在商业交易中，有优势地位的一方将格式条款强加给另一方，另一方又将格式条款强加给比他更弱的一方，这种互害模式不断侵蚀着商业诚信的基石，加大了社会交易成本。因此，法律必须对格式条款的使用严加规范。

法律规范格式条款，主要从以下几方面入手：一是不断强化提供格式条款一方的义务，要求其提供格式条款时应遵循公平原则来确定各方的权利义务，并应采取合理的方式提示对方注意免除或者减轻其责任等与对方有重大利害关系的条款，按对方要求，对该条款予以说明。"采取合理的方式"是指采用的文字、符号、字体等明显标识足以引起对方注意。提供格式条款的一方按照对方的要求，就与对方有重大利害关系的异常条款的概念、内容及其法律后果以书面或者口头形式向对方作出通常能够理解的解释说明的，可以认定其已经履行了说明义务。[1] 二是从举证责任角度，要求"提供格式条款的一方对其已经尽到提示义务或者说明义务承担举证责任"。电子合同中设置的勾选、弹窗等方式不被认定为履行了提示或者说明义务。[2] 三是从合同内容角度规定，"提供格式条款的一方未履行提示或者说明义务，致使对方没有注意或者理解与其有重大利害关系的条款的，对方可以主张该条款不成为合同的内容"[3]。四是从条款效力角度特别规定，提供格式条款一方不合理地免除或者减轻其责任、加重对方责任、限制对方主要权利、排除对方主要权利的，

---

[1] 《民法典》第 496 条，《合同编通则解释》第 10 条。

[2] 《合同编通则解释》第 10 条。

[3] 《民法典》第 496 条。

该格式条款无效。① 五是从合同解释的角度规定，"对格式条款有两种以上解释的，应当作出不利于提供格式条款一方的解释。格式条款和非格式条款不一致的，应当采用非格式条款"②。这些法律规定，能够最大限度地保护格式条款相对方的合法权益。

案例 2.8　格式条款的效力该如何认定？

某地产公司的《商品房买卖合同》附件十二"补充协议"第 10 条规定：买受人行使单方面解除《商品房买卖合同》的权利时，应在解除合同条件成立之日起 10 日内书面通知出卖人。买受人逾期未向出卖人发出解除《商品房买卖合同》的书面通知则视为放弃合同解除权，本《商品房买卖合同》继续履行。2018 年 7 月，张某与该地产公司签订了该合同文本。2018 年 12 月 5 日，地产公司向张某送达了《收楼通知书》。因未达交房条件，张某未收房。2020 年 4 月，张某委托律师向地产公司送达了《律师函》，通知解除《商品房买卖合同》，随即起诉请求退还购房款。一审认为，《商品房买卖合同》约定的交房时间为 2018 年 12 月 15 日，被告虽在当月 5 日通知了原告收房，但被告未取得建设工程竣工验收备案证明文件以及房屋测绘报告，案涉房屋未达到交房条件，且原告亦未实际收房，被告存在逾期交房的事实。合同约定的解除条件为被告未按约定的交房时间将该商品房交付买受人逾期超过 180 日，故原告自 2019 年 6 月 14 日起享有合同解除权。双方在"补充协议"第 10 条中约定，原告应在解除合同条件成立之日起 10 日内书面通知被告，逾期视为放弃合同解除权，合同需继续履行。原告于 2020 年 4 月 12 日向被告发函要求解除合同，此时已经超过当事人约定的解除权行使期限，原告的解除权已经消灭，合同不能据此解除。故此，驳回原告全部诉讼请求。③

被告地产公司通过格式条款，限制了原告的合同解除权，合同解除权是否属于原告的"主要权利"呢？分析不能囿于解除权本身，还应关注合同解

---

① 《民法典》第 497 条。

② 《民法典》第 498 条。

③ 西安市雁塔区人民法院（2020）陕 0113 民初 12938 号民事判决书。

除后购房款的返还及违约责任。解除权丧失后，原告请求返还购房款的权利也就丧失了。从这个角度来看，笔者认为，本案有待商榷。

案例 2.9 "不因任何原因解除本人的担保义务"的声明是否有效？

2018 年 1 月，米某填写《个人贷款申请表》，向某平台（P2P）申请借期 12 个月的 3000 万元个人消费借款。米某的配偶张某在"借款申请人配偶担保声明"一栏签名。声明内容为格式条款：本人系借款申请人的配偶，同意借款申请人于某平台申请个人贷款，自愿以自有财产为借款申请人上述贷款提供连带责任保证，担保金额等具体内容以借款申请人在某平台签署的电子借款合同约定为准，不因任何原因解除本人的担保义务。后，米某未按期归还借款。2023 年 2 月，某平台将米某诉至法院，并请求张某承担连带清偿责任。张某答辩称：声明内容系格式条款，"不因任何原因解除本人的担保义务"因某平台未履行提示义务不成为合同的内容。因原告未在 6 个月保证期间内主张保证责任，保证责任消灭，应驳回原告对张某的诉讼请求。一审认为，被告张某在担保人声明处签名，承诺愿意为米某的贷款提供连带责任保证，不因任何原因解除本人的担保义务。另，张某作为米某的配偶，米某借款用于家庭共同经营，该欠款亦应认定为夫妻共同债务。原告要求被告张某承担连带保证及共同还款责任，有事实及法律依据，应予支持。二审认为，该条款不存在不合理免除或减轻一方责任、加重对方责任、限制对方主要权利的内容，且担保声明作为债权的重要保障，在张某签字捺印的情况下，应认定系对案涉借款担保的确认。米某与张某系夫妻，张某明确知晓案涉借款的存在。故一审认定该借款为夫妻共同债务，并无不妥。驳回了上诉请求。[①]

"不因任何原因解除本人的担保义务"系"与对方有重大利害关系的条款"，提供格式条款的一方负有"采取合理的方式提示对方注意"的义务。笔者认为，本案原告在订立合同时并未依法"采取合理的方式"，被告张某的抗辩是合理的。另外，连带债务与共同债务是不同类型的债务，产生两类债的事实不同，不能混为一谈。连带债务基于张某的保证担保合同关系产生，共

---

① 广东省深圳市中级人民法院（2023）粤 03 民终 32216 号民事判决书。

同债务基于张某与米某的夫妻关系而产生。

2. 免责条款

"免责"是指免除或者限制责任方的责任承担，而非阻止责任成立。"免责"包括免除责任和限制责任两种情形。保险合同中大量使用免责条款。

《民法典》第 506 条规定："合同中的下列免责条款无效：（一）造成对方人身损害的；（二）因故意或者重大过失造成对方财产损失的。"人身权利属基本权利，不能通过约定方式免责。"故意或者重大过失"均属于过错要件中的严重过错，行为人"故意或者重大过失"造成对方财产损失的，不可免责。这两类免责条款都是无效合同条款。

3. 结算和清理条款

结算是合同终止后如何结清账务的问题。清理是结算之外其他事项的了结问题，譬如房屋租赁合同到期后，承租人搬离时如何打扫、规整房间。该条款从功能上讲，是为合同关系终止后各种事项如何处理所作的约定。如果合同终止了，其效力也终止了，约定这类条款的价值就失去了。因此，《民法典》第567 条规定："合同的权利义务关系终止，不影响合同中结算和清理条款的效力。"

同样都是继续有效，"结算和清理条款"与"解决争议的方法条款"在适用范围上有较大区别。"解决争议的方法条款"在"合同不生效、无效、被撤销或者终止"后继续有效，"结算和清理条款"只在"合同终止"后继续有效。这就是说，"结算和清理条款"在合同无效后也同样无效了。

4. 违约金和定金条款

这两类条款均可归入"违约责任"条款之大类。并且，这两类条款适用的前提一般都必须是当事人在合同中作了约定，无约定则无法适用。那么当事人在合同中既约定了违约金，又约定了定金，两者能否并用呢？《民法典》第 588 条第 1 款规定："当事人既约定违约金，又约定定金的，一方违约时，对方可以选择适用违约金或者定金条款。"守约方只能择其一主张。第 588 条第 2 款规定："定金不足以弥补一方违约造成的损失的，对方可以请求赔偿超过定金数额的损失。"当守约方选择向违约方主张定金罚则之适用，仍无法弥补其损失的，守约方"可以请求赔偿超过定金数额的损失"。如果守约方选择适用违约金，当"约定的违约金低于造成的损失的"，守约方同样有权利要求增加，以填平损失。

这一部分将在违约责任一章中详述。

二、合同的形式

合同的形式是指合同的外在表现形式，包括书面形式、口头形式或者其他形式。

（一）书面形式

《民法典》第 469 条第 2 款规定："书面形式是合同书、信件、电报、电传、传真等可以有形地表现所载内容的形式。"书面形式的核心要素是"可以有形地表现所载内容的形式"，即能够使人们直接感知合同内容的形式。最常见的书面形式有合同书、信件、电报、电传、传真、电子数据交换、电子邮件等。择其要论述如下：

1. 合同书

这是最常见和最能获得社会认同的书面形式，以至于大家常常将书面形式等同于合同书，将合同关系等同于合同书。没有合同书，合同纠纷案件常常难以在法院办理立案。合同书的使用需要注意以下几个方面。

（1）合同书的名称。①不论是使用"合同"，还是使用"协议"，均不影响对合同关系是否成立的认定。②"补充合同""补充协议"不一定就是"补充"。认定是否属于"补充"，首先要找到对应的合同，即与其在主体、内容上存在牵连的前置存在的合同。如果没有对应的合同，即使名称里有"补充"，也不是补充合同。其次要看内容，是不是与合同保持了同一性。如果两者之间不具有同一性，即使叫"补充合同"，也不是补充合同。③书面合同仅使用了"合同"或者"合作合同"为名称的，需要根据合同内容给合同定性（确定案由）。如果当事人在签订合同书时确定了合同名称，也同样需要通过审查合同内容，给合同最终定性（确定案由），因为当事人给合同取的名称与合同的类型可能是不一致的。在诉讼时，确定案由既是法院的职权，也是重要的裁判方法。当事人在订立合同时使用了他们自己认为合适的名称，但这不能成为给案件定性（确定案由）的唯一依据，而是应当根据合同关系的内容给合同定性，不能仅依据当事人在合同上的记载。

案例 2.10　《工业品买卖合同》是否属于买卖合同？

2016 年 3 月，供方与需方订立了《工业品买卖合同》，第 1 条是标的、数量、价款、（交）提货时间、产品名称、单价等。第 2 条是质量标准：按供需双方技术协议生产制造。第 10 条是检验标准、方法、地点、期限：按供需双方技术协议要求。第 11 条是成套设备的安装与调试：按供需双方技术协议要求。合同附件：《工业品购买合同附页》（1 页）、《BPM-250B 高精度自动坯料剥皮机技术附件》（44 页）。双方后成讼。一审将案由定为买卖合同纠纷。认为，被告供方承诺的各项附件指标与技术附件不相符，产品质量不合格，判决退货、退款。被告供方上诉认为，供方是按照需方技术附件的要求，为需方完成"优化工艺设备提高产品质量技术改造工程"，合同义务是对"Φ100-260mm 剥皮机"生产线的设计、制造、安装、调试、培训，应为承揽合同，不应适用买卖合同有关退货的规定，而应适用承揽合同"减少价款"规则判决。二审法院审理后，维持了原判。[①]

双方当事人签订合同书时所使用的合同名称与实际从事的合同关系的性质（类型）很可能不符。本案之所以判决退货、退款，是因为适用了买卖合同规则的结果。如果适用承揽合同的规则，是无法判决退货、退款的。

（2）当事人的姓名或者名称。尽管合同书一般都用甲方、乙方、丙方等来指代各方当事人，但这些指代必须建立在对当事人的姓名、名称及其他重要身份信息核对无误的基础上，要确保当事人的特定性、唯一性。当事人的姓名必须使用与居民身份证记载一致的姓名，当事人的名称必须使用与组织机构代码证、营业执照等载明的名称一致的名称。非法人组织虽然也有依法登记的独立的名称，但在责任承担上常常需由"其出资人或者设立人承担无限责任"。[②] 这样一来，签订合同时的当事人与诉讼时被告的列示就会有所不同。

---

① 辽宁省抚顺市望花区人民法院（2019）辽 0404 民初 3315 号民事判决书，辽宁省抚顺市中级人民法院（2020）辽 04 民终 1866 号民事判决书。

② 《民法典》第 104 条规定："非法人组织的财产不足以清偿债务的，其出资人或者设立人承担无限责任。法律另有规定的，依照其规定。"

案例 2.11 谁是《墓地买卖合同》的出卖人？

2000 年 1 月，省民政厅批复同意市民政局《关于兴建汉陵墓园的报告》，文件抄送区民政局。3 月，区民政局出具《单位法人资格证明》，证明 "汉陵墓园系经省民政厅批准兴建的骨灰墓园，具有法人资格"。2004年 7 月，区民政局与某工贸公司签署《汉陵墓园包干经营协议》，由工贸公司独立经营建设 "汉陵墓园"，按年向区民政局缴纳包干费。该公司后刻制了 "汉陵墓园" 公章，对外签订《墓地买卖合同》，出售墓地。请问："汉陵墓园" 是不是民法上的主体？

墓地本身不是民法上的主体，公益性墓地的管理者、经营性墓地的经营者为主体。因此，《墓地买卖合同》的出卖人应为墓地的经营者工贸公司，应由工贸公司来承担《墓地买卖合同》中出卖人的义务。

（3）当事人签名、盖章或者按指印。《民法典》第 490 条第 1 款规定，"当事人采用合同书形式订立合同的，自当事人均签名、盖章或者按指印时合同成立"。合同书末尾当事人均签名、盖章或者按指印是合同成立的重要标志。

关于自然人的签名问题。一般而言，自然人应当在合同书上签署与其居民身份证记载相一致的真名。但应注意中国传统的 "画押" "花押" 问题。"画押" 具有盟誓功能，其防伪功能差一些。"花押" 虽不是签名，但其与签名的法律效力一致，且具有一定的防伪功能。中国传统契约上，"押" 的主要功能是盟誓，而非防伪。譬如 "画指为押"，用粗粗的毛笔画指关节的位置，是很难实现防伪目的的。

还有代签的问题。代签是一种代理行为，应先由代理人书写被代理人的姓名，紧接着书写代理人的姓名，并注明 "代"（代理）字样。

案例 2.12 如何认定合同订立及履行中 "代签" 的效力？

2021 年 6 月，甲公司与乙公司签订《委托加工协议》，双方公司的股东均在协议上署名，承诺承担保证责任。其中，乙公司股东刘某海的签名是由其侄子刘某省代签，签名为 "刘某海（代刘某省）"。刘某海向甲公司出具授权书，称 "因本人身体原因，特授权亲侄儿刘某省作为我的合法代理人，全权代表我办理与甲公司的一切事宜。对委托人在办理上述事项过程中所签署的有关文件，我均予以认可并承担相应的法律责任"。后刘某省在合同履行期间的文件上均签署"刘某海"。双方成讼。刘某海在法庭质证时以"刘某海"签名非其本人所签，否认证据的真实性。刘某海认为，既然是代理，刘某省应签他自己的名字，而不能签"刘某海"。[①]

其实，签谁的名字并不重要，只要是刘某省所签即可，应审查签字的真实性而非签名的外在形式。一般来说，代理时的签名可作"刘某省（代刘某海）"，这样争议会少一些。

关于自然人在合同末尾"按指印"的问题。不会书写的当事人可以按指印代替签名，会书写的应当签名优先。为稳妥起见，可以既签名又按指印。从法律效力角度来讲，签名与按指印有一足矣。

对法人或者非法人组织而言，在合同末尾应"盖章"。相较于公章，法定代表人、负责人的身份及签名并不够权威。当然，从法律的角度来看，法人的法定代表人、非法人组织的负责人，或者具有特定职务身份的人员，其以法人或者非法人组织名义实施的行为，对法人或者非法人组织都是有法律拘束力的有效行为，"盖章"并非唯一判定因素。

案例 2.13 法定代表人的签名与公司印章发生冲突时该如何认定？

某合资公司系一家中外合资经营企业，外方股东持70%股权，派员担任董事长及法定代表人，中方股东持30%股权，派员担任总经理。公司印章由总经理掌管。双方因合资合同纠纷成讼。公司总经理利用其掌管印章的便利，委任了合资公司的诉讼代理人，代表合资公司参加诉讼。外方就合资公司诉讼代理人的身份提出异议，一、二审法院均驳回。案件申诉至最高人民法院后，最高人民法院认为，合资公司法定代表人及其代表合资公司委任的律师有权代表合资公司参加诉讼，拒绝了持有加盖合资公司印章的授权委托书的，由合资公司总经理指派的诉讼代理人要求代表合资公司出庭参加诉讼的请求。[②]

---

① 陕西省扶风县人民法院（2021）陕 0324 民初 2583 号民事调解书。
② 陕西省榆林市中级人民法院（2008）榆中法民三初字第 31 号民事判决书，陕西省高级人民法院（2009）陕民三终字第 19 号民事调解书，最高人民法院（2010）民申字第 596 号民事裁定书。

法人或者非法人组织的印章包括公章、合同专用章、财务专用章、专项（专班）事务印章以及下属各部门的印章，并不是只有使用了单位公章、合同专用章的合同才能约束单位。财务专用章用于财务活动，项目部印章用于特定项目，部门印章用于部门职责范围内的经营管理活动，都能够对法人或者非法人组织产生法律拘束力。

（4）合同书与合同的成立。法律规定，或者当事人约定，采用合同书形式订立合同的，合同自"当事人均签名、盖章或者按指印时"成立。但是，"在签名、盖章或者按指印之前，当事人一方已经履行主要义务，对方接受时"，该合同自对方接受时成立。即使没有最终签订合同书，但是一方已经履行主要义务，对方接受的，合同亦成立。① 也就是说，即使应当采用合同书订立合同，没有采用合同书，合同关系并不一定就不成立。判断合同关系是否成立的关键要素还是合意，合同书只是形式而已。

2. 数据电文

数据电文是一种特殊的书面形式，满足"有形地表现所载内容，并可以随时调取查用的"，就被"视为书面形式"。②

数据电文作为书面形式，有以下特点：（1）数据电文借助一定的电子数据存储及传输，依托于电子计算机技术。（2）电子数据通过互联网传输，计算机技术和互联网是数据电文运行的物理环境。（3）能够方便地被人所识别。数据电文背后的技术尽管非常复杂，但呈现在使用者面前的，一定是能够方便快捷地阅读、识别的信息。数据电文具有普遍性、普及性和实践应用价值。（4）数据电文是一种通信方式，与传统的电话、电报、电传的基本功能相同，但更加快捷，内容上更加丰富。（5）现阶段的数据电文不仅包括电子数据交换、电子邮件，还有当下比较流行的各类社交软件，如微信、QQ 等。

不只在订立合同时会用到数据电文，在合同履行过程中同样会大量运用数据电文。从证据角度来讲，首先要做到把双方之间用于交换数据电文的电子邮箱地址、微信号、QQ 号等固定下来。其次要把双方通过电子数据交换传输的信息保存下来。这样，数据电文被视作书面形式的"有形性"才能得到

① 《民法典》第 490 条。
② 《民法典》第 469 条第 3 款。

更好的体现。

（二）口头形式

口头形式是指当事人通过语言交谈方式达成合意的合同形式。较之于书面形式，口头形式有以下特点。

1. 口头形式的合同与人们的日常生活密切相关。平日里人们购物、乘车、用餐，都不会去采用书面形式，更不会去签订合同书。与人们日常生活密切相关的大量合同关系都表现为口头形式。工作日早起上班，先买份早点，而后乘坐公共交通；假日里去超市、商场购物、去景点游玩；同学、朋友相约聚餐；等等。每天都在发生着各种各样口头形式的合同。

2. 口头形式的合同签约成本低、效率高。几句对话就达成了交易。甚至一句话都不用说，仅靠行为推定。譬如乘坐公交车，上车刷卡，到站下车，不用跟司乘人员讲半句话。但乘车过程中发生意外，导致伤害，一般应按客运合同纠纷处理。

3. 由于没有采用有形的载体，口头形式的合同在争议发生后举证难。例如，合伙人之间大都采用口头形式，纠纷发生后各执一词，事实难以查明。

口头形式与书面形式利弊互见。如何发挥合同书面形式的优点，降低签约成本，提高签约效率呢？人们创造了合同示范文本。合同示范文本应由独立第三方提供，针对社会经济生活中的典型交易，拟订程式化的合同书文本，供交易各方自由选用。我国现有的合同示范文本，大都是由行业主管部门从行政管理角度出具的，服务于管理需要，具有一定的强制性。

（三）其他形式

其他形式是立法技术上的兜底条款，是指除书面形式、口头形式以外的合同形式。

行为人作出意思表示，有明示和默示两种方式。[①] "默示"具有法律上的推定性，是通过行为人的其他行为推定出其具有某种意思表示，进而认定法律关系成立的一种制度。《民法典》第638条第2款规定："试用买卖的买受人在试用期内已经支付部分价款或者对标的物实施出卖、出租、设立担保物权等行为的，视为同意购买。"我们通过"买受人在试用期内已经支付部分价

---

① 《民法典》第140条第1款规定："行为人可以明示或者默示作出意思表示。"

款或者对标的物实施出卖、出租、设立担保物权等行为"来推定其具有买受标的物的意思表示。《民法典》第734条第1款规定："租赁期限届满，承租人继续使用租赁物，出租人没有提出异议的，原租赁合同继续有效，但是租赁期限为不定期。"我们通过"承租人继续使用租赁物，出租人没有提出异议"行为来推定双方当事人之间存在租赁合同关系。

"默示"与"沉默"是两个不同的民法概念。《民法典》第140条第2款规定："沉默只有在有法律规定、当事人约定或者符合当事人之间的交易习惯时，才可以视为意思表示。""沉默"是行为人未作行为的一种状态，行为人既没有明示，也没有默示。因此，"沉默只有在有法律规定、当事人约定或者符合当事人之间的交易习惯时"，才可以被"视为"意思表示。《民法典》第638条第1款规定："试用买卖的买受人在试用期内可以购买标的物，也可以拒绝购买。试用期限届满，买受人对是否购买标的物未作表示的，视为购买。"这就是法律规定的沉默被视为意思表示的实例。

相比较而言，明示具有意思表示的外在性、确定性，更容易被人们所接受。

在人工智能时代，大量智能自助交易终端的出现，使得合同关系的认定更加复杂。

第四节　缔约过失责任

一、缔约过失责任的概念与法律特征

缔约过失责任是指在缔约过程中，缔约一方违背诚信原则实施欺诈行为，使缔约对方遭受信赖利益损失时，依法应承担的赔偿损失责任。缔约过失责任是一个约定俗成的称谓，应结合现行立法来全面正确地认识这一制度，不能将学说与制度混为一谈。缔约过失责任是一种特殊的民事责任，其基本特征包括以下几个方面。

（一）缔约过失责任适用于缔约过程

缔约过失责任是适用于缔约过程中的一种特殊的法律责任。这是缔约过失责任适用的时间要素。缔约过程是合同缔结的过程，合同一旦成立，缔约过程就结束了，接下来的法律责任应转而适用合同责任制度。

（二）缔约过失责任适用于缔约当事人

这是缔约过失责任适用的主体要素。缔约当事人不是合同当事人。当合同成立后，缔约当事人方可转化为合同当事人，但缔约过失责任仍然只适用于他们作为缔约当事人时所实施的行为，只适用于他们作为缔约当事人的特殊身份。

（三）缔约过失责任适用于缔约一方缔约时违背诚信原则所实施的欺诈行为

缔约过失责任对应的违法行为是缔约一方违背诚信原则所实施的欺诈行为。诚信由"诚"与"信"两部分构成，"诚"是指"秉持诚实"，信是指"恪守承诺"。欺诈行为首先是不诚实的行为。

（四）缔约过失责任是过错责任

过错是指缔约一方实施欺诈行为时的主观心态。从责任构成来看，不仅要有欺诈行为，行为人实施欺诈行为时的主观心态还须为"过错"，即故意或者过失。从《民法典》规定来看，缔约过失责任的欺诈行为均系故意所为。缔约过失责任在概念中使用"过失"，乃一种约定俗成的表述习惯。

二、缔约过失责任的构成要件

缔约过失责任是一种特殊的民事责任，应从法律责任构成要件角度来分析缔约过失责任的构成要件。

（一）缔约过失责任的主体是缔约一方

这是缔约过失责任的主体要件。缔约过失责任约束缔约当事人，其中，实施了欺诈行为的缔约一方当事人是缔约过失的责任主体。

（二）缔约过失责任的客观要件为欺诈行为

缔约过失责任构成要件中的违法行为是指缔约一方违背诚信原则所实施的欺诈行为，包括在缔约中的恶意磋商、故意隐瞒重要事实或者提供虚假情况等。

（三）缔约过失责任的主观要件为缔约一方有过错

诚信原则为帝王条款，诚信原则衍生的义务在附随义务中即为协助、通知、保护、保密等。缔约过失责任在主观上即表现为过错。在现行立法下，则表现为故意。

（四）缔约过失责任的结果要件为缔约对方因缔约一方的欺诈行为遭受了损失

该损失也被称作"信赖利益损失"，许多人更进一步将此解释为缔约费用损失。其实，"信赖利益损失"是一个约定俗成的名词，没有任何法律规定明确认定，"信赖利益损失"只是缔约费用。既然是赔偿损失，那么就应当遵守赔偿损失的一般规范。缔约过失责任的赔偿范围应包括：（1）为订立合同所支出的合理费用（缔约费用）；（2）为准备履行合同所支出的合理费用。至于因丧失其他缔约机会而造成的损失，一般不应作为信赖利益损失请求赔偿。

（五）缔约对方的损失与缔约一方的欺诈行为之间存在因果关系

缔约一方的欺诈行为是因，缔约对方的信赖利益损失是果。没有信赖利益损失，或者信赖利益损失与欺诈行为之间不具有因果关系，缔约过失责任都不构成。

三、缔约过失责任的情形

缔约过失责任的具体情形规定在我国《民法典》第500条和第501条。

（一）假借订立合同，恶意进行磋商

这是一种故意行为，一方在没有缔约目的的情况下，或者虽有缔约目的，但无意与对方达成交易，故意积极与对方磋商，故意浪费对方的时间、精力或者金钱，故意使对方错失其他交易机会。这种故意隐瞒真实目的的恶意磋商就是诈欺。

（二）故意隐瞒与订立合同有关的重要事实或者提供虚假情况

缔约一方负有告知对方与订立合同有关的重要事实，却不告知。缔约一方为不正当目的，故意向对方提供虚假情况。这都属于欺诈，是故意所为。基于缔约时的欺诈行为给对方造成损失的，应予以赔偿。

（三）泄露或者不正当地使用在订立合同过程中知悉的商业秘密或者其他应当保密的信息

这是基于诚信原则所生之保密义务。基于缔约需要获取的对方的商业秘密或者其他应当保密的信息，无论合同是否成立，都应当保密。违反保密义务，泄露或者不正当地使用该商业秘密，给对方造成损失的，应予赔偿。

（四）有其他违背诚信原则的行为

这是一个兜底规定。在缔约过程中，违反基于诚信原则所负有的协助、通知、保护等义务，给对方造成损失的，均应予以赔偿。

第三章 合同分类与合同纠纷处理

第一节 合同的基本分类

合同分类是指依照不同的标准，对合同关系所作的类型上的划分。这种划分有助于我们更好地认识合同关系，进而为合同交易及合同纠纷处理提供支持。合同的分类不仅是学术活动的需要，也是法律从业者分析案件、提出法律方案的最基本的分析工具和方法。

一、典型合同与非典型合同

《民法典》合同编共设三分编，分别是通则、典型合同和准合同。典型合同即各种有名合同。准合同在我国立法上是指无因管理和不当得利这两类债发生的原因，是由于立法技术上的原因，编入了合同编当中。

典型合同与非典型合同区分的标准是：（1）合同的名称是不是法律规定的；（2）法律是不是同时也为它规定了相应的规则。如果都是，就叫典型合同；否则，就叫非典型合同。典型合同就是合同在立法上的分类。典型合同与非典型合同的划分主要涉及法律适用问题。典型合同应当优先适用立法为其量身定做的相应的特定规则，只有当这类规则没有规定时，才应考虑类推适用其他典型合同的规则，或者适用《民法典》合同编通则部分的一般规定。非典型合同的法律适用首先考虑类推适用典型合同的规定，以及《民法典》合同编通则的规定。其他法律适用均遵循一般规则，没有区别。

典型合同与非典型合同都是合同，经由契约自由而产生。不是所有的典型合同都会被立法所规定，既有的典型合同的规范无法为所有的合同交易提供类推适用的规则，此时，就需要适用合同编通则的规定。

有些合同的名称虽然是法律规定的，但法律为其制定的相应规则比较原则，表现零散，有时并不完整，如股权转让合同。有的合同只规定了名称，具体的规则却只字未提，如发起人协议、共同投标协议、政府采购合同、执行和解协议等。这些合同都应归入非典型合同之列。

法律规定了名称的合同大都被法院的民事案件案由规定所吸纳，成为三级案由，归类"定性"相对容易。典型合同在进入法院的裁判体系时，经由归类"定性"，纳入法院预设的合同案由中，就会发生"名""实"之争。

典型合同的"典型"目的常常被写进法条当中，譬如"买卖合同是出卖人转移标的物的所有权于买受人，买受人支付价款的合同"①。买受人无法取得标的物的所有权，即为买卖合同的目的无法实现。问题在于，当事人虽然签订的是买卖合同，但由于存在法律上的障碍，双方自始对无法取得标的物所有权的事实是明知的，双方订立这样的买卖合同，其追求并不是取得标的物的所有权，这其实就是典型合同的非典型目的。譬如签订购买小产权房屋的买卖合同，买受人对不具备完成产权登记条件的事实是明知的，买受人不得以无法取得产权登记为由主张解除合同。

二、双务合同与单务合同

我们以双方当事人是否互负对待给付义务为标准，将合同划分为双务合同与单务合同。互负对待给付义务的是双务合同，否则为单务合同。

这一分类标准要注意两个要点：一是互负，一方所获是不是从对方那里得到的；二是对待，双方互负之义务是否具有对待性，即是否互为条件。由此可以看出，双务合同与单务合同划分的根本就在于是否符合"我给你是为了你给我"这一朴素的社会交往观念，给付的对待性取决于交易双方的意志。

只有互负的义务具有对待性，一方义务的不履行才是对方取得并行使履行抗辩权的前提条件。在司法实践中，义务对待性的认定并不完全依赖于当事人的陈述，而是以案件案由对应的法律关系的一般规则为依据。譬如，在《商品房买卖合同（预售）》中，合同明确约定，除首付款外，余款由买受

_____

① 《民法典》第 595 条。

人向银行申请按揭贷款支付。如果开发商不能向买受人提供按揭银行，买受人是否有权拒绝通过其他方式支付购房余款呢？从买卖合同的一般规则来讲，支付价款与交付标的物是构成对待性的合同的主给付义务，只有对待给付才能产生抗辩权。开发商违反向买受人提供按揭银行的从给付义务，与买受人支付购房余款的主给付义务之间不具有对待性，买受人不得以此为履行抗辩，进而不履行自己的主给付义务。

三、有偿合同与无偿合同

我们以当事人是否通过合同交易从对方那里获得经济利益为标准，将合同划分为有偿合同与无偿合同。也就是说，在合同关系中，当事人一方的付出从对方那里获得经济利益上的回报，就叫有偿合同；反之，就叫无偿合同。

人们希望通过合法交易获取回报，这一诉求是正当的。只不过回报的表现形式是复杂多样的。有些人通过交易，直接从对方那里获得经济利益上的回报，这是典型的有偿合同；有些人通过交易，没有直接从对方那里获得经济利益上的回报，但从第三方那里获得了，这也是有偿的，只不过没有被划入有偿合同的类型；有些人通过交易，尽管没有获得经济利益上的回报，但得到了荣誉，拥有了成就感、自我满足、愉悦与情感抚慰等主观体验。认识到回报的正当性，作为交易的相对方，就要充分了解并关注这一诉求，通过适当履行自己的合同义务，积极促成回报的实现。

另外需注意，凡是商事主体参与的交易，应当首先推定为有偿合同，除非有相反的证据表明，作为商事主体的一方承诺无偿付出。如保管合同与仓储合同的区分。

四、诺成合同与实践合同（要物合同与不要物合同）

合同的成立除了当事人意思表示一致之外，还需不需要完成某种特定物的交付？如果不需要，就是诺成合同；反之，则为实践合同。诺成合同是合同的常态，合同在一般情况下"一诺即成"。

实践合同的成立条件比诺成合同多一个，就是要完成某种特定物的交付（要物）。这个"要物"条件，要么是根据当事人的约定增加的，要么是根据法律的规定增加的。《民法典》规定了三类实践合同：定金合同、自然人之间的借款合同和保管合同。《民法典》第 586 条规定，"定金合同自实际交付定金时成立"，"实际交付的定金数额多于或者少于约定数额的，视为变更约定的定金数额"。系以实际交付的定金及定金数额作为认定定金合同成立的依据。《民法典》第 679 条规定："自然人之间的借款合同，自贷款人提供借款时成立。"而《合同法》的规定是"自贷款人提供借款时生效"①。从"生效"到"成立"的立法变化，确立了自然人之间的借款合同的实践性、要物性。《民法典》第 890 条规定："保管合同自保管物交付时成立，但是当事人另有约定的除外。"交付保管物是保管合同成立的要件。交付保管物不是寄存人的合同给付义务。需要注意，在赠与合同中，"赠与人在赠与财产的权利转移之前可以撤销赠与"之规定，恰恰是在承认赠与合同已经生效的前提下，通过赋予赠与人任意撤销权的方式，使赠与合同失效，进而免去赠与人转移赠与财产权利的义务，因此，赠与合同不能归入实践合同之列。

五、要式合同与不要式合同

合同的成立或者生效除了当事人意思表示一致之外，还必须采用法律规定或者当事人约定的特定的形式，这就是要式合同。反之，则为不要式合同。

采用什么样的外在形式，是由合同的内容所决定的。如果法律认为，或者当事人认为合同的内容至关重要，应当采用与之相匹配的外在形式，否则就会损害到合同内容本身，则需对形式作出要求。

外在形式的选择，法律有规定的，从其规定；法律没有规定的，由当事人约定。根据我国现行法的规定，要式合同的"要式"一般包括以下情形：

1. 合同书。《民法典》第 490 条第 1 款规定："当事人采用合同书形式订立合同的，自当事人均签名、盖章或者按指印时合同成立……"合同自当事人签署合同书后成立，签订合同书是合同成立的要件。

2. 确认书。《民法典》第 491 条第 1 款规定："当事人采用信件、数据电文等形式订立合同要求签订确认书的，签订确认书时合同成立。"有签订确认书的要求的，签订确认书是合同成立的要件。

3. 办理批准手续。《民法典》第 502 条第 2 款规定："依照法律、行政法

① 《合同法》第 210 条。

规的规定，合同应当办理批准等手续的，依照其规定。未办理批准等手续影响合同生效的，不影响合同中履行报批等义务条款以及相关条款的效力。应当办理申请批准等手续的当事人未履行义务的，对方可以请求其承担违反该义务的责任。"法律规定办理批准手续是合同的生效要件的，合同自办理批准手续后生效。土地使用权出让合同、矿业权出让合同均自批准后生效。

4. 办理登记备案手续。《商品房买卖合同解释》第 6 条规定："当事人以商品房预售合同未按照法律、行政法规规定办理登记备案手续为由，请求确认合同无效的，不予支持。当事人约定以办理登记备案手续为商品房预售合同生效条件的，从其约定，但当事人一方已经履行主要义务，对方接受的除外。"原则上，商品房预售合同未按照法律、行政法规规定办理登记备案手续并不影响合同的生效，但如果当事人将办理登记备案手续约定为商品房预售合同生效条件的，合同自办理登记备案手续后生效。

公证与前述商品房预售合同类似，有时会是法定的合同生效要件，有时会是当事人为合同生效所附的条件。

六、一时性合同与持续性（继续性）合同

合同义务的履行如果与时间的自然演进密切相关、持续实施、不可中断，就是持续性合同。否则，则为一时性合同。合伙、保管、租赁、雇佣、供电、供水等均属持续性合同。

在持续性合同中，"持续"是指一方当事人义务的履行要始终处于持续且合约的状态，譬如供电人必须依照法定或者约定的电压等技术指标持续不断地供电，用电人则根据自己的需要随时使用。用电人的电费交纳不是持续性的，是根据供用电合同约定预付或者定期用后结算。有的持续性合同的总给付是自始确定的，譬如供暖合同，以采暖面积为计费依据的，取暖费自始确定，有的则不是。

一时性合同与持续性合同区分的主要意义在于，合同在被撤销、被解除之后，持续性合同原则上不产生恢复原状、返还已履行给付等溯及既往的法律后果。此外，不定期的持续性合同，当事人可以随时解除合同，但是应当

在合理期限之前通知对方。①

七、束己合同与涉他合同

从债的相对性角度来讲，合同只对合同关系的当事人有约束力，合同都是束己的。合同的"涉他"包括两种情形：一是利他合同，为合同当事人之外的第三人创设合同权利；二是由第三人履行合同义务的合同。

利他合同中，第三人只是享有合同中的权利，但是，不会构成他的负担，他可以行使权利，也可以不行使。但是，这是单就这一孤立的利他合同本身而言的，第三人不去接受利他合同为他创设的权利，可能对其他的交易关系产生影响。

八、确定合同与射幸合同

以合同双方的给付义务是否自始确定为标准，我们将合同划分为确定合同与射幸合同。

确定合同中，双方的给付义务自始确定，而射幸合同中，一方的给付义务是自始确定的，另一方的给付义务在合同订立时是不确定的。但射幸合同的双方在合同中约定了确定另一方给付义务的规则，即以未来发生的特定事实（件）作为确定给付结果的条件，如保险合同。虽然结果不确定，但确定结果的规则一定是确定的，不能将射幸合同视为不确定合同。

九、主合同与从合同

主合同是指不以其他合同的存在为前提、能够独立存在的合同。相应地，从合同就是指必须以其他合同的存在为前提、不能独立存在的合同。担保合同，如定金合同、保证合同、抵押合同、质押合同等，均属于从合同，其不论附属于哪一类合同，其作为从合同的地位都不会改变。

一般而言，主从关系是决定与被决定的关系。《民法典》第 682 条第 1 款规定："保证合同是主债权债务合同的从合同。主债权债务合同无效的，保证

---

① 《民法典》第 563 条第 2 款规定："以持续履行的债务为内容的不定期合同，当事人可以随时解除合同，但是应当在合理期限之前通知对方。"

合同无效，但是法律另有规定的除外。"由此规定可知，一般而言，主债权债务合同无效的，保证合同亦无效，"但是法律另有规定的除外"。

应从狭义角度区分主从合同关系。尽管主从合同关系是相对的，但不能由此认为，在某一对合同关系中处于从合同地位的合同，在另一对合同关系中可能成为主合同。这一认识混淆了主从关系与因果关系。譬如为购房而办理银行按揭贷款，买房人与银行订立的《个人购房借款合同》不是买房人与开发商（出卖人）订立的《商品房买卖合同》的从合同，买房人在《个人购房借款合同》中约定的办理房屋抵押登记的抵押合同是《个人购房借款合同》的从合同。尽管贷款银行对买房人贷款的用途是明知的，《商品房买卖合同》也不是《个人购房借款合同》的主合同。

所以，主从关系必须具有从属性，而不是牵连性。合同的从属性是指从合同离开主合同就无法存在了，而不是指从合同与主合同之间具有因果关系，具有法律上的牵连。

案例 3.1　《商品房买卖合同》是否属于《股权转让协议》的从合同？

甲、乙、丙签订《股权转让协议》，由甲、乙将其持有的目标公司100%股权一次性转让给丙。三方随后办理了股权及目标公司法定代表人变更登记，丙成为目标公司的法定代表人及一人股东。为支付股权转让价款，丙以目标公司名义与甲、乙签订了《商品房买卖合同》，将目标公司商品房出卖给甲、乙，以支付股权转让价款。后甲、乙为完成房屋产权登记，将目标公司诉至法庭，请求履行《商品房买卖合同》。目标公司当庭抗辩，本案系股权转让合同纠纷，不应将公司列为被告。原告辩称，股权转让协议因履行已消灭，目前双方的争议是基于《商品房买卖合同》，本案案由应为商品房买卖合同纠纷。

丙为履行其在《股权转让协议》中的股权转让价款给付义务，将公司财产通过订立《商品房买卖合同》的方式抵偿自己的债务，《股权转让协议》是《商品房买卖合同》的原因，《股权转让协议》与《商品房买卖合同》系两个独立的交易关系，不是主从合同关系。

十、预约与本约

预约是以将来一定期限内订立某个合同的约定为内容的合同。"预约合同"概念最早出现在司法解释中。修改前的《买卖合同解释》第 2 条规定：当事人签订认购书、订购书、预订书、意向书、备忘录等预约合同，约定在将来一定期限内订立买卖合同，一方不履行订立买卖合同的义务，对方请求其承担预约合同违约责任或者要求解除预约合同并主张损害赔偿的，人民法院应予支持。《民法典》将此规定予以吸收，第 495 条规定：当事人约定在将来一定期限内订立合同的认购书、订购书、预订书等，构成预约合同。当事人一方不履行预约合同约定的订立合同义务的，对方可以请求其承担预约合同的违约责任。预约对应的是本约，本约就是预约约定的将来一定期限内订立的合同。在订立预约时，本约尚未成立。履行预约，就是积极促成本约的签订。预约是合同的一种，违反预约需要承担违约责任，而不是缔约过失责任。违反预约的损失赔偿由当事人约定；没有约定的，人民法院应当综合考虑预约合同在内容上的完备程度以及订立本约合同的条件的成就程度等因素酌定。[①]

根据立法，一般而言，当事人签订的"认购书""订购书""预订书"等属于典型的预约。但在实践中，当事人签订了以"认购书、订购书、预订书"等命名的合同，不一定就是预约合同。一个合同究竟是不是预约，不能只看名称，还要通过审查当事人的意思以及合同的内容来确定。

一般而言，认购合同应为预约。但在案例 1.10《认购合同》纠纷一案中，《认购合同》应被认定为预约合同。但原告某公司在起诉时明确承认《认购合同》为商品房预售合同，请求依照《商品房买卖合同解释》第 2 条"出卖人未取得商品房预售许可证明，与买受人订立的商品房预售合同，应当认定无效"之规定，认定《认购合同》无效。被告李某在一审法院释明合同无效的后果后仍然"坚持认为该合同系事实上的商品房买卖合同"。于是，一审判决支持了原告某公司请求确认合同无效的诉请。[②]由此可见，认购合同到底

---

① 《合同编通则解释》第 8 条第 2 款。
② 陕西省西安市长安区人民法院（2018）陕 0116 民初 2519 号民事判决书。

是否属于预约合同，应当充分尊重当事人的意思自治，在坚持契约自由原则的基础上具体认定。

案例 3.2　《租赁意项书》是不是预约？

2006 年 4 月，某公司与杨某签订了《租赁意项书》，就杨某租赁某公司所承租房屋开设酒店一事达成"意项"。《租赁意项书》就租赁物、租金、租期、用途等做了明确约定。《租赁意项书》约定：某公司在两个月内确定房屋的用途后，杨某须交纳 20 万元保证金，并签订正式合同。《租赁意项书》最后申明：意项书在交纳合同保证金后，双方代表签字生效，正式合同文本在确定用途后正式签订。后来，某公司与杨某之间就"正式合同"条款出现重大分歧，无法达成一致，"正式合同"始终未能签署。二审判决认为，该意项书应是一个双方约定形成租赁关系的预约合同。尽管某公司于 2008 年 1 月将租赁物交付杨某使用，但只能表明双方自交付时起实际发生租赁关系，这种租赁关系不能认定为是对意项书的实际履行，而是一种不定期租赁关系。故杨某认为意项书就是双方正式房屋租赁合同的上诉理由，本院依法不予采信。[1]

尽管杨某强调《租赁意项书》用的是"意项"，而不是"意向"，但从《租赁意项书》约定的内容上看，当事人明确约定了将来要签订"正式合同"。《租赁意项书》的"项"应为错别字，不能因为《租赁意项书》具备了租赁合同的全部内容，而将《租赁意项书》视作"本约"。

十一、合同与补充合同

补充合同的功能有二：一为"补充"，是对原合同关系中欠缺部分（合同漏洞），或者"特意待定条款"的补充规定，目的在于使原合同条款更齐备、完整；二为"变更"，是对原合同中已有条款的更改，是"补充"签订的合同，而非"补充合同"。关于合同变更的要点我们将在后面专章讲述，这里要申明的是，补充合同即使要做到"变更"，也不得损害合同的同一性基础。

补充合同不是独立的合同。一般而言，补充合同不能单独作为请求权基

---

[1] 陕西省安康市中级人民法院（2012）安民终字第 00073 号民事判决书。

础。但在个别情形下，使用了"补充协议"名称的合同，却是一个独立的合同关系，能够独立作为请求权基础。

案例 3.3　补充协议可否独立成讼?

甲、乙于 2007 年 1 月签订了《合作经营合同书》，约定共同开发某城中村改造项目。甲以其依照《城中村改造项目合同书》取得的开发权作为合作条件，乙为项目冠名，并投入开发所需全部资金。甲与某村订立的《城中村改造项目合同书》是《合作经营合同书》的附件，是该合同书的组成部分，以后续订的补充协议均是该合同书的组成内容。同日，双方签订了《补充协议（一）》，对项目的投资额度、进度及甲的股权转让事宜做了补充约定，并经甲乙双方及甲方所有股东签名确认。后双方发生争议，甲申请仲裁，乙提起仲裁反请求。在仲裁期间，乙又以甲及其股东违反《补充协议（一）》中有关股权转让的约定为由，向某中院提起诉讼，请求甲及其股东履行《补充协议（一）》中约定的股权过户义务，中院受理。甲提起管辖权异议，被驳回。乙请求中院确认《合作经营合同书》中的仲裁条款无效，被驳回。甲于是以中院裁定仲裁条款有效为由请求高院就《补充协议（一）》的管辖权异议裁定予以再审，高院再审后撤销了中院此前驳回甲管辖权异议的裁定。①

对本案的分析，还应该注意厘清《合作经营合同书》与《补充协议（一）》的异同。《补充协议（一）》不仅补充了《合作经营合同书》中有关股权转让的约定，还补充了甲方股东作为当事人。甲方的股权是甲方股东享有的权利，甲方股东在《补充协议（一）》中有关股权转让的承诺是真实有效的。笔者认为，单就股权转让而言，《补充协议（一）》不是《合作经营合同书》的补充，而是一个独立的合同关系。《合作经营合同书》是《补充协议（一）》中股权转让的原因关系。甲方与甲方股东在主体认知上的混同是引发本案一系列冲突的主要原因。

---

① 陕西省高级人民法院（2011）陕民提字第 00043 号民事裁定书。

案例 3.4 《借款展期协议》是不是《"产业脱贫贷款"五方合作协议书》的补充合同？

2017 年 12 月，甲（建档立卡贫困户）、乙（企业）、丙（镇政府）、丁（县信用联社）、戊（县脱贫攻坚理财中心）签署了《"产业脱贫贷款"五方合作协议书》。

2018 年 12 月，经乙、丙、丁、戊四方协商，四方签署了《借款展期协议》，载明，因"产业脱贫贷款"集中到期，企业暂无力归还。鉴于贷款逾期后将给贫困户产生征信不良影响，形成舆情风险，经四方协商同意，将贷款展期一年。由乙承担"产业脱贫贷款"还款责任，丙承担连带责任，戊以基金专户资金承担连带责任。《借款展期协议》只字未提甲的还款义务，也未让甲在展期协议上签字。

《"产业脱贫贷款"五方合作协议书》的当事人有五方，而《借款展期协议》的当事人仅有四方，《借款展期协议》欠缺了作为主债务人的甲方的意思表示，不属于《"产业脱贫贷款"五方合作协议书》的补充合同。

从行文角度来看，补充合同的名称应当是"某某合同的补充合同"，并且从行文一开始，就交代清楚这个补充合同是针对哪一份合同的，以使合同与补充合同的对应关系得到确定，免生歧义，造成合同履行及纠纷处理上的法律风险。

十二、母子合同

母子合同是两个合同之间存在包含与被包含的关系。母子合同主要发生在框架交易当中，框架合同是母合同，框架合同下具体发生的单项合同称子合同。

实践中，框架合同广泛应用于框架交易。框架合同只是对当事双方主要交易条件的原则性规定，因此，在框架合同下的每一次交易都应当有相应的子合同来具体确定标的物的数量、规则、单价等合同的主要条款。框架合同能够起到固定交易关系的功能，并为双方此后的一系列交易提供原则和方法。框架合同与框架合同范围内的每一个具体的采购合同属母子合同关系，框架合同的原则规定同样适用于每一个子合同。框架合同统领下的子合同之间存在牵连性，这种牵连性应当排除合同相对性原则在母子合同之间的适用，强调框架交易的同一性、一致性，母子合同是一个交易关系，而非多个相互独立的交易关系。

框架交易是指在大宗商品或者服务的采购中，为避免高频重复采购给交易双方带来交易成本增加的弊端，而采用在确定期限内对合同主要交易要素进行原则规定的交易方式。框架交易广泛应用于政府及大型国有企业物资和服务的大宗采购时，通过招投标方式来确定供应商。

案例 3.5　《拆迁协议》是否属于《光缆线路抢修施工框架协议》的子合同？

某通信公司甲通过招标方式，确定乙为其施工企业，双方签订了《光缆线路抢修施工框架协议》，约定由乙"在某地区范围内进行所有光缆传输线路的抢修、迁改线路工程"，并对承包方式、工程造价、合同价款、结算办法等做了约定。2004 年 9 月，因某高速公路施工，需要对甲的两座通信基站实施迁建，甲指示乙前往施工，并向乙出具了一份授权书，授权乙全权代表甲处理因通信基站迁建发生的一切事宜。其间，乙将已经加盖了高速公路建设指挥部印章的一式两份《拆迁协议》提交甲盖章。甲在《拆迁协议》上签章后留档一份，另一份交乙转递指挥部。事后经调查得知，乙拿到已加盖指挥部印章的《拆迁协议》后，重新制作了一份《拆迁协议》，删去了补偿条款，加盖了伪造的指挥部印章，交给甲盖章。乙拿到甲加盖了印章的《拆迁协议》后，又伪造了甲印章，加盖在指挥部提供的《拆迁协议》上。同时伪造了一份委托书，从指挥部领走了《拆迁协议》项下 60 万元补偿款。甲得知真相后，扣下了应付乙的另一处工程中的工程款，并终止了与乙的合作关系。2010 年 1 月，乙申请仲裁，要求甲支付拖欠的另一处工程项下的工程款。仲裁庭认为，拖欠工程款的另一处工程与通信基站迁建工程是两个不同的合同关系，甲基于通信基站迁建工程合同所取得的抗辩不能用于其他工程合同中，裁决甲向乙支付拖欠的工程款。

本案仲裁庭基于合同相对性原则，将《拆迁协议》与乙方另一处工程合同视作两个不同的合同关系，认为甲扣除乙方另一处工程中的工程款，用于抵扣通信基站迁建工程中由乙方冒领的补偿款的行为，违背了合同的相对性，未支持甲的答辩理由。笔者认为，在《光缆线路抢修施工框架协议》下甲与乙发生的若干交易应属一个整体，因此，应立足一个完整交易的视角来认定双方债权债务关系，而非以合同相对性为由将各个交易割裂开来，分别认定。

第二节　合同归类定性的裁判方法

归类定性的裁判方法是我国法院民事审判工作所遵循的基本方法。该方法以《民事案件案由规定》为依据，通过确定民事案件的案由，指引案件事实查明的方向，以及裁判案件应适用之法律，指导裁判，进而得出裁判结论。如果民事案件的案由确定出现偏差，事实查明的侧重点就会跟着变化，适用的法律也会不同，裁判结论将会大相径庭。

合同纠纷案件归类定性的裁判方法的"定性"，就是将每一起合同纠纷案件归入《民事案件案由规定》事先划定的某一类合同纠纷案件，进而进行审理、裁判。

一、合同纠纷案件归类定性的依据

对合同纠纷案件归类定性的依据是最高人民法院的《民事案件案由规定》。一起合同纠纷案件要到法院立案，首先要依据《民事案件案由规定》确定案由。《民事案件案由规定》的发布，在方便当事人进行民事诉讼，规范人民法院民事立案、审判和司法统计工作等方面发挥了重要作用。

《民事案件案由规定》是法院民事审判规范化建设的核心要素，"是人民法院进行民事案件管理的重要手段"。《民事案件案由规定》在立案阶段，"有利于对受理案件进行分类管理"；在审判阶段，"有利于确定各民事审判业务庭的管辖分工"；在工作总结阶段，"有利于提高民事案件司法统计的准确性和科学性"。

"民事案件案由应当依据当事人主张的民事法律关系的性质来确定。""民事法律关系的性质"被类型化之后规定进《民事案件案由规定》。因为标准的不同，类型划分的结果不同，类型与类型之间的关系不同。上下级案由之间是包含关系，同级案由之间是并列关系。案由的级别越高，案由的外延越丰富。如果我们用一级案由来划分审判庭之间的业务分工，那么二级案由就是用来划分合议庭业务分工的。案件要分到具体承办法官，案由至少应当确定到三级案由。但在实践中最常见的是四级案由。

二、合同纠纷案件归类定性的裁判方法

案由依据民事法律关系的性质来确定。所谓民事法律关系的"性质"，就是指民事法律关系的类型，类型的确定来自过去的经验。当事人的经验和法官的经验又有所不同。《民事案件案由规定》类型化了的合同具有一定的代表性，但无法涵盖日新月异、丰富多样的合同交易。

对合同做适合裁判需要的类型化划分只是手段，目的在于方便裁判。案由确定后，法律关系对应的当事人之间的一般性权利义务关系就容易确认了。譬如案件案由被确定为买卖合同纠纷，关于出卖人、买受人的权利义务，法律规定得非常清楚，顺着法律规范的指引去一一查明就可以了，法官裁判起来就方便省力得多。但问题在于，合同的主要义务究竟是什么，是由当事人的合意（意思表示）所决定。归类定性的裁判方法所确定的案由有时会与当事人的合意不一致。

案例3.6　《房屋租售合同》应属租赁合同还是买卖合同？

甲乙双方签订了《房屋租售合同》，约定，承租人乙在租赁期限届满后有权利优先购买合同项下的房屋，其已付房租抵作购房首付款。租赁合同到期后，甲以种种借口推托，拒将房屋出售给乙，乙将甲诉至法院，请求判决房屋归乙所有。案件经审委会讨论后认为，本案应定性为房屋租赁合同纠纷。

本案双方争议的焦点是买卖部分的约定。《房屋租售合同》包含租与售两部分内容，有关售的部分是一个买卖合同的预约合同。预约也是"约"，违反预约，也要承担违约责任。至于乙方的诉请，因缺乏买卖合同的事实依据，应予驳回。

裁判文书中经常会出现这样的内容：当事人之间的合同名为××合同，实

为××合同。"名"即当事人为合同取的名字;"实"即法院为当事人合同所取的名字,是法院所确定的案由、所定的"性"。

分类定性的裁判方法是一种基本的裁判方法,实践中存在一定的局限性。案件分类宜粗不宜细,案由必须具有开放性和包容性。

第四章 合同的效力制度

第一节 合同的效力制度概说

一、合同效力的概念

合同的效力亦即合同的法律效力，是指依法成立的合同对当事人所具有的法律约束力。合同有效即指合同具有法律效力。

法律效力是一种强制力，这种强制力是以国家的名义，以国家机器为后盾保障实现的。

二、合同产生法律效力的原因

合同不是法律，合同为什么会产生法律效力呢？

合同是当事人意思自治的结果，合同之所以能够产生法律效力是设权主义调整方法适用的结果。当事人之间的合意符合法律的价值，法律就会把它的效力赋予合同，合同于是产生了法律认许的效力。有效合同是当事人为自己制定的法律，有效合同同样应成为裁判的依据，透过司法程序，转化为生效的法律文书，获得强制执行的效力。合同的法律效力表明了法律对私人自治的肯认。

三、合同效力制度的内容

合同的效力制度不仅包括合同的有效制度，还包括合同的无效制度等。依照法律行为理论以及设权主义调整方法，除非具有无效及未成立、未生效等相反的证据，合同都应推定是有效的。因此，合同的效力制度即有关合同效力的法律规范的总称，包括合同的生效制度、合同的有效制度、合同的失效制度、合同的无效制度、合同的可撤销制度、未生效合同的追认制度，以及合同无效、被撤销或者确定不发生效力后的处理制度，等等。

第二节　合同的生效、有效与失效

一、合同的生效

合同的生效是指合同法律效力的发生，是合同的法律约束力在具备了什么样的条件后，或者在遭遇何种情形时发生。

（一）合同生效的一般规则

一般情况下，合同成立即生效。《民法典》第 119 条规定："依法成立的合同，对当事人具有法律约束力。"第 136 条第 1 款规定："民事法律行为自成立时生效，但是法律另有规定或者当事人另有约定的除外。"

（二）合同附条件、附期限生效

《民法典》第 158 条规定："民事法律行为可以附条件，但是根据其性质不得附条件的除外。附生效条件的民事法律行为，自条件成就时生效。附解除条件的民事法律行为，自条件成就时失效。"第 160 条规定："民事法律行为可以附期限，但是根据其性质不得附期限的除外。附生效期限的民事法律行为，自期限届至时生效。附终止期限的民事法律行为，自期限届满时失效。"

附条件、附期限的合同所附条件、所附期限与合同的效力有关，不是为某一合同条款所约定的具体合同义务的履行所附的条件或者期限。譬如，材料商向施工单位供应建筑材料，约定的结算付款条件为"别墅全部封顶后"。后由于政府开始对违建别墅实施全面拆除，该别墅项目半途而废，付款条件确定无法成就。有人主张，应当按照附条件、附期限民事法律行为规则来处理本案，参照适用《民法典》第 159 条"附条件的民事法律行为，当事人为自己的利益不正当地阻止条件成就的，视为条件已成就；不正当地促成条件成就的，视为条件不成就"的规定，视为付款条件已成就。这一认识是错误的。合同与合同条款是两个不同的概念，《民法典》所规定的附条件、附期限规则适用于民事法律行为，不适用于具体的合同条款。并且，本案所附条件为结算条件，不是条款的生效条件。

需注意的是，关于合同文本后所载"本合同经双方签字盖章后生效"条文的适用问题。该条属不属于当事人为合同生效所附条件呢？

案例4.1　如何理解"本合同经双方签字盖章后生效"？

甲将其名下的一座加油站以1200万元的价格出售给乙，双方商定好合同文本后，由甲方先盖章。乙方工作人员携带甲方已盖过章的合同回公司盖章的路上，接到甲方电话，称加油站不卖给乙方了。乙方人员当即折返，双方在加油站争吵、打斗，民警出警平息。后乙方诉请甲方继续履行合同，交付加油站。甲方辩称，合同约定：本合同经双方签字盖章后生效。合同只有甲方签章，乙方尚未签章，合同未生效，要求法院驳回乙方诉请。民警出警记录证实，当时的合同文本上只有甲方一方的签章。

《民法典》第490条第1款规定，"当事人采用合同书形式订立合同的，自当事人均签名、盖章或者按指印时合同成立"。本案合同书只有一方盖章，依法没有成立，未发生效力。另外，从合同约定来看，"本合同经双方签字盖章后生效"确属当事人为合同生效所附条件，条件未成就，合同未生效。

民事法律行为生效所附条件可分为两类：一是法律明确将特定行为的完成规定为合同生效条件的，如自然人之间的借款合同。《民法典》第679条规定："自然人之间的借款合同，自贷款人提供借款时成立。""贷款人提供借款"是"自然人之间的借款合同"的法定生效条件。二是法律、行政法规规定"应当办理批准等手续"的。《民法典》第502条第2款规定，"依照法律、行政法规的规定，合同应当办理批准等手续的，依照其规定"。这与《合同法》在立法表述上略有不同。《合同法》第44条规定："依法成立的合同，自成立时生效。法律、行政法规规定应当办理批准、登记等手续生效的，依照其规定。"这里使用的是"批准、登记等手续"，多列举了"登记"。但均属开放式立法。无论是"批准"，还是"批准、登记"，只要是法律、行政法规明确规定了的，都应属法定生效条件。如《探矿权采矿权转让管理办法》

第 10 条第 3 款规定："批准转让的，转让合同自批准之日起生效。"探矿权转让合同属于行政法规规定办理批准手续生效的合同。采矿权转让，国有土地使用权出让、转让合同，均属批准生效的合同。

《民法典》第 502 条第 2 款规定，"未办理批准等手续影响合同生效的，不影响合同中履行报批等义务条款以及相关条款的效力。应当办理申请批准等手续的当事人未履行义务的，对方可以请求其承担违反该义务的责任"。合同没有生效的原因是负有办理报批义务的一方当事人未履行报批义务所致，因此，合同虽未生效，但报批义务仍应继续履行。违反报批义务，应承担相应的法律责任。

案例 4.2 《探矿权转让合同书》何时生效？

2014 年 6 月 16 日，甲、乙签订了《探矿权转让合同书》（合同编号：2014T009），约定将甲所有的"某地区铝土矿普查"探矿权转让给乙，转让价格为 580 万元。合同"自国土资源管理部门批准转让之日起生效"。2015 年 5 月 27 日，乙收到省国土资源厅《探矿权转让批准通知书》。请问：《探矿权转让合同书》何时生效？

本案中，根据《民法典》第 502 条和《探矿权采矿权转让管理办法》的规定，双方签订的《探矿权转让合同书》应当自批准书载明的批准日期起生效。

还需注意的是，合同备案是否应为合同的生效要件呢？要根据当事人的约定、法律的规定以及备案行为本身的性质而定。以商品房买卖合同为例，《商品房买卖合同解释》第 6 条规定："当事人以商品房预售合同未按照法律、行政法规规定办理登记备案手续为由，请求确认合同无效的，不予支持。当事人约定以办理登记备案手续为商品房预售合同生效条件的，从其约定，但当事人一方已经履行主要义务，对方接受的除外。"商品房买卖合同备案属于市场管理性质的行政行为，除非当事人约定以备案作为生效条件，否则，不得以未经备案登记为由，主张合同无效。

二、合同的有效

合同生效后，合同就是有效的，合同就具有了法律效力。从这个意义上讲，合同要有效只需做到不触犯法律的"禁区"即可。反过来，我们要说一个合同无效，就应当举证证明它是踩到了"禁区"。合同的有效具有法律上的推定性。

从法律行为的一般理论出发，意思表示真实是法律行为的有效要件。但意思表示不真实的合同就是无效的吗？不见得。因为是否要判定一个因意思表示不真实的合同无效，需要考虑诸多因素，如单方陈述的可靠性、交易安全的保护、举证责任等。因为判定是如此繁复，法律赋予意思表示不真实一方以救济的权利，是为撤销权（过去还包括变更权），通过仲裁、诉讼程序实现。

（一）合同有效的法律意义

合同有效的法律意义有以下两个方面。

1. 有效合同是当事人之间的法律

当事人应当自觉遵守并执行自己为自己制定的法律，如约履行合同义务。违反有效合同应当承担违约的法律责任。

合同只对当事人产生约束力是合同相对性的表现。合同关系存在两个或者两个以上的当事人，合同关系的成立必须建立在各方协商一致的基础上，合同关系对每一方产生约束力的原因是，这是当事人自己的意思表示，是自己的行为，一个人要为自己的行为负责。在生活中有一类特殊的合同关系，它的产生以及约束力都有相当复杂的变化，由特别法调整。例如公司章程的订立及其约束力问题。对于有限公司而言，公司章程是由全体股东共同制定的，是全体股东意志的共同体现，一经登记，不仅对公司的发起人股东（即签发章程的股东），也会对后来因受让股权而成为公司股东的新股东产生约束力。不仅对股东，而且对公司董事、监事、高级管理人员同样有约束力。股份公司的章程是由成立大会通过的，只要满足成立大会三分之二股东同意，即会生效。对不同意的股东，将来加入的股东，公司董事、监事、高级管理人员同样有效。这种自治规章所产生的法律约束力在私法领域广泛存在，体现了私人自治的法律价值。

2. 有效合同成为案件裁判的规范依据

当事人的合同纠纷起诉到法院以后，法院要依法裁判。这里的"法"除了立法机关制定的程序法、实体法外，还应当包括当事人为自己所立的"法"，即合同。当事人之间具有法律效力的约定是确定各自权利义务的规范来源，是裁判的依据。

（二）合同有效的法定条件

《民法典》第143条规定："具备下列条件的民事法律行为有效：（一）行为人具有相应的民事行为能力；（二）意思表示真实；（三）不违反法律、行政法规的强制性规定，不违背公序良俗。"由此可知，合同有效的法定条件有以下几个方面。

1. 合同当事人具有相应的民事行为能力

"相应的民事行为能力"要根据合同内容来具体判断。合同当事人首先应具有完全民事行为能力，但依照《民法典》第22条之规定，限制民事行为能力人也可以签订"纯获利益的"合同，或者签订"与其智力、精神健康状况相适应的"合同。

2. 当事人意思表示真实

"意思表示真实"是对法律行为有效的一般要求，但意思表示不真实的法律行为并不一定是无效的，效力判定还需考虑信赖保护的因素。在双方法律行为中，存在两个以上的当事人，对意思表示真实与否的考察就应当既关注单个表意主体自身意思与表示是否一致，还要考察主体之间的意思表示是否一致。单个主体意思与表示的不一致，并不会必然导致合同无效。而行为人与相对人以虚假的意思表示签订的合同才是无效的。[1]

3. 合同内容不违反法律、行政法规的强制性规定，不违背公序良俗

这是从合同有效条件角度来看的。如果合同内容违反了法律、行政法规的强制性规定，违背了公序良俗，合同就是无效的。我们将在合同无效情形中对此条件展开论述。

三、合同的失效

合同的失效是说合同效力的丧失。因法定事由发生，有效合同的效力归于消灭。失效与未生效、无效是并列情形，虽然在结果上都是相同的，但引

---

[1] 《民法典》第146条第1款。

起的原因是不同的。

合同失效与合同消灭不同，合同失效并不等同于合同关系的消灭。合同消灭对应的是合同成立，合同失效对应的是合同生效。合同失效后还涉及合同关系的清理、未完结的债权债务关系、正在进行的诉讼等。《民法典》有专章规定合同的消灭制度，即"合同的权利义务终止"，详细内容将在本书第八章阐述。引起合同失效的情形有以下几个方面。

1. 因合意失效

当事人协商一致，使原有合同关系失效的，本质上是以一个新的合同，消灭了一个旧的合同。

2. 因所附解除条件成就、所附终止期限届至而失效

《民法典》第 158 条规定："……附解除条件的民事法律行为，自条件成就时失效。"这里的"解除条件"其实是失效条件，条件成就，合同失效。《民法典》第 160 条规定："……附终止期限的民事法律行为，自期限届满时失效。"这里的"终止期限"其实是合同效力存续的终止期限（终期），期限届至，合同失效。

案例 4.3 如何认定合同效力的存续期间?

2007 年 6 月，甲、乙签订《污油泥处置加工合作经营合同》，合同有效期为 5 年。2010 年年初，甲将乙诉至法院，诉请继续履行合同、赔偿损失等。2012 年 9 月 26 日，一审判决认为，合同期间已经届满，"合同已自动解除"，无继续履行之必要，判决驳回原告继续履行的诉请。[①]

本案合同失效不是因为自动解除，而是因为合同存续期间届至。

3. 因合同主体消灭而失效

作为合同主体一方的自然人之死亡、法人之解散或者破产，都会引起合同的失效。自然人死亡后，合同效力终止，进入合同清理程序，继承人应在被继承人遗产范围内对债权人予以优先清偿。为防止继承人因无利可图，不实施对遗产管理行为，致使债权人根本无法获得有限清偿的，法律规定了遗

---

① 陕西省咸阳市中级人民法院（2012）咸民初字第 00019 号民事判决书，陕西省高级人民法院（2013）陕民一终字第 00007 号民事裁定书，陕西省咸阳市中级人民法院（2013）咸民初字第 00129 号民事判决书。

产管理人制度，以使遗产得到管理与分配。法人解散的，清算义务人应当实施清算行为；法人破产的，由破产管理人实施清算行为，使合同关系最终得到清理。作为组织体的法人主体消灭后，对合同关系的清理可能涉及概括承受，仅合同主体发生变更，合同效力存续。自然人死亡的，继承人愿意承受被继承人的合同关系，相对人同意，合同关系概括承受，合同效力存续。在企业并购时，债权人同意，合同关系概括承受，合同效力存续。这些都是基于法定变更所引起的。

4. 因撤销之诉引起的合同被撤销而失效

可撤销合同中撤销权人的撤销之诉，合同债的保全制度中债权人的撤销权之诉，经生效判决确认合同撤销，合同即失效。

第三节　合同的无效

一、合同无效的意义

合同无效是指已经成立的合同因与法律的价值严重背离，法律不赋予该合同效力的制度。

（一）合同无效是说合同不具有法律效力

合同不具有法律效力也就意味着合同无法获得法律的承认并得到执行。无效合同的当事人无法借助法律，实现其合同中所约定的权利，即"无效则无救济"。当然，不想再接受合同中约定义务约束的一方当事人，也会自己主动诉请法院确认自己所订立的合同是无效的。例如，在案例 1.10 中，出卖人某公司向法院起诉，请求确认其与买受人李某之间的《认购合同》无效，目的即在于不再履行向买受人交付商品房的合同义务。[①] 无效合同还具有"返还财产"的效果，当事人向法院主动起诉请求确认合同无效，同时请求将对方依据合同约定从自己这里所取得的财产返还给自己。例如，张某将其所持有的某工贸公司股权依法转让并过户到刘某名下，后张某反悔，与其妻艾某共

---

① 陕西省西安市长安区人民法院 (2018) 陕 0116 民初 2519 号民事判决书。

同充任原告，以其无权单独处分夫妻共有（股权）财产为由，诉请法院确认其与刘某所订立的股权转让合同无效，并请求将股权返还登记到张某自己名下。① 如果法院确认了股权转让合同无效，支持了张某的诉请，刘某就应当将股权过户登记回张某名下。

（二）合同无效的原因是合同与法律的价值严重背离

法律效力是法律所具有的一种特别的强制力，由法律价值所支撑。法律要不要把自己所具有的强制力赋予当事人之间订立的合同，是要看当事人的合同有没有与法律的价值相冲突。如果当事人之间订立的合同严重背离法律的价值，法律绝对不会把自己的效力赋予当事人之间的合同，使得当事人之间的合同具有了法律认许的效力。因此，合同的有效与无效是法律价值评判的结果。如果合同无效是当事人的过错所致，我们不能允许一个有过错的人借助过错行为谋取不正当利益。《九民纪要》认为，"在确定合同不成立、无效或者被撤销后财产返还或者折价补偿范围时，要根据诚实信用原则的要求，在当事人之间合理分配，不能使不诚信的当事人因合同不成立、无效或者被撤销而获益"。

（三）法律推行自己所奉行的价值是无条件的、强制的

当事人的合同如果与法律的价值严重背离，法律会毫不犹豫地宣告它为无效。法律对自己所奉行的价值的推行是无条件和强制的。无论是否经由审判确认，无效就是无效。合同无效是自始无效、绝对无效、当然无效，不以当事人的意志为转移。当事人不得以合同已经批准、备案，甚至已办理财产权利变更登记为由主张合同有效。②

（四）导致合同无效的情形构成法律事先划定的"禁区"

国家通过法律事先划定一个"禁区"，只要私人不踩法律的"禁区"，他就是自由的，他的行为会受到法律的承认与保护。有效是推定的，无效确认必须有确切的依据。

法律划定的"禁区"越小，私人的自由就越大。在私权与公权的关系中，公权为私权划定的"禁区"越小，私人的自由就越大。在无效方面，公权划

---

① 最高人民法院（2014）民二终字第 47 号民事判决书。
② 《合同编通则解释》第 13 条。

定权利的"禁区",触碰禁区,民事法律行为即无效。

（五）合同无效现象是无法消弭的社会现实

尽管合同无效会给当事人寻求法律救济带来不利影响,但无效合同现象始终是一个无法消弭的社会现实。

法律价值与私人需要之间存在错位现象。人们在从事任何行为时首先考虑的是自己的需要,而非法律的好恶。只有当人们希望将来获取法律的救济时,法律的规定才会在他们订立合同之初受到重视。由此我们不难看出,人们的行为主要受需要的支配,而非法律。人的需要的正当性判定受千百年来流传下来的朴素价值、风俗、习惯等的影响,而不仅仅是当代人制定的法律。私法如果忽视了这些东西,就与人们的生活相去甚远,法律价值与私人需要之间的冲突就会越发剧烈。

（六）合同无效不包括合同的不成立、未生效、被撤销情形

尽管合同的不成立、未生效、被撤销最终都表现为"无效",但引致同一"无效"结果的原因存在极大的差异,不同制度所体现的法律价值迥异,所以要把它们区分开来。《九民纪要》认为,"实践中的一个突出问题是,把未生效合同认定为无效合同,或者虽认定为未生效,却按无效合同处理。无效合同从本质上来说是欠缺合同的有效要件,或者具有合同无效的法定事由,自始不发生法律效力。而未生效合同已具备合同的有效要件,对双方具有一定的拘束力,任何一方不得擅自撤回、解除、变更,但因欠缺法律、行政法规规定或当事人约定的特别生效条件,在该生效条件成就前,不能产生请求对方履行合同主要权利义务的法律效力"。因此,《九民纪要》认为,"须经行政机关批准生效的合同,对报批义务及未履行报批义务的违约责任等相关内容作出专门约定的,该约定独立生效。一方因另一方不履行报批义务,请求解除合同并请求其承担合同约定的相应违约责任的,人民法院依法予以支持"。

二、合同无效与条款无效

合同无效与条款无效是两个不同的概念,要注意区分。合同无效主要是指合同与法律价值发生严重背离,合同不具有法律拘束力。而合同是由一个

个的条款所组成，合同目的体现在这一个个具体条款当中，有时很难明确区分出究竟是哪个条款导致合同无效，合同无效的原因可能是合同内容的系统性违法。因此，如果合同无效了，那么所有的条款原则上都没有效力了。

如果合同无效是由合同中某一个具体的条款无效（违法）所引起的，那么这个条款一定是合同的主要条款。合同的主要条款无效（违法）会引起合同的无效。合同的非主要条款无效一般只会影响到这个条款本身，使得这个条款本身不具有法律拘束力，而整个合同却是有效的。

合同代表着一个完整的交易关系，一个独立完整的交易关系本身不可分，尽管合同是由一个个具体的条款所构成。合同无效会导致所有的条款原则上都没有效力，但是"合同中有关解决争议方法的条款"继续有效①，这是由该类条款的特殊功能所决定的，当事人可以据此处理合同争议。

需要注意的是，要正确理解《民法典》规定的合同"部分无效""部分有效"的真正含义。②"部分无效"是指部分条款无效，而这部分无效的条款不会导致合同无效，因而合同仍然是有效的。"部分无效"也指条款中的一部分内容无效，无论是主要条款还是非主要条款，条款仍然有效，但条款的一部分内容不能发生法律拘束力，条款的部分内容无效。

案例 4.4　《股权转让协议》是否部分无效、部分有效？

2001 年，某县食品厂改制为某县食品有限公司。公司《章程》第 11 条规定："由资产量化形式和奖励形式形成的个人股本所有权归公司，使用权归个人，享有其他股份同等的权利，承担与其他股份同等的义务。出资者因退休、调动、死亡等原因而离开公司，不得转让、交易和继承其所持有的量化股，均由公司收回。收回的量化股由董事会提出，股东会通过，重新量化或奖励给对公司有贡献的员工。"原食品厂厂长解某担任改制后的食品公司董事长、法定代表人，持有公司 70.2846% 的股权，其中包含 23.33% 的量化股。2017 年 8 月 29 日，解某将其持有的全部股权转让给同为公司股东的妻子王某。2017 年 9 月 9 日，解某病故。2018 年 10 月

---

① 《民法典》第 507 条。
② 《民法典》第 156 条规定："民事法律行为部分无效，不影响其他部分效力的，其他部分仍然有效。"

25 日，食品公司股东闫某等十余人将王某诉至法院，以解某将其持有的公司量化股一并转让给王某的行为侵占了公司资产，损害了其他股东的利益为由，请求法院确认解某与王某签订的《股权转让协议》无效。一审判决认为，解某"将登记在其个人名下 23.33% 的企业量化股转让给王某，是无处分权的人处分他人财产，损害了其他股东的利益"，故依据《合同法》第 51 条和第 56 条，判决《股权转让协议》对 23.33% 量化股的转让内容无效。①

本案一审判决的认定结论就是《股权转让协议》"部分无效、部分有效"，即解某处分企业量化股的行为无效，而处分其余股权的行为有效。这一结论是正确的，但得出本案结论的法律依据值得商榷。当时，《民法总则》已经颁行，规定无权处分行为的《合同法》第 51 条已被 2012 年《买卖合同解释》第 3 条②在实质上所否定，"无处分权人订立的合同"并不是无效的。

合同"部分无效"的内容不能是合同的主要条款，也不能是构成合同对价的交易条件。否则，"部分无效"会导致"部分有效"失去对价，合同存在的基础就丧失了。

三、导致合同无效的具体情形

我国关于合同效力制度的主要内容规定在《民法典》总则编第六章"民事法律行为"第三节"民事法律行为的效力"中，在《民法典》合同编通则第三章"合同的效力"部分仅余七条，且多为对《民法典》总则相关规定的细化。结合上述两部分的规定，导致合同无效的具体情形包括以下几个方面。

（一）无民事行为能力人订立的合同

《民法典》第 144 条规定："无民事行为能力人实施的民事法律行为无效。"由此规定可知，无民事行为能力人订立的合同应属无效合同。

法人的民事行为能力"从法人成立时产生，到法人终止时消灭"，与法人

---

① 陕西省合阳县人民法院（2019）陕 0524 民初 89 号民事判决书。
② 2012 年《买卖合同解释》第 3 条规定："当事人一方以出卖人在缔约时对标的物没有所有权或者处分权为由主张合同无效的，人民法院不予支持。出卖人因未取得所有权或者处分权致使标的物所有权不能转移，买受人要求出卖人承担违约责任或者要求解除合同并主张损害赔偿的，人民法院应予支持。"

的人格相始终。^① 自然人的无民事行为能力分三种情形：一是"不满八周岁的未成年人为无民事行为能力人"；二是"不能辨认自己行为的成年人为无民事行为能力人"^②；三是"八周岁以上的未成年人不能辨认自己行为的"^③。这三类自然人中的任一类人参加订立的合同，均属无效合同。

（二）行为人与相对人以虚假的意思表示订立的合同

《民法典》第 146 条规定："行为人与相对人以虚假的意思表示实施的民事法律行为无效。以虚假的意思表示隐藏的民事法律行为的效力，依照有关法律规定处理。"本条是有关通谋虚伪表示的法律效力的规定，这一规范在《合同法》时代被称作"以合法形式掩盖非法目的"的合同。"以合法形式掩盖非法目的"的合同无效情形的表述，容易使人产生错误认识，引发裁判上的偏差。在合同纠纷案件中，一旦认定了合同存在"以合法形式掩盖非法目的"的事实，就会径行否定整个交易的效力，宣告整个交易无效，并不会将"合法形式"与"非法目的"作为两个行为区分开来审查。另外，在"以合法形式掩盖非法目的"的立法表述下，容易出现一旦查明"形式"与"目的"不符，就套用"以合法形式掩盖非法目的"的无效规则，径行宣布整个合同无效，而不再细分"以合法形式掩盖合法目的""以非法形式掩盖非法目的""以非法形式掩盖合法目的"的"合法"与"非法"、"形式"与"目的"其余三种不同组合下合同效力的不同情形，导致裁判错误。

案例 4.5 如何认定通谋虚伪合同的效力？

2010 年 12 月，张某与某镇政府签订《合同书》，约定将该镇原影剧院楼房共六间以"租赁"方式交给张某使用 70 年。"计价方式与价款"约定："房屋计价按四至范围内所有建筑物以当前市场价格计算。双方商定该房屋价款总计人民币 28 万元。"合同还约定："签订合同之日起，房屋的产权及使用权归张某所有，张某可自主从事各种经营活动。"合同签订后，张某将 28 万元支付给了镇政府，随后对房屋进行了加盖和装修，除留一间自住外，其余全部用于出租。2013 年 10 月，镇政府以张某非法转

---

① 《民法典》第 59 条。
② 《民法典》第 21 条。
③ 《民法典》第 21 条。

租为由，将其诉至法庭，请求解除合同，返还房屋。法院一审判决认定："原、被告所签订的合同书虽然明确约定的方式为租赁，但综合合同全文来看……应属买卖合同……镇政府在没有经过批准的情况下与张某签订的合同，以租赁的形式掩盖了实际买卖的目的。"故依照《合同法》第 52 条第 3 项"以合法形式掩盖非法目的"之规定，依照《行政单位国有资产管理暂行办法》关于行政单位出租、出借国有资产的程序规定，确认合同无效，责令双方返还。①

根据《行政单位国有资产管理暂行办法》的规定，行政单位处置国有资产应当严格履行审批手续，未经批准不得处置。② 无论是出租，还是出售，镇政府处置国有资产在程序上都是违法的。本案"形式"上是租赁，"目的"却是买卖，是"以非法形式掩盖非法目的"，而不是"以合法形式掩盖非法目的"，笔者认为，判决援引"以合法形式掩盖非法目的"判决合同无效属于适用法律错误。

"通谋虚伪"是说"虚伪"是"通谋"的结果，是双方故意，而非单方"虚伪"。"通谋虚伪"包括虚伪表示行为和隐藏行为两种行为。虚伪表示行为因意思表示不真实，不符合法律行为的法定有效要件，导致行为无效。隐藏行为意思表示真实，无法以意思表示不真实确认无效，因而要"依照有关法律规定处理"。

（三）违反法律、行政法规的强制性规定

《民法典》第 153 条第 1 款规定："违反法律、行政法规的强制性规定的民事法律行为无效。但是，该强制性规定不导致该民事法律行为无效的除外。"从法义解释的角度来看，合同违反法律、行政法规的强制性规定即无效，除非有相反的证据证明违反该强制性规定并不会导致合同无效。该规定与《合同法》及其解释的规定完全不同。根据《合同法》第 52 条的规定，合同"违反法律、行政法规的强制性规定"无效。《合同法解释（二）》第 14 条认为，强制性规定是指效力性强制性规定。把这两部分结合起来解释，就是合同只有违反法律、行政法规的效力性强制性规定才无效，其余均是有效

---

① 陕西省淳化县人民法院（2013）淳民初字第 00535 号民事判决书。
② 《行政单位国有资产管理暂行办法》第 29 条。

的。《合同法》及其解释的规定与《民法典》的规定在举证责任的分配上有显著不同。如果适用《合同法》及其司法解释，主张合同因"违反法律、行政法规的强制性规定"无效的一方当事人，不仅要举证证明合同违反了法律、行政法规的强制性规定，还必须证明该强制性规定为效力性强制性规定。《民法典》施行后，主张合同因"违反法律、行政法规的强制性规定"无效的一方当事人，仅需举证证明合同违反了法律、行政法规的强制性规定即可，把违反该项法律、行政法规的强制性规定并不会导致合同无效的证明责任转移给了另一方当事人。应当关注立法上的这一重大变化及其对诉讼的影响。

下面我们仔细分析一下这一情形的具体含义。

1. 合同违反的必须是法律、行政法规的规定

这是从法律位阶角度分析的结果。法律位阶是单一制国家依照法定立法权限和程序对法律所作的纵向划分。在我国，法律是由全国人大及其常委会制定的，行政法规是由国务院制定的。法律、行政法规的规定为高位阶法律的规定，法定合同无效情形应由高位阶法律所规定，低位阶法律原则上不得规定合同无效情形，或者说低位阶法律对合同无效情形的规定不得直接作为法官裁判的依据。

合同无效情形只能由高位阶法律规定，一是从合同自由、私法自治角度尽可能地维护私人生活的自由，约束公权，保护私权；二是从中央与部门、中央与地方之间权限的划分上最大限度地规范部门权力和地方权力，维护法律统一，维护中央权威。

违反低位阶法律不会必然导致合同无效，但行为违背公序良俗的，合同会因违背公序良俗而无效。①

2. 合同违反的必须是强制性规定

这是从法律规范内容角度分析的结果。强制性规定对应的是法理学教科书上的强制性规范。从法律规定的表述上看，不存在一个独立的法条开宗明义地称自己为"强制性规定"，任何法律规定的"强制性"都是对规定自身内容予以分析认定的结果。法律条文的强制性规定即法律的强制性规范。强制性规范是直接要求人们作为或不作为的规则，具有强制性、必要性、不利

---

① 《合同编通则解释》第 17 条。

性等基本特征。遵守强制性规范是主体的必要义务，没有选择的余地。既然如此，违反强制性规定应属严重违法行为。

违反强制性规定的合同无效，除非"该强制性规定不导致"合同无效。根据《合同编通则解释》第 16 条的规定，"由行为人承担行政责任或者刑事责任能够实现强制性规定的立法目的的"，"该强制性规定不导致"合同无效。也就是说，强制性规定的立法目的通过其他性质的法律责任实现了，就没必要再通过民事责任特别是通过宣告法律行为无效这样的手段去实现了。

3. 违反强制性规定不导致合同无效的除外

强制性规定虽然是强制的、必要的和不利的，但该规定同时通过但书或者其他方式明确说明，违反了该规定并不导致合同无效。也就是说，当事人的行为尽管违反了强制性规定，但不影响其效力，合同仍然是有效的。这样的规范是可能存在的。

较之于将强制性规定区分为"效力性"与"管理性"，进而认为只有违反了法律、行政法规的效力性强制性规定才会导致合同无效的司法解释，现行法将合同无效的范围大大扩充了。

（四）违背公序良俗

《民法典》第 153 条第 2 款规定："违背公序良俗的民事法律行为无效。"据此，违背公序良俗的合同无效。

有关公序良俗的基本理论在第一章已经详细论述，这里不再重复，我们重点来讨论案例。

案例 4.6　行为人主观过错是否应属违背公序良俗的成立要件？

马某（男）在婚恋网站上与李某（女）结识，以夫妻名义共同居住生活。2019 年，马某向李某汇款 600 余万元，以李某名义购买了多处房产。应李某要求，马某向李某书写了房产赠与书，将这些房产全部赠与李某所有。后两人分手，马某诉李某归还借款，被法院驳回。马某遂令其妻子刘某起诉李某，以马某擅自处分夫妻共有财产且赠与合同违背公序良俗为由，请求确认赠与无效，返还 600 余万元。马某被其妻列为案件第三人。

因为涉及道德评价，单就违背公序良俗一项，刘某的诉请极易获得法庭支持。但我们注意到一个基本事实，就是李某有没有过错？李某对马某有配偶一事是否明知？马某有配偶却上婚恋网站去征婚，李某是不是也是受害者？违背公序良俗是明知而故意为之，属于双方过错。李某如果能够证明她对马某有配偶的事实是不知情的，本案赠与合同就并未违背公序良俗，合同有效。

与所有的法律原则一样，违背公序良俗同样面临被扩张适用的趋势。《九民纪要》认为："违反规章一般情况下不影响合同效力，但该规章的内容涉及金融安全、市场秩序、国家宏观政策等公序良俗的，应当认定合同无效。人民法院在认定规章是否涉及公序良俗时，要在考察规范对象基础上，兼顾监管强度、交易安全保护以及社会影响等方面进行慎重考量，并在裁判文书中进行充分说理。"作为法律原则，公序良俗是法律规范的基本原理，具有统领作用。说法律规范具有公序良俗是一个完全可以自证的命题，公序良俗是法律规范应当具备的一般品质。要关注法律位阶划分的价值并维护它，下位法不能因为遵守了上位法，就变成了上位法，具有了与上位法完全相同的法律效力。将导致合同无效的强制性规定的法律规范位阶维持在中央这一级，还涉及司法权的统一问题，否则就会出现一个合同在一地是有效的，到了另一地就可能无效的情况。

需要注意的是，公序良俗的认定存在扩大化的倾向。对于影响政治安全、经济安全、军事安全等国家安全的合同，对于影响社会稳定、公平竞争秩序或者损害社会公共利益等违背社会公共秩序的合同，对于违背社会公德、家庭伦理秩序或者有损人格尊严等违背善良风俗的合同，都纳入了因违背公序良俗而无效的范畴。①

（五）恶意串通

《民法典》第154条规定："行为人与相对人恶意串通，损害他人合法权益的民事法律行为无效。"恶意串通订立的合同无效。"恶意串通"一词的重点在"恶意"，这里的"恶意"是明知而为的故意行为，通过订立合同达到"损害他人合法权益"的目的。"损害他人合法权益"的目的不是合同目的，而是串通双方订立合同所追求的目的，但不以这一目的的实现作为认定合同无效的条件。

---

① 《合同编通则解释》第17条。

四、关于无效合同的裁判

《民法典》关于合同无效情形的规定解决了立法层面的问题，这些规定必须通过司法审判活动实现与个案事实的结合，得出合同有效或者无效的裁判结论，这是合同纠纷案件处理的基础和前提。涉案合同一旦被确认无效，就意味着当事人私法自治下的合意行为被法律否定，合同的约定不得作为纠纷解决的依据，对合同无效后的处理转向适用法定的合同无效后果规则。

效力判定是合同纠纷裁判的前提，任何一个合同纠纷诉至法院后，无论原告有没有提出有关效力判定的请求，无论被告是否提出了合同有效无效的答辩，法院都要对合同是否有效进行判定。这是合同纠纷裁判首先要解决的基本问题。如果合同有效，合同约定本身就应成为裁判的事实依据；如果合同无效，当事人在合同中的约定就没有法律拘束力，法院会依法而非依合同对案件进行裁判，除非法律另有规定。如"合同中有关解决争议方法的条款"在合同被宣告无效后继续有效，如建设工程施工合同司法解释中规定的，施工合同无效而工程质量合格时实际施工人可依合同约定请求工程款等。

民商事案件裁判方法（思维）对合同无效认定的影响表现在两个方面：一是归类定性的裁判方法。对归类定性裁判方法的反思见本书第三章的论述，本处不赘述。二是民商不分的裁判思维。从立法技术上讲，民事商事可以部分实现合一立法，但从裁判方法上讲，民事商事应当有别。

案例4.7 公司股权能否成为夫妻共有财产？

2011年10月，张某将其持有的某工贸公司54%股权转让给刘某，双方签订了股权转让协议并办理了股权变更登记。后张某携同其妻艾某，将刘某诉至法庭，称股权系夫妻共有，张某转让股权未经其妻艾某同意，请求法庭确认股权转让无效。一审判决认为，虽然涉案股权系张某夫妻共有财产，但刘某系善意取得，且夫妻之间相互享有家事代理权，转让有效，驳回了张某夫妇的诉请。[①] 二审判决认为，对于自然人股东而言，股权仍属于商法规范内的私权范畴，其各项具体权能应由股东本人独立行使，不

---

① 陕西省高级人民法院（2013）陕民二初字第00006号民事判决书。

受他人干涉。我国《公司法》确认的合法转让主体是股东本人，而非其所在家庭。原审关于股权转让协议有效的认定正确，但适用《民法通则》《婚姻法》作为判决依据不当，予以纠正。终审驳回上诉，维持原判。[1]

适用民法规范，一审判决显然无法自圆其说：首先，适用善意取得，将刘某推向尴尬的境地，因为刘某对张某有妻子的事实是明知的。其次，本案交易显非"家事"，不属于为生活所需的民事目的，而属于商事经营目的。不是"家事"，就不能适用"家事代理"规则。二审判决只解决了交易层面的问题，并未触及股权能否作为夫妻共有财产这个商法的基本问题。《民法典》第 1062 条第 1 款规定，生产、经营、投资的收益为夫妻的共同财产，归夫妻共同所有。股权"投资的收益"是股息和红利，股权不是股权"投资的收益"，无法援引本条认定股权可以为夫妻所共有。我们在物权领域奉行公示公信原则，在商法领域亦应奉行商事登记公示公信原则。股权作为一种商事财产权利，奉行外观主义，股权登记在谁名下，即为谁所有。目前尚无股权共有登记的制度。除非公司登记将来出现类似房屋共有登记一样的规定，将股权能够登记为夫妻共有。股权作为夫妻共有财产还涉及股权行使上的障碍，股权共有人如何在公司治理当中行使共有股权难以明确。在现行法律制度下，股权无法成为夫妻共有财产。

第四节　合同的可撤销

一、合同的可撤销的概念与法律特征

合同的可撤销也称可撤销合同，是因订立合同时意思表示不真实，法律赋予意思表示不真实的一方以撤销权，该方通过行使撤销权，使合同归于无效的制度。可撤销合同具有以下法律特征。

第一，可撤销合同是意思表示不真实的合同。这里的意思表示不真实，是指合同一方当事人自身意思与表示的不一致、不真实，而不是指合同各方

---

[1]　最高人民法院（2014）民二终字第 48 号民事判决书。

意思表示不一致。如果合同各方意思表示不一致，合同就无法成立，而可撤销合同是已经成立的合同。引起合同一方意思表示不真实的情形必须是法定的，引起意思表示不真实的原因应当属于法定情形当中的一种或几种。

第二，可撤销合同是已经生效的合同。合同的可撤销属于合同效力制度的范畴，是使已经生效的合同归于无效的制度。可撤销的合同是已经生效的合同。但由于该合同存在意思表示不真实的事实，法律赋予意思表示不真实的一方以撤销权，撤销权人通过行使撤销权，使合同归于无效。当合同一方当事人主张撤销合同时，也就意味着他对合同已经生效的事实是认可的。未生效、无效与可撤销是不同的制度，一个合同不可能既无效，又可撤销。

第三，撤销权人应通过行使撤销权方可撤销合同。撤销权人既可以行使撤销权，也可以不行使撤销权。合同能否被撤销，首先要看撤销权人是否请求撤销。撤销权的行使方式是诉讼或者仲裁。撤销权人在请求撤销时，必须为其依法享有的撤销权举证，进而说服法官或者仲裁员支持其诉请。

二、可撤销合同的类型

（一）基于重大误解订立的合同

《民法典》第 147 条规定："基于重大误解实施的民事法律行为，行为人有权请求人民法院或者仲裁机构予以撤销。"对重大误解的理解，应注意以下几点。

1. 误解是行为人自己的错误认识

误解是行为人自己产生了认识上的错误，不可归责于合同相对人。如果合同一方当事人的错误认识是因合同相对人的故意行为所致，则可能构成欺诈，而不构成误解。行为人基于自己的错误认识订立了合同，合同未反映其真实意思，无法实现其真实目的。认定误解应注意以下因素。

（1）误解人的身份。误解人的身份对认定误解是否成立至关重要。误解人是一般的民事主体，还是商事主体？误解人是否在某个领域具有特定的技能，或者依法推定其具有特定技能？我们不能不加分辨地认可任何一个人自称的误解。

（2）所实施交易的性质，是为满足日常生活所需的消费关系，还是以营利为目的的商事关系？譬如一个购买商品房的行为是否应被认定为消费关系，对购房者予以消费者的特别保护？一个自然人购买文玩字画的行为是否为民事交易？交易行为的性质不同，对当事人的注意义务程度的要求不同，是否构成误解的判断要素也会不同。

（3）实施交易所采用的方式。如果采用了特殊的交易方式，譬如交易所交易，或者招投标、拍卖、挂牌等，通过这些交易方式订立的合同，其效力由该交易方式对应的特殊规则决定，并不优先适用合同法的一般规则。意思表示真实与否的实体判断常常被程序合规所取代，这类方式似乎无涉意思表示真实与否的评判。

案例 4.8 拍卖标的存在瑕疵是否构成重大误解？

2005 年 12 月，上海的苏女士以 230 万元的价格拍得某著名画家"池塘"油画一幅。为核实画作真伪，苏女士于 2008 年 7 月找到该画家本人，该画家在该画作的外裱玻璃上题写了"这画非我所作，系伪作"。苏女士于是以拍卖交易中存在欺诈、重大误解且显失公平之事由，请求撤销拍卖合同，返还价款、佣金及其他费用。委托人辩称，其所拍卖的画作为真品，系从他人处以 120 万元的价格购得，并提供了购画付款凭证。并称，拍卖是一种不同于普通买卖的特殊买卖活动，应遵循《拍卖法》的特殊规定，不能撤销。拍卖公司辩称，其已履行了《拍卖法》规定的全部义务，作出特别免责声明。法院判决认为，苏女士参与竞买并因最高叫价而成为诉争拍品的最终买受人，系其自主决定参与拍卖交易并自主作出选择所产生的结果，固然有可能因诉争拍品系伪作而遭受损失，但亦属艺术品拍卖所特有的正常交易风险。驳回苏女士全部诉讼请求。① 二审驳回上诉、维持原判。②

竞买人在竞买前会签署一系列文件，其中就包括拍卖公司的免责声明。竞买人有勘查拍品真伪的机会，竞买活动全程自主自由，不存在意思表示不自由的情形。根据《拍卖法》第 61 条的规定，拍卖人在拍卖前声明不能保证

① 北京市第一中级人民法院（2008）一中民初字第 9088 号民事判决书。
② 北京市高级人民法院（2009）高民终字第 3093 号民事判决书。

拍卖标的的真伪或者品质的，不承担瑕疵担保责任。竞买人的行为显系商业投资活动，应按商法规范处理。

2. 误解必须是重大的

误解是前提，"重大"是用来限定误解的。误解是说意思表示不真实，"重大"是指这种意思表示不真实带来的后果是严重的。因为误解是由于行为人自己的原因，所以法律并非救济所有的误解，而是将误解限定为"重大"程度的误解，法律只对"重大误解"予以救济。那么，什么样的误解才是"重大"的呢？《最高人民法院关于贯彻执行〈中华人民共和国民法通则〉若干问题的意见（试行）》曾采用列举加概括的方式，将对"行为的性质、对方当事人、标的物的品种、质量、规格和数量等的错误认识，使行为的后果与自己的意思相悖，并造成较大损失的"，认定为重大误解。这一规定容易使人得出这样的结论，即对"行为的性质、对方当事人、标的物的品种、质量、规格和数量等的错误认识"就是重大的。其实，对这些合同要素即使有了错误认识，也不见得就一定是重大的。判断"重大"的核心要素是利益的严重失衡，是显失公平，这一严重失衡是由于误解所导致的。法律介入该类合同，允许误解一方撤销，是为实现法益衡平。

案例 4.9　是否构成重大误解、显失公平？

2010 年 2 月，甲公司与乙公司签订《租赁合同》，将甲公司的商业用房出租开设超市。合同约定，前两年为固定租金，每年 700 万元。从第三年起为抽成租金，标准按乙公司不含增值税之营业额的 2.5% 结付，其中不含大厅内乙公司转租部分的营业额。2010 年、2011 年两年按固定租金支付。2012 年乙公司不含税营业额为 1.35 亿元，2013 年为 1.52 亿元，按抽成计算租金，不足 400 万元。2014 年 1 月 13 日，乙公司向甲公司提交了 2013 年度财务报表，甲公司表示异议，遂以重大误解和显失公平为由起诉，请求将合同中"从第三年起为抽成租金，标准按乙公司不含增值税之营业额的 2.5% 结付"变更为"从第三年起，按年 700 万元支付租金"。一审认为，原告对合同约定存在两方面误解……构成重大误解。原告出租给被告的商业用房总面积 21926 平方米，按固定租金 700 万元/年计算，月租金为 26.6 元/平方米；若第三年按抽成计算，月租金降为 15.16 元/平方米。而原告提供的证据证实，与被告超市相处同一栋大楼的"某家牛排"租用一、二楼，每月租金为110元/平方米；某银行租用一楼，每月租金为219.99元/平方米。很明显，按抽成付租对原告是显失公平的。判决变更合同中"从第三年起为抽成租金，标准按乙公司不含增值税之营业额的2.5%结付"为"从第三年起，按年700万元支付租金"。① 二审认为，抽成租金的计算方式，明显将乙公司的部分经营风险转嫁给了甲公司，使双方当事人的权利义务明显不对等，这些对甲公司显然是不公平的。维持了原判。② 乙公司的再审申请被驳回。③ 2017年，检察院抗诉，本案被提审改判驳回甲公司诉请。④

该案是一起典型的商事纠纷案件，双方当事人均为商事主体。该案合同被变更、被撤销系基于两项理据：重大误解和显失公平。尽管"重大误解"当中的"重大"可理解为双方利益上的"显失公平"，但并不能由此将"显失公平"归入"重大误解"项下，作为"重大误解"的结果要件。"显失公平"在当时的立法中是被作为一个独立的情形规定的，《最高人民法院关于贯彻执行〈中华人民共和国民法通则〉若干问题的意见（试行）》规定："一方当事人利用优势或者利用对方没有经验，致使双方的权利义务明显违反公平、等价有偿原则的，可以认定为显失公平。""一方当事人利用优势或者利用对方没有经验"是乘人之危的构成要件，"显失公平"被作为"乘人之危"的结果要件。"重大误解"和"显失公平"是合同双方当事人分别的行为。本案乙公司并未实施"利用优势或者利用对方没有经验"的乘人之危行为，显失公平无法成立。

（二）一方以欺诈手段订立的合同

《民法典》第148条规定："一方以欺诈手段，使对方在违背真实意思的情况下实施的民事法律行为，受欺诈方有权请求人民法院或者仲裁机构予以撤销。"一方采取欺诈手段，使对方产生错误认识，在意思表示不真实的情况

① 宝鸡市金台区人民法院（2014）金民初字第01388号民事判决书。
② 宝鸡市中级人民法院（2014）宝中民三终字第00057号民事判决书。
③ 陕西省高级人民法院（2015）陕民三申字第00589号民事裁定书。
④ 陕西省高级人民法院（2017）陕民抗37号民事裁定书。

下订立了合同，对方享有撤销合同的权利。对一方以欺诈手段订立的合同，应注意以下几点。

1. 一方采用了欺诈手段

采用欺诈手段亦即实施欺诈行为，欺诈行为包括积极的作为（故意告知对方虚假情况）和消极的不作为（故意向对方隐瞒真实情况）两种。故意告知虚假情况是指实施欺诈行为的一方当事人，通过编造虚假事实，诱使对方上当。故意隐瞒真实情况是指实施欺诈行为的一方故意隐瞒与订立合同有关的重要信息，致使对方作出错误决定。欺诈行为均系实施欺诈的一方故意所为，是合同一方的行为，而非第三人。

2. 对方因一方的欺诈而陷于错误认识

一方的欺诈行为致使对方陷于错误认识，这是非常关键的要件。一个欺诈行为能否使对方陷于错误认识，除了实施欺诈行为一方巧舌如簧的表演之外，对方也要"入戏"才行，否则欺诈就难以成立。从这个角度来看，同一欺诈行为能否引致对方的错误认识，取决于对方，而非实施欺诈行为的一方。同一欺诈行为能否引致错误认识，并非必然，而是具有极大的不确定性，这需要一个合法的程序去查明。这就是撤销权被作为诉权的缘故。法律不能因为对方当事人声称的欺诈，就直接宣告撤销合同。

3. 对方基于错误认识订立了合同

错误认识是对方订立合同的条件，没有这一错误认识，对方就不会订立合同。这里的条件既可能是合同的对价，也可能不是。错误认识如果是合同的对价，合同是可以撤销的。错误认识如果不构成合同对价，那么，该错误认识作为合同订立的条件一定为一方明知。一方明知对方以此作为订立合同的条件，在此条件的存在与否上实施了欺诈行为，该错误认识亦可成为可撤销的事由。因此，不是对任一合同要素的错误认识都会成立欺诈，这一切都需要借助正当程序结合个案事实去查明及认定。

案例 4.10　如何认定欺诈？（一）

2015 年 3 月，张某与姚某签订《房屋租赁合同》，张某将其所有的商业用房三间出租给姚某，租期 4 年，装修费用由姚某自行承担。张某向姚某隐瞒了房屋已抵押登记的事实。姚某对房屋进行装修后开始经营小超市。半年后，法院依法启动对该房屋的强制拍卖程序。请问：姚某能否以欺诈为由，请求撤销《房屋租赁合同》？

本案出租人张某在订立合同时确实存在欺诈行为，但该欺诈行为不会影响房屋租赁合同目的的实现。《合同法》第 229 条规定："租赁物在租赁期间发生所有权变动的，不影响租赁合同的效力。"[①] 也就是说，这一隐瞒并不影响承租人实际使用租赁房屋的权利，承租人请求撤销《房屋租赁合同》，不应被支持。

案例 4.11　如何认定欺诈？（二）

2012 年 5 月，杨某保与某煤矿原股东廉某军、井某华、吴某平、刘某林、刘某锁、杜某霞等签订了《股权出让协议》，约定由杨某保以 4 亿元的价格收购出让方所持有的煤矿股权，最终成为该煤矿的大股东。作为取得某煤矿控制权的条件，杨某保同时与吴某平签订了《债权债务转让协议》，由杨某保以约定对价受让吴某平持有的债权。合同签订后，杨某保依据两份协议分别支付了 2.4 亿元和 1.8 亿元。2015 年 12 月 17 日，廉某军、井某华因在《股权出让协议》中虚构其持有股权一事，被法院以合同诈骗罪判处无期徒刑，判决已生效。2016 年 6 月 7 日，杨某保向法院起诉，以吴某平为唯一被告，以廉某军、井某华构成合同诈骗罪为由，请求撤销《股权出让协议》和《债权债务转让协议》。

本案交易双方为杨某保与廉某军、井某华、吴某平、刘某林、刘某锁、杜某霞等，交易目的是实现对煤矿实际控制权的转移，该交易不可分。《股权出让协议》《债权债务转让协议》是该交易的外在形式，不构成独立的两个交易关系。作为交易的对方，如果廉某军、井某华虚构股权一节，足以使杨某保通过交易实现对煤矿的实际控制这一合同目的落空，廉某军、井某华虚构股权的欺诈行为可以作为撤销事由。撤销之诉的被告一方，应以廉某军、井某华、吴某平、刘某林、刘某锁、杜某霞等作为共同被告，系必要的共同诉讼，不可分。

[①] 《民法典》第 725 条规定："租赁物在承租人按照租赁合同占有期限内发生所有权变动的，不影响租赁合同的效力。"

案例 4.12 如何认定欺诈？（三）

2019 年 11 月 27 日，甲与某银行签订了《固定资产（项目融资）借款合同》，从银行取得借期 15 年、金额 7.5 亿元的贷款，"借款限用于偿还企业在购买物业时与销售方签订的《商业物业买卖协议书》项下所有的欠款，以及购买物业的费用"。2019 年 12 月 2 日，甲与乙签订了《贷款使用协议书》，约定由乙使用 7.5 亿元贷款中的 6 亿元，未约定用途。2019 年 12 月 9 日至 23 日，银行 7.5 亿元贷款陆续到账。2019 年 12 月 11 日，甲与乙另订立《借款合同》，以"补充公司流动资金需要"，由甲将 6.1 亿元出借给乙。乙用该笔资金购买了银行一笔不良债权。上述所有交易下的资金流动均在贷款银行监管下闭环运行。之后，甲以乙未事先告知其 6.1 亿元用于购买银行不良债权为由，主张乙的行为构成欺诈。一审判决虽未认定欺诈成立，但认为乙"在原告不知情下，使用来源于原告的 6.1 亿元资金购买银行的逾期债权，存在明显过错"，判决偿还借款。①

借款用途是不是甲乙之间成立民间借贷关系的充分条件呢？或者说，是否因为乙隐瞒了借款的最终用途，才使得甲与乙订立了借款合同呢？如果不是的话，欺诈是无法成立的。

案例 4.13 如何认定欺诈？（四）

被告人李某曾系甲公司法定代表人，甲公司持有乙公司 36.3% 股权。2008 年，甲公司为向某信用社申请贷款，使用乙公司两套房屋为信用社办理了抵押登记，李某提供了保证担保，取得了 800 万元贷款。乙公司向房屋登记机关提供的乙公司董事会决议当中部分董事签名系由李某代签，该董事事后均否认曾向李某有过授权。抵押合同上乙公司印章虽不是工商机关备案印章，但在业务中多次使用过。为追讨贷款，信用社将甲公司、乙公司、李某诉至法院。一审认为，因抵押合同上乙公司的印章与工商机关预留备案印章不一致，故应认定抵押合同非乙公司真实意思表示，对乙公司不发生法律效力，因此，乙公司对甲公司的借款不应承担担保责任。②

---

① 河北省石家庄市中级人民法院（2021）冀 01 民初 16 号民事判决书。
② 西安市中级人民法院（2009）西民三初字第 50 号民事判决书。

二审认为，信用社在没有乙公司股东会决议的情况下放贷，明显未尽到审慎审查义务，抵押合同的约束力不能及于乙公司。抵押登记依附于抵押合同，不能脱离抵押合同而独立为证，故维持了一审判决。① 乙公司于是诉请信用社撤销抵押登记。经法院主持调解，信用社履行配合义务，撤销了对乙公司两套房屋的抵押登记。② 2018 年 5 月，李某被以涉嫌贷款诈骗罪逮捕。公诉机关以骗取贷款罪将李某诉至法院。2019 年 11 月，甲公司持有的乙公司 36.3% 股权被作价 807 万元，抵偿了信用社，执行案终结。③ 请问：李某的行为是否构成民法上的欺诈？

民事、刑事案件对欺诈的认定标准不同，不能将民事上的欺诈等同于刑事上的诈骗。从民法的角度来看，抵押合同的当事人是信用社和乙公司，乙公司没有采用欺诈的手段订立合同，且信用社已取得了对抵押物的登记，取得了担保物权。抵押合同是有效的。李某采取了欺诈手段，骗取了乙公司的担保，侵害了乙公司的利益，没有就此对信用社实施欺诈。导致信用社已经取得的抵押权丧失的原因有二：一是错误的裁判；二是信用社自愿撤销了抵押登记。本案李某的行为构成对乙公司的欺诈，而不是对信用社的欺诈。

（三）对方利用第三人欺诈订立的合同

《民法典》第 149 条规定："第三人实施欺诈行为，使一方在违背真实意思的情况下实施的民事法律行为，对方知道或者应当知道该欺诈行为的，受欺诈方有权请求人民法院或者仲裁机构予以撤销。"欺诈行为是由第三人实施的，而合同对方消极利用了这一欺诈行为，与陷于错误认识的一方订立了合同，受欺诈的一方有权请求撤销合同。

案例 4.14　如何认定对方利用第三人欺诈的成立？

2017 年 10 月，王某、杨某与某公司签订了《房屋买卖居间合同》，约定由某公司居间将王某所有的一套商品房出售给杨某。2018 年 2 月，某公司让王某在《存量房买卖合同》首页及末尾出卖人处签名后全部收走。2018 年 3 月，某公司工作人员将王某约至房管局大厅，让王某在《二手房

---

① 陕西省高级人民法院（2011）陕民一终字第 00046 号民事判决书。
② 西安市长安区人民法院（2013）长安民初字第 05532 号民事调解书。
③ 西安市中级人民法院（2018）陕 01 执恢 246 号之二执行裁定书。

交易结算资金监管协议》末尾签名后全部收走。2018 年 5 月 3 日，某公司将合同原件返还给王某，王某发现，房屋买受人变成了焦某和杨某。某公司声称，焦某是杨某的女朋友，两人购买该房屋用于结婚。王某经调查后认为，因杨某不具有西安市的购房资格，某公司为杨某找到符合购房资格的焦某作为共同买受人订立了合同。王某于是将杨某、焦某诉至法院，请求撤销《存量房买卖合同》。该案后经调解，双方自愿解除合同，王某撤诉。①

原告王某起诉时依据的是《民法总则》第 149 条的规定，认为本案构成对方利用第三人欺诈订立合同，某公司向王某隐瞒了杨某无购房资格及焦某与杨某共同购买的事实，杨某利用了某公司的欺诈行为，与王某订立了买卖合同，该合同是可撤销的。

（四）一方或者第三人以胁迫手段订立的合同

《民法典》第 150 条规定："一方或者第三人以胁迫手段，使对方在违背真实意思的情况下实施的民事法律行为，受胁迫方有权请求人民法院或者仲裁机构予以撤销。"一方胁迫对方，或者第三人胁迫对方，迫使对方订立合同的，受胁迫方有权请求撤销该合同。对胁迫的认识，应注意以下几点。

1. 一方或者第三人以胁迫手段

胁迫手段亦即实施胁迫行为，胁迫行为是由胁迫一方对受胁迫方实施的"不法侵害"，包括现实已经发生的或者将要发生的不法侵害。"不法侵害"的核心在"不法"，如果以一个合法的事由作为条件，就不构成胁迫。现实已经发生的不法侵害是既成事实的损害，是对受胁迫方的自由、健康、财产施加的现实损害。而将来要发生的不法侵害是一种威胁，是一种可能性，或者仅表现为言语上的恐吓。

胁迫行为由合同一方或者合同当事人之外的第三人所实施。当事人一方利用公安机关，以调查对方经济犯罪为由，迫使对方向其出具承诺、说明等具有法律行为性质的文书，是否可以撤销呢？很难。因为我们难以将公安机关的调查行为与"不法侵害"等同。

---

① 西安市雁塔区人民法院（2018）陕 0113 民初 8978 号民事裁定书。

2. 受胁迫方因胁迫行为而陷于恐惧

无论是现实已经发生的，还是将要发生的侵害，对于受胁迫方而言，不法侵害足以使其陷于恐惧，进而意思表示不自由、不真实。恐惧与意思表示不真实之间具有因果关系。对于现实侵害，是否足以使受胁迫方陷于恐惧呢？这需要法庭根据个案查明。对于将来会发生的侵害，一定是受胁迫方自己确信将来一定会发生的，将来发生的侵害毕竟不是现实已经发生的。这一切都要结合胁迫行为和受胁迫方的认知来查明，必须借助正当程序最终认定。

3. 受胁迫方因恐惧订立了合同

合同是因受胁迫方的恐惧而订立的，受胁迫方的恐惧与合同订立之间具有因果关系。这些都是需要重点查明的事实。

（五）乘人之危订立的合同

《民法典》第151条规定："一方利用对方处于危困状态、缺乏判断能力等情形，致使民事法律行为成立时显失公平的，受损害方有权请求人民法院或者仲裁机构予以撤销。"这是将《合同法》第54条中乘人之危与显失公平两种情形予以结合的结果，乘人之危是显失公平的原因，显失公平成为乘人之危的结果要件。对乘人之危的认识，应注意以下几点。

1. 先有对方"人之危"

"人之危"是指对方处于危困状态、缺乏判断能力的境地，是对方在先存在的劣势地位。对方的"人之危"不是由另一方所造成，不可归责于另一方。

2. 再有一方"乘"人之危

乘人之危的"乘"是指一方消极利用了对方的危困状态、缺乏判断能力的劣势，趁火打劫。一方明知对方处于危困状态、缺乏判断能力而利用之，一方确实存在主观上的故意。不能只要存在"人之危"，就认定乘人之危成立，还应证明一方"乘"的行为及其主观故意。

3. 对方意思表示不真实

由于自身处于危困状态，明知不公平而被迫接受，意思不自由、不真实。由于自身缺乏判断能力，意思表示与内心期盼相左，不真实。可撤销合同一定存在意思表示不真实的事实，否则，合同不得撤销。

4. 合同成立时显失公平

显失公平由两部分构成："失公平"与"显"失公平。公平不是对交易结果孤立地认定，必须结合多种因素来评判。一般而言，主体平等，意思自由，结果就是公平的。不平等，不自由，就不会有公平，这是人性之必然。显失公平的重心在"显"，明显、显著、显而易见，任何一个理性的人都会认为是不公平的，那就是显失公平。这些都需要依托正当程序去查明及认定。

需要注意的是，这里的显失公平是合同"成立时"即存在的，不是合同成立后由于出现了其他因素而致使合同显失公平。

5. 受损害方有权撤销合同

一般而言，受损害方就是处于危困状态、缺乏判断能力且利益遭受损失的对方当事人，法律要给予他救济，赋予他撤销权。如果是意思表示真实的一方，即利用对方危困状态的一方，因"失公平"而利益受损，并不享有撤销权。

（六）五种合同可撤销情形之间的关系

合同在出现下列五种情形中的任一情形时，均可请求撤销：欺诈、第三人欺诈、胁迫或者第三人胁迫、重大误解、乘人之危。请求撤销，依一情形足矣。但在实践中，我们有时会遇到原告同时依多个情形请求撤销。在案例4.8中，苏女士以拍卖交易中存在欺诈、重大误解且显失公平三项事由为据，请求撤销拍卖合同。欺诈是出卖人的行为，误解是买受人的误解，因欺诈而误解即为欺诈，怎么可能同时构成欺诈和误解呢？重大误解与显失公平是两个独立的法定情形，显失公平的原因是乘人之危而非重大误解。如果回到对造成利益严重失衡原因的考察上，行为要么是误解，要么是乘人之危。一个撤销案件，把法定撤销情形都囊括了进来，到底是哪一种情形呢？在案例4.9中，原告同时依据重大误解和显失公平来主张变更合同。案件的争议焦点被确认为两个：重大误解和显失公平。问题是，在当时的法律规定下，显失公平的法定原因要件却不是误解，而是乘人之危。乘人之危与重大误解是合同双方各自的行为。

即使同一合同同时存在多种可撤销的情形，原告在起诉时可以筛选，择其一主张，尽量不要抱着碰运气的心理提起诉讼。

三、撤销权的主体、存续期间及行使

根据《民法典》第 148 条至第 152 条之规定，撤销权产生的情形不同，撤销权人不同，撤销权的存续期间不同。（1）重大误解情形下撤销权主体是误解人，撤销权的存续期间为误解人自知道或者应当知道误解事由之日起 90 日内；（2）胁迫及第三人胁迫情形下撤销权主体是受胁迫方，撤销权的存续期间为胁迫行为终止之日起 1 年内；（3）欺诈及第三人欺诈情形下撤销权主体是受欺诈方，撤销权的存续期间为受欺诈方自知道或者应当知道欺诈事由之日起 1 年内；（4）乘人之危情形下撤销权主体是受损害方，撤销权的存续期间为受损害方自知道或者应当知道撤销事由之日起 1 年内。

撤销权除因存续期间届满而消灭外，撤销权人知道撤销事由后明确表示或者以自己的行为表明放弃撤销权的，撤销权亦消灭。撤销权的最长时效为 5 年，撤销权人自合同成立之日起 5 年内没有行使撤销权的，撤销权消灭。

撤销权的行使方式为诉讼或者仲裁，撤销权人应当请求人民法院或者仲裁机构予以撤销合同。撤销权人未请求撤销的，人民法院不得依职权主动撤销合同。这是由请求权的权利性质所决定的。

第五节 合同的可追认

一、合同的可追认的概念与法律特征

合同的可追认亦即可追认合同，是指合同因欠缺生效要件，法律允许有权人以追认方式补足该要件，使合同得以生效的制度。可追认合同具有以下法律特征。

第一，可追认合同是未生效合同。可追认合同未生效的原因是欠缺生效要件，且该欠缺的要件完全可以通过有权人的追认得以补足。未生效与无效是不同的概念，无效合同不适用追认制度。

第二，可追认合同应由有权人追认。有权人即追认权人，追认权人行使追认权，才能使合同生效。追认权人包括法定代理人或者被代理人，法定代

理人对限制民事行为能力人订立的"其他"合同，被代理人对无代理权人代为订立的合同，均有权予以追认。追认权人亦可不行使追认权，追认权人不追认，合同不生效。

第三，可追认合同自追认的意思表示到达相对人时生效。追认权人应当向合同相对人送达追认的意思表示，合同自该意思表示到达相对人时生效。合同生效后，合同对追认权人始生效力。

第四，可追认合同的相对人享有催告权、撤销权。法律赋予可追认合同的相对人以催告权、撤销权。相对人有权催告追认权人追认，追认权人应自收到催告通知之日起 30 日内予以追认，逾期追认权消灭。善意相对人享有在追认权人追认前的单方撤销权，撤销其意思表示，使合同归于消灭。

二、可追认合同的类型

根据《民法典》的相关规定，可追认合同有以下两类。

（一）限制民事行为能力人订立的"其他"合同

《民法典》第 145 条第 1 款规定："限制民事行为能力人实施的纯获利益的民事法律行为或者与其年龄、智力、精神健康状况相适应的民事法律行为有效；实施的其他民事法律行为经法定代理人同意或者追认后有效。"限制民事行为能力人订立的纯获利益的合同，或者订立的与其年龄、智力、精神健康状况相适应的合同是有效合同，无须追认。除此之外的"其他"合同，是可追认的合同。限制民事行为能力人的法定代理人可通过追认方式使其生效。

（二）无代理权人代为订立的合同

《民法典》第 171 条第 1 款规定："行为人没有代理权、超越代理权或者代理权终止后，仍然实施代理行为，未经被代理人追认的，对被代理人不发生效力。"没有代理权、超越代理权或者代理权终止均属无代理权。无代理权人以被代理人的名义订立的合同，对被代理人不发生效力，除非被代理人依法追认。

代理权是代理行为的基础。没有代理权，代理行为就是无效的，但为保护交易安全，法律在可归责于被代理人的情况下，会径行赋予无代理权行为以效力，约束被代理人，这就是表见代理制度。在表见代理下，代理是有效的，无须追认。

被代理人的追认还适用于转委托代理行为。根据《民法典》第169条之规定，代理人为被代理人的利益，将受托事项转委托第三人代理的，"应当取得被代理人的同意或者追认"。转委托代理经被代理人追认的，被代理人可以就代理事务直接指示转委托的第三人。转委托未经被代理人追认的，代理人对转委托的第三人的行为承担责任。在紧急情况下，代理人为了被代理人的利益所实施的转委托，代理人无须为第三人的行为承担责任。

三、追认权的主体、期限及行使

对于限制民事行为能力人订立的"其他"合同，追认权人是限制民事行为能力人的法定代理人。对于无代理权人代为订立的合同，追认权人是被代理人。

追认权的存续期间，在相对人催告追认的情形下，追认权人应自收到催告通知之日起30日内予以追认。逾期，视为拒绝追认，追认权消灭。法律对未催告情形下追认权的存续期间未作规定。

追认权系单方形成权属性，由追认权人单方行使，合同自追认的意思表示到达相对人时生效。追认权的行使是不要式的。追认无须相对人同意。

案例4.15　追认的效力如何认定？

赵某以出租人的名义与承租人张某签订了《房屋租赁合同》，合同第2条约定："现房屋产权人杨某委托赵某全权代表本房屋出租事宜。"赵某同时向张某出示了房屋产权人杨某的《委托书》："本人现将某路某小区某号商铺交与赵某处理相关出租事宜。"张某对房屋进行装修投入使用后不久得知《委托书》系赵某伪造，于是找到房屋产权人杨某，要求将房租直接交给杨某，杨某在要不要直接收取房租问题上犹豫不定。此间，赵某将张某诉至法院，请求解除《房屋租赁合同》，并缴纳拖欠的房租。案件审理期间，法院找房屋产权人杨某调查，杨某证实《委托书》并非其签署，其未授权赵某出租房屋。但同时表示，其与赵某的租赁合同虽约定不得转租，但赵某既然已将房屋转租，他对该行为予以认可。法院据此认定《房屋租赁合同》有效，判决解除合同，张某向赵某腾交房屋、交付拖欠的租金。[①]

这起案件判决有待商榷。赵某与张某之间究竟是代理出租合同还是转租合同？房屋产权人杨某追认的究竟是赵某的转租行为还是赵某的代理出租行为？从张某一方来看，赵某显然是代理行为，追认使得赵某代理杨某与张某订立的房屋租赁合同生效，应当判决驳回赵某的起诉。

在可追认合同中，还存在相对人的催告权和善意相对人的撤销权，这两项权利均应在法定代理人、被代理人追认前行使。善意相对人的善意是指其对限制民事行为能力人的限制行为能力的事实不知情，对无代理权人无代理权的事实不知情，法律赋予他撤销权，允许在追认前撤销其意思表示，使合同确定不发生效力。恶意相对人虽无撤销权，但其享有催告权，通过催告亦可使合同效力尽快确定。只有相对人不催告、不撤销，追认权才会在时效期间长期存续，合同效力才会长期处于"待定"状态。可追认合同的撤销权应当以通知的方式作出。

第六节　合同无效、被撤销或者确定不发生效力后的处理[②]

一、概　述

合同无效、被撤销或者确定不发生效力是三种不同的法律事实，需分别对待。

对合同效力的审查并不依赖于当事人的请求。当合同纠纷案件诉至法院或者仲裁机构后，作出任何裁决结论，均需建立在对合同效力作出评判的基础上。

---

① 西安市未央区人民法院（2012）未民一初字第 00763 号民事判决书。
② 深入理解本节内容，可进一步参阅叶名怡：《〈民法典〉第 157 条（法律行为无效之法律后果）评注》，载《法学家》2022 年第 1 期。

可撤销合同在没有被撤销之前是有效的，是否请求撤销以及撤销后的处理都要遵从撤销权人的意愿，法律的干预程度应低于无效合同。法院在作出撤销判决的同时，是否对撤销后的处理作出判决，要考虑当事人的意愿，看撤销权人有无请求，看对方当事人有无反诉请求，原则上不可未依请求径行裁决。

其他确定不发生效力的情形是一个兜底规定，即可追认合同的善意相对人行使了撤销权、追认权人丧失了追认权等合同确定不发生效力的情形。另有合同不成立亦可归入此情形当中。[①] 司法解释将合同不成立的后果亦归入此类情形，一并规定。[②]

合同无效、被撤销或者确定不发生效力后的处理，建立在对合同无效、被撤销以及确定不发生效力等事实确认的前提下。这一确认需要诉讼去解决。

二、返还财产、折价补偿

《民法典》第 157 条规定："民事法律行为无效、被撤销或者确定不发生效力后，行为人因该行为取得的财产，应当予以返还；不能返还或者没有必要返还的，应当折价补偿。"返还财产是合同无效、被撤销或者确定不发生效力后的直接后果。只有不能返还或者没有必要返还的，才转向折价补偿。

由于合同是无效、被撤销或者确定不发生效力的，任何一方从对方处取得财产就缺乏合法基础，财产状态应恢复原状，双方互相返还。返还要根据案件具体情况，单独或者合并适用返还占有的标的物、返还权利证书或者更正登记簿册记载等方式。不能返还包括法律上的不能和事实上的不能。没有必要返还是法律上的不能的一种特殊情形，是指返还不具有法律上的必要性。在此情形下，继续占有财产的一方就应给予对方"折价补偿"。这里的折价是指以合同被认定不成立、无效或者确定不发生效力之日时，以该财产的市场价值为基础折算成金钱补偿给对方，而不是将财产价值打折后补偿给对方。

财产返还自然也应包括价款或者报酬的返还。有权请求返还价款或者报

---

① 《九民纪要》规定："《合同法》第 58 条就合同无效或者被撤销时的财产返还责任和损害赔偿责任作了规定，但未规定合同不成立的法律后果。考虑到合同不成立时也可能发生财产返还和损害赔偿责任问题，故应当参照适用该条的规定。"

② 《合同编通则解释》第 24 条。

酬的一方可以请求对方支付资金占用费，标准按中国人民银行授权全国银行间同业拆借中心公布的一年期贷款市场报价利率（LPR）计算。如果占用资金的当事人对合同不成立、无效、被撤销或者确定不发生效力没有过错的，应当以中国人民银行公布的同期同类存款基准利率计算。双返义务的履行，既涉及同时履行抗辩权的适用，也涉及抵销权的适用。[①]

返还财产、折价补偿是合同无效、被撤销或者确定不发生效力后最直接的一个后果。一般而言，在合同无效时，无论当事人是否明确提出了该项诉请，法院均会依职权在财产能够返还的情况下径行裁决返还。

案例 4.16　"小偷打赢了官司"？

有一梁上君子正在"工作"期间，被主人发现，双方四目相对，各自惊出一身汗来：互相认识。于是双方达成了一份君子协议，由梁上君子支付主人 2000 元"封口费"。主人拿到"封口费"后食言，给梁上君子的"名誉"造成了极大的伤害。为讨个说法，梁上君子将主人告上法庭，要求退还已收取的"封口费"。法院经审理后认定双方关于"封口费"的约定无效，判决主人向梁上君子退还已收取的 2000 元"封口费"。

小偷请求返还与法院判决返还的前提和基础是不同的。本案只是在处理结果上发生了"巧合"，而非法院支持了小偷的诉请。

返还财产是合同无效、被撤销或者确定不发生效力的直接后果，与当事人在合同无效、被撤销或者确定不发生效力上的过错无关。但返还财产或者折价补偿不得使不诚信的当事人因此获益。《九民纪要》规定："在确定合同不成立、无效或者被撤销后财产返还或者折价补偿范围时，要根据诚实信用原则的要求，在当事人之间合理分配，不能使不诚信的当事人因合同不成立、无效或者被撤销而获益。"这充分体现了司法对合同无效的干预。"不诚信"应为有过错，即对合同无效负有过错。从维护法律的权威性上讲，如果能够通过后续的过错损害赔偿给予无过错方以救济，实现利益的均衡，也就没有必要再从限制返还请求的角度给予"不诚信的当事人"以"惩罚"。

那么，如何才能做到合理分配呢？根据《九民纪要》，在确定财产返还

①　《合同编通则解释》第 25 条。

时，要充分考虑财产增值或者贬值的因素。应予返还的股权、房屋等财产相对于合同约定价款出现增值或者贬值的，人民法院要综合考虑市场因素、受让人的经营或者添附等行为与财产增值或者贬值之间的关联性，在当事人之间合理分配或者分担，避免一方因合同不成立、无效或者被撤销而获益。当不能返还或者没有必要返还时，应当事人的请求，予以折价补偿。折价时，应当以当事人交易时约定的价款为基础，同时考虑当事人在标的物灭失或者转售时的获益情况综合确定补偿标准。标的物灭失时当事人获得的保险金或者其他赔偿金，转售时取得的对价，均属于当事人因标的物而获得的利益。对获益高于或者低于价款的部分，也应当在当事人之间合理分配或者分担。

关于建设工程施工合同无效后的处理问题，《民法典》及《建设工程施工合同解释（一）》作了相应规定：（1）建设工程施工合同无效，但是建设工程经验收合格的，可以参照合同关于工程价款的约定折价补偿承包人。[①] 当事人就同一建设工程订立的数份建设工程施工合同均无效，但建设工程质量合格，一方当事人请求参照实际履行的合同关于工程价款的约定折价补偿承包人的，人民法院应予支持。实际履行的合同难以确定，当事人请求参照最后签订的合同关于工程价款的约定折价补偿承包人的，人民法院应予支持。[②]（2）建设工程施工合同无效，且建设工程经验收不合格的，按照以下情形处理：修复后的建设工程经验收合格的，发包人可以请求承包人承担修复费用；修复后的建设工程经验收不合格的，承包人无权请求参照合同关于工程价款的约定折价补偿。[③] 此规则俗称"无效当有效处理"。尽管可以参照无效合同的约定请求，但应是按照约定的标准"折价补偿"，而非"照单全收"。

案例 4.17　《项目协议》无效后的处理是否合法？

2016 年 10 月，甲公司中标某中学工程施工项目。2016 年 11 月，甲公司与乙公司签订了《项目协议》，约定甲公司将工程款的 15.5% 作为投资回报支付给乙公司。2016 年 12 月，甲公司与孙某签订《项目承包责任书》，由孙某实施案涉项目施工。涉案项目于 2017 年 11 月 8 日经竣工验收

---

① 《民法典》第 793 条第 1 款。
② 《建设工程施工合同解释（一）》第 24 条。
③ 《民法典》第 793 条第 2 款。

工程质量合格。2020年年初，孙某诉请甲公司支付剩余工程款。甲公司认为依据《项目协议》向乙公司支付的48610400元回报款应从应付孙某的工程款中扣减。终审判决以违背公序良俗为由认定《项目协议》无效。关于甲公司支付给乙公司投资回报款的处理，二审判决认为，案涉项目已经施工完毕，且经验收合格投入使用，施工人孙某主张案涉项目的工程款，于法有据。上述回报款是案涉工程款的一部分，如果将上述款项予以收缴，则导致对实际施工人孙某实际投入无法获得相应补偿，不利于保护施工人的利益。因此，在涉案项目已经竣工验收，投入使用的情况下，上述回报款应作为工程款的一部分，支付给施工人。①请问：二审判决关于《项目协议》无效后的处理是否合法？

这起案件的二审判决将孙某称为"施工人"，裁判思路似乎受到了实际施工人规则的影响，但也没有遵照及援引实际施工人规范。《民法典》第157条前半部分规定："民事法律行为无效、被撤销或者确定不发生效力后，行为人因该行为取得的财产，应当予以返还；不能返还或者没有必要返还的，应当折价补偿。"《项目协议》无效后，乙公司从甲公司取得的回报款应当返还给甲公司。甲公司辩称的扣除该部分工程款的理据就丧失了，这笔款在结果上自然归孙某所有，但无法直接适用该规范直接判决该笔款项归孙某享有。二审判决结合无效合同处理规则及实际施工人规则，将该笔款项判归孙某所有，既无法律依据，又显多余。其实，本案适用债的相对性排除《项目协议》对孙某的拘束力，甲公司无法扣除该部分回报款，孙某的诉讼目的就实现了。二审判决认定甲公司与案外人乙公司《项目协议》无效及回报款归孙某略显多余。

关于融资租赁合同无效后租赁物的返还及折价补偿问题，《民法典》第760条规定："融资租赁合同无效，当事人就该情形下租赁物的归属有约定的，按照其约定；没有约定或者约定不明确的，租赁物应当返还出租人。但是，因承租人原因致使合同无效，出租人不请求返还或者返还后会显著降低租赁物效用的，租赁物的所有权归承租人，由承租人给予出租人合理补偿。"

---

① 陕西省高级人民法院（2022）陕民终434号民事判决书。

合同无效后租赁物是否返还，首先要看约定。有约定的，从约定。没有约定的，方可将租赁物返还出租人。在"不能返还或者没有必要返还"的情形下，"折价补偿"适用的例外情形是，因承租人原因致使合同无效，出租人不请求返还或者返还后会显著降低租赁物效用的，租赁物不返还，适用折价补偿。

三、赔偿损失

《民法典》第157条规定："有过错的一方应当赔偿对方由此所受到的损失；各方都有过错的，应当各自承担相应的责任。"根据该条文的字面意思，我们可以作以下解释：（1）合同无效的赔偿损失责任是过错责任，是赔偿责任人对合同无效负有过错，无过错则无责任；（2）赔偿的是对方因合同无效所受到的损失，合同无效与损失之间应具有因果关系；（3）双方都有过错的，应根据各自的过错程度各自承担相应的赔偿损失责任，而非各打五十大板。这样的解释是否充分了呢？笔者认为是不够的。首先，过错是指行为人实施行为时的主观心态，不存在脱离行为的过错，不能离开行为谈过错，必须结合行为来认识过错。查明过错，还必须查明过错对应的行为是不是导致合同无效的行为。其次，导致合同无效的是哪方当事人的哪个行为。导致合同无效的一定是行为，而非过错。当事人虽然实施了违法行为，也有过错，但该行为并非导致合同无效的行为，我们不能据此认定其为"有过错的一方"。再次，合同是双方法律行为，合同无效是合同法律行为的法律后果。合同不是合同无效的原因，导致合同无效的一定是当事人所实施的具体行为。因此，不能因各方在无效合同中均实施了有过错的违法行为而认定为"各方都有过错"。最后，如果合同无效是由于第三人的过错行为导致的，就不应裁决合同当事人一方为对方因合同无效所受到的损失承担赔偿责任。

案例4.18　"各自承担相应的责任"该如何适用？（一）

2006年10月，米某将其两层四间房屋出售给刘某，约定房价为10万元，刘某先支付7.5万元给米某，米某书写了收条：今收到刘某买房款7.5万元，其余2.5万元待办完房产证过户后支付。十年后，米某以房屋由卖改租到期为由，诉请刘某返还房屋。刘某反诉，认为房屋买卖合同有效，并要求赔偿损失40万元。米某未提供证据证实房屋由卖改租的事实。

审理中，刘某申请对诉争房屋进行了价值评估，房屋现值 22 万余元。经审理认为，米某与刘某诉争交易的房屋土地为集体所有的宅基地，双方的房屋买卖行为违反了法律强制性规定，当属无效。关于合同无效所造成的损失，是指受损方基于对另一方的缔约行为的合理信赖而产生的损失，讼争房屋的现价值为 22 万余元，扣除 7.5 万元的购房款后为 14 万余元。因刘某对合同无效负次要责任，其承担 30% 的责任，故对刘某主张损失酌情支持 10 万余元。判决：双方各自承担相应的责任，米某赔偿刘某 10 万余元。①

刘某因返还房屋而失去对房屋增值部分价值的享有应视为损失。"各自承担相应的责任"在本案中是指，由米某向刘某赔偿房屋增值部分的 70%，其余 30% 归米某享有。

案例 4.19 "各自承担相应的责任"该如何适用？（二）

2006 年 5 月，某学院与某公司签订了《整体权益转让协议书》，约定将学院享有的土地权益、建筑物权益、将要动工的设施设备权益等转让给该公司，该公司按约定的转让价格及时限支付。合同签订后，学院将约定的教学楼、公寓楼及附属设施设备移交给受让方使用，受让方陆陆续续支付了 5500 万元，后再无支付。2017 年 7 月，学院将该公司诉至法院，请求确认合同无效，并返还土地、建筑物等，支付占用期间的使用费 6400 余万元。该公司反诉，要求学院返还 5500 万元并支付资金占用费 3800 余万元。一审判决确认合同无效；判决该公司返还学院教学楼、公寓楼及附属设施设备，支付占用费 6400 余万元；判决学院返还该公司 5500 万元，未支持该公司资金占用费请求。② 该公司上诉，要求支持其 3800 余万元资金占用费请求，终被驳回。③

对该案的分析要紧紧围绕《合同法》第 58 条、《民法典》第 157 条关于无效合同处理的条文。本案争议在损失的赔偿上。"各自承担相应的责任"其

---

① 陕西省陇县人民法院（2018）陕 0327 民初 53 号民事判决书，宝鸡市中级人民法院（2019）陕 03 民终 586 号民事判决书。

② 陕西省西安市中级人民法院（2017）陕 01 民初 869 号民事判决书。

③ 陕西省高级人民法院（2019）陕民终 211 号民事判决书。

实说的是因果关系，原告应赔偿因其过错给被告造成的损失，被告应赔偿因其过错给原告造成的损失，而不是原告被告对合同无效都有过错，把双方损失相加除以二，各打五十大板，这与立法本意不符。各打五十大板在结果上就是损失少的给损失多的赔，"相应的责任"这一规定就落空了。本案中，原告的损失是校舍的租赁费损失，被告（反诉原告）应赔偿。被告（反诉原告）的损失是资金利息损失，原告（反诉被告）应赔偿。

我们结合司法解释再来认识一下合同无效后如何处理这一规则。《担保制度解释》第17条规定："主合同有效而第三人提供的担保合同无效，人民法院应当区分不同情形确定担保人的赔偿责任：（一）债权人与担保人均有过错的，担保人承担的赔偿责任不应超过债务人不能清偿部分的二分之一……主合同无效导致第三人提供的担保合同无效……担保人有过错的，其承担的赔偿责任不应超过债务人不能清偿部分的三分之一。"这是关于担保合同无效情形下担保人的责任承担规则。我们需要注意以下细节：首先，担保人承担责任的前提是"有过错"，也就是他实施了导致担保合同无效的有过错的违法行为。案件要注意对因果关系的查明。其次，"担保人承担的赔偿责任不应超过债务人不能清偿部分的二分之一"或者"三分之一"。相应地，债权人要因其过错最低应自担债务人不能清偿部分的二分之一或者三分之二的损失。存在多个担保人及多种担保方式的，担保人合计承担的赔偿责任亦应不超过二分之一或者三分之二。法院在裁判时要明确，不应通过判决不当豁免债权人的过错责任，不要把麻烦留给执行程序。最后，债权人的损失为"债务人不能清偿部分"，债权人对此负有举证责任。债权人在主债权债务纠纷的诉讼中诉请担保人承担的是担保责任，以担保合同有效为前提，他会不会举这方面的证据呢？不会。"债务人不能清偿部分"的确定建立在对主债务人强制执行之后。债权人在主债权债务纠纷案件中显然无法完成"债务人不能清偿部分"的证明责任。因此，债权人对担保人因担保合同无效的责任追究一定是另外一个独立的诉讼，不可在主债权债务诉讼中一并解决。

案例4.20　如何认定"债务人不能清偿部分"？（一）

甲集团公司系乙公司的母公司，乙公司系丙公司的母公司，乙公司与丙公司共同为甲集团公司借款向出借人丁公司提供了保证担保。一审认定：涉案担保系关联担保，担保行为属于越权代表。丁公司在接受担保时，未尽到必要的注意义务，不属于善意相对人，涉案《保证合同》无效。担保虽系无效，但《保证合同》上加盖了公司公章及法定代表人私章，公司未能及时发现，存在管理不当的过错。此外，乙公司因未履行内部审批及相关程序为股东及关联方提供违规担保，已经受到了证券监管部门的立案审查，违规担保金额14.17亿元。上述事实证明乙公司内部管理不规范，对于案涉《保证合同》无效，其本身存在重大过错。依照《最高人民法院关于适用〈中华人民共和国担保法〉若干问题的解释》第7条之规定，综合考虑双方当事人的过错，乙公司应对甲集团公司不能清偿涉案《借款合同》项下债务的二分之一向丁公司承担赔偿责任。丙公司对其法定代表人越权签订《保证合同》未能及时发现，对公司公章管理不规范存在过失，对合同无效亦存在过错，应对甲集团公司不能清偿涉案《借款合同》项下债务的二分之一向丁公司承担赔偿责任。[①] 二审认为，加盖公司印章及法定代表人签字的《保证合同》，属于越权代表行为。丁公司并未履行基本的形式审查义务，不属善意相对人，故案涉加盖公章的《保证合同》无效。乙公司、丙公司对其公章对外使用管理不规范客观存在，可认定其存在过失。同时，根据在案证据表明，因乙公司未履行内部控制程序为股东及关联方提供违规担保行为，已经受到了证监会立案，除本案之外，还存在多起违规担保行为，且对此未及时发现并纠正，该事实亦能印证乙公司公章管理不规范，存在过错。一审法院根据《担保法》第5条及《最高人民法院关于适用〈中华人民共和国担保法〉若干问题的解释》第7条之规定，综合考虑双方当事人过错，分别认定乙公司及其控股子公司丙公司各自向丁公司承担甲集团公司不能清偿案涉《借款合同》项下债务的二分之一的赔偿责任，属合理裁量范围，并无不当。维持了原判。[②] 乙公司以越权代表系法定代表人的违法行为而非公司的违法行为，公司对保证合同的无效没有过错，且债权人并未提供"债务人不能清偿部分"的证据为由请求再审改判。再审裁定认为，乙公司对案涉《保证合同》无效存

---

① 上海市高级人民法院（2018）沪民初99号民事判决书。
② 最高人民法院（2020）最高法民终935号民事判决书。

在"公章使用存在管理不当的过错责任""内部管理不规范"的过错，原审"酌情认定"赔偿责任并无不当，驳回了再审申请。[①]

虽然有违法行为，但是该违法行为不一定会导致合同无效。违法行为与合同无效之间应当具有因果关系。乙公司、丙公司的印章管理不规范，恰恰是使《保证合同》向有效转化的正向推动因素。什么是"不能清偿部分"？"不能清偿部分"如何证明？两个保证人各承担债权人"不能清偿部分"的二分之一的损失赔偿责任，加起来就是全部清偿了，那么，债权人的过错责任体现在哪里了呢？终审判决并没有直面原审及司法解释本身所存在的问题。

案例4.21 如何认定"债务人不能清偿部分"？（二）

甲集团公司系乙公司的母公司，乙公司系丙公司的母公司，乙公司与丙公司共同为甲集团公司借款向出借人丁公司承担保证担保。一审认为，《保证合同》无效，"丁公司在乙公司、丙公司提供上述担保时，未尽必要谨慎义务，主观上具有过错。据此，本院认为乙公司、丙公司无须按照上述承诺承担保证责任。……从甲集团公司、乙公司、丙公司之间的关系分析，本院有理由相信，乙公司与丙公司在提供上述担保时，明确知晓上述《借款合同》其实系丁公司与甲集团公司之间的结算依据而非再次成立借款关系。同时，其对上述保证合同无效亦具有过错。在综合分析各方行为以及过错的基础上，本院认定乙公司与丙公司应承担的责任系甲集团公司不能清偿部分的二分之一，且双方之间承担连带责任"。[②]

本案判决两个保证人为合计不超过二分之一的损失承担赔偿责任，符合司法解释的本意，债权人应当承担因自己过错造成的不利后果。

四、法律另有规定的

相较于《合同法》第58条之规定，《民法典》第157条增加了一句："法律另有规定的，依照其规定。"除了返还财产和赔偿损失之外，法律对合同无效、被撤销或者确定不发生效力后的处理另有规定的，依照该规定执行。

---

① 最高人民法院（2021）最高法民申7588号民事裁定书。
② 上海市第一中级人民法院（2019）沪01民初264号民事判决书。

应从两方面来理解"法律另有规定"：一是对"另有规定"的理解。"另有规定"更多表现为对法定既有的返还财产、赔偿损失两种处理方式的解释，方便这两种方式在典型合同领域的具体适用。譬如撤销赠与后的财产返还①、建设工程施工合同无效后的折价补偿②、融资租赁合同无效后的租赁物返还或者折价补偿③、担保合同无效后的损失赔偿④、房屋租赁合同无效后装饰装修物的返还及补偿⑤，等等。"另有规定"还包括法律在返还财产和赔偿损失之外规定新的处理方式。譬如房屋租赁合同无效后的房屋占有使用费⑥、商品房买卖合同无效后出卖人对买受人购房款利息的返还⑦，等等。二是对"法律"的理解。因为既有的"另有规定"规则更多的是为了适用上的便利所制定，这里的"另有规定"主要还是指司法解释的"另有规定"，而非"法律另有规定"，因而，这里的"法律"应作广义理解，包括司法解释。譬如《建设工程施工合同解释（一）》所规定的"无效当有效处理规则"，"承包人不应获得比合同有效时更多的利益"⑧。

---

① 《民法典》第 665 条规定："撤销权人撤销赠与的，可以向受赠人请求返还赠与的财产。"

② 《民法典》第 793 条第 1 款规定："建设工程施工合同无效，但是建设工程经验收合格的，可以参照合同关于工程价款的约定折价补偿承包人。"

③ 《民法典》第 760 条规定："融资租赁合同无效，当事人就该情形下租赁物的归属有约定的，按照其约定；没有约定或者约定不明确的，租赁物应当返还出租人。但是，因承租人原因致使合同无效，出租人不请求返还或者返还后会显著降低租赁物效用的，租赁物的所有权归承租人，由承租人给予出租人合理补偿。"

④ 《担保制度解释》第 17 条。

⑤ 《城镇房屋租赁合同解释》第 7 条规定："承租人经出租人同意装饰装修，租赁合同无效时，未形成附合的装饰装修物，出租人同意利用的，可折价归出租人所有；不同意利用的，可由承租人拆除。因拆除造成房屋毁损的，承租人应当恢复原状。已形成附合的装饰装修物，出租人同意利用的，可折价归出租人所有；不同意利用的，由双方各自按照导致合同无效的过错分担现值损失。"

⑥ 《城镇房屋租赁合同解释》第 4 条第 1 款规定："房屋租赁合同无效，当事人请求参照合同约定的租金标准支付房屋占有使用费的，人民法院一般应予支持。"

⑦ 《商品房买卖合同解释》第 21 条第 2 款规定："商品房买卖合同被确认无效或者被撤销、解除后，商品房担保贷款合同也被解除的，出卖人应当将收受的购房贷款和购房款的本金及利息分别返还担保权人和买受人。"

⑧ 最高人民法院（2011）民提字第 235 号民事判决书。

第五章　合同的履行

第一节　合同的履行概述

一、合同履行的概念及含义

合同履行即合同义务的履行，是合同义务人（债务人）依照法律规定及合同约定，全面地履行其合同义务，使合同权利人（债权人）的权利得以实现的制度。

（一）合同履行是合同义务人履行合同义务的行为

在合同中，负有义务的一方当事人是债务人，债务人应当依法依约履行其负有的义务。合同履行是债务人履行各自合同义务的行为。对于需受领之债，相对人负有受领义务，相对人受领也是履行行为。相对人不履行受领义务，致使债务人履行发生困难的，债务人可以中止履行或者将履行标的物提存。

这里的义务主要是指合同义务，也包括先合同义务和后合同义务。合同义务中的非主要义务，譬如开具发票、提供证明文件等也应履行。只要是依法及依约所产生的合法有效的义务，都应当依照法律规定的原则和规则全面履行。

（二）义务人的履行行为既可能是作为，也可能是不作为

对于合同义务中的给付义务，应通过积极作为的方式履行。对于合同义务中附随义务的通知、协助义务，也应通过积极作为的方式履行。对于合同附随义务中的保密义务，应通过消极不作为的方式履行。对于先合同义务中的不得"故意隐瞒"义务，应通过积极告知的作为方式履行。对于先合同义务中的不得"恶意进行磋商"义务、不得"提供虚假情况"义务，应当以消

极不作为的方式履行。① 对于后合同义务中的保密义务，应当通过消极不作为的方式履行。② 对于后合同义务中的通知、协助、旧物回收等义务，应通过积极作为的方式履行。③

（三）义务人应依照法律规定及合同约定全面履行自己的义务

全面履行是履行制度的原则和总要求。只要是合同义务，无论是来自法定，还是来自约定，义务人都应当履行，都应当按照法定、约定以及义务自身的特点以最为适当的方式履行。全面履行是指，凡义务均应履行，凡义务均应依法依约履行，没有依法依约履行就是违约行为。

（四）合同履行是履行行为与履行结果的统一

合同履行既要关注履行行为，也要关注履行效果，关注合同目的的实现。判断义务是否适当履行的基本标准是债权是否因履行而实现。履行行为不合法、不合约，构成违约。合同目的没有因履行而实现，也是违约，而且是根本违约。

（五）合同履行是一项基本的合同法制度

人们签合同不是为了打官司，司法救济是事后不得已而采取的措施，是责任制度。人们认真推敲、仔细斟酌每一个合同条文，就是对合同履行行为的事先规划、设计，目标在于使合同目的由此得到最完美的实现。如果我们视合同条文为具文，不遵守这些约定，这首先是无视当事人订约初衷的不道德行为。合同法必须关注合同义务的履行问题，规定具体的履行规则以确保债权得以实现。法律规定具体的履行规则，也是对债务人履行行为的指引，使其明了自己在合同中所负的义务，以及义务履行的方式，以便适当履行义务，避免违约。

合同履行是合同效力的法律后果，对有效合同的履行可能引发新的法律关系，这会给纠纷的处理带来适用上的困惑。譬如对赌协议的履行，就涉及公司股权回购、定向减资等公司法领域。"将合同效力的评价与合同履行行为区隔开来将为交易工具创新释放更大的自治空间。"④

---

① 《民法典》第 500 条。
② 《民法典》第 501 条。
③ 《民法典》第 558 条。
④ 潘林：《重新认识"合同"与"公司"——基于"对赌协议"类案的中美比较研究》，载《中外法学》2017 年第 1 期。

案例 5.1 借款纠纷应适用《合作协议》还是《借款协议》?

2016 年 1 月,张某与某公司订立《合作协议》,约定某公司为张某提供金额为 9600 万元无息借款,该笔借款在目标公司完成本次增资扩股后 3 日内支付,在目标公司上市或挂牌后的一年内由张某还清。为履行《合作协议》,张某与某公司陆续签订了 7 份《借款协议》,共计 1.1 亿元。每份《借款协议》均约定了借款本金、利息、借期、到期还本等内容。张某陆续归还了 1900 万元,后再无归还。目标公司上市已确定失败。请问:张某与某公司之间的借款纠纷应适用《合作协议》还是《借款协议》?

《借款协议》是履行《合作协议》的结果,但《借款协议》约定的内容与《合作协议》不一致。《合作协议》约定借款无息,约定了还款条件。《借款协议》约定借款有息,约定了还款期限。究竟该适用哪份协议来处理双方的借款纠纷呢?《借款协议》不能独立于《合作协议》而单独存在,可通过解除《合作协议》、实施清算的方法来解决适用的困境。

合同是法律行为,法律行为是法律事实,法律事实产生法律关系,合同行为产生合同法律关系。对合同的履行行为是法律事实,作为法律事实的履行行为可能产生与合同不一样的法律关系,该法律关系包含了与合同不一样的权利义务内容。这种现象在商事交易领域非常普遍。①

案例 5.2 请求归还投资款有无事实依据?

2012 年 2 月,甲方某商贸公司与乙方潘某签订了《汽车摩托车商城项目合作协议书》,约定在保证汽车摩托车商城项目基本功能的前提下,自"第二层起修建商品住宅楼"。甲方提供土地,乙方提供项目开发所需资金。合同签订后,乙方前期支付了 1000 万元专款给甲方,"用于甲方办理土地使用权证和支付被征地村民的土地、青苗、地面附着物等项费用"。2012 年 3 月 19 日,甲方法定代表人陈某及其妻子张某共同出资 1000 万元,成立了丙方某开发公司,负责上列合同约定的合作项目开发。乙方陆续向合作项目投资 2316 万元。2019 年 3 月 30 日,陈某、张某与丁方签订了《股权转让合同》,约定将丙方 100% 股权转让给丁方。2019 年 5 月 31

---

① 结合第七章第三节"合同的转承"中的论述来进一步认识这类现象。

日实施了第一次变更登记，将丁方登记为丙方法定代表人、持有丙方54%股权。丁方陆续向陈某、李某支付完9400余万元股权转让价款后，2022年3月30日，丙方100%股权登记至丁方名下。2023年4月10日，潘某起诉甲方、陈某、张某、丙方，请求解除《汽车摩托车商城项目合作协议书》、退还投资款并承担相应违约责任。①请问：乙方起诉丙方归还投资款有无事实依据？

笔者认为，乙方潘某起诉丙方某开发公司归还投资款没有事实依据。甲乙双方签订的《汽车摩托车商城项目合作协议书》在履行过程中，新成立了项目公司丙，甲、乙对项目的所有投资权益实质上表现为陈某、张某所持有的丙方100%股权。乙方与陈某、张某之间除了合作协议关系外，还因履行行为发生了事实上的股权代持关系。陈某、张某转让股权，未经共有投资人（或者股权共有人）同意，独占股权转让价款，侵害了乙方潘某的投资权益。乙方与丙方之间不存在任何法律关系，应驳回乙方对丙方的起诉。

另外，《最高人民法院关于适用〈中华人民共和国公司法〉若干问题的规定（三）》第2条规定："发起人为设立公司以自己名义对外签订合同，合同相对人请求该发起人承担合同责任的，人民法院应予支持；公司成立后合同相对人请求公司承担合同责任的，人民法院应予支持。"由于本案《汽车摩托车商城项目合作协议书》的当事人为甲方某商贸公司，商贸公司并非丙方某开发公司的发起人，潘某无法适用该司法解释的规定向丙开发公司主张基于合作协议书产生的合同权益。

二、合同履行的基本原则

《民法典》第509条规定："当事人应当按照约定全面履行自己的义务。当事人应当遵循诚信原则，根据合同的性质、目的和交易习惯履行通知、协助、保密等义务。当事人在履行合同过程中，应当避免浪费资源、污染环境和破坏生态。"由此规定可知，我国合同履行制度的基本原则有以下三个方面。

---

① 陕西省城固县人民法院（2023）陕0722民初1832号民事判决书。

（一）全面履行原则

全面履行原则的关键在"全面"，是指合同义务人应原原本本地按照合同约定的标的、数量、质量、期限、地点、方式等全方位地履行自己的合同义务。当事人在订立合同时经过反复推敲、仔细斟酌、讨价还价，最终形成的合同条文就是他们共同的"初心"，是实现合同目的的最佳路径设计。义务人只有按照合同约定履行其义务，才是最符合合同各方意愿的行为，才能最终实现合同目的。一般而言，义务人全面履行了合同义务，合同目的就会得以实现。

全面履行原则是判断义务人违约与否的客观标准。义务人没有按照合同约定履行自己的义务，就是违约行为。至于该违约行为是否一定带来违约责任的后果，还应结合其他要件来认定。

全面履行不等同于实际履行。全面履行是履行行为与履行结果的统一，而实际履行仅关注履行结果，以合同目的实现这一结果为认定标准，包括代位履行、代物履行等替代履行在内。实际履行常常会以履行结果的正确来掩盖履行行为的瑕疵，是不诚信的表现。

（二）诚信履行原则

诚信是我国民法的基本原则，当然适用于合同履行制度。诚信原则衍生了通知、协助、保密、保护等合同附随义务。附随义务也是义务，它可能并未被写进合同条文当中，但根据合同性质、目的、交易习惯等，能够通过诚信原则使之在合同中得以具体化，是为法定义务。

（三）绿色履行原则

绿色履行原则（或称保护环境原则）是民法的基本原则，应适用于合同履行制度。绿色履行原则在合同履行制度中表现在两个方面：一是当事人在履行合同过程中，应当避免浪费资源、污染环境和破坏生态。[1] 履行行为要时刻关注生态环境保护问题，避免不必要的浪费。譬如网购中最常见的过度包装问题，目前尚无具体规范制约，全凭各方自律。二是"旧物回收"。合同终止后，当事人应当遵循诚信等原则，根据交易习惯履行通知、协助、保密、

---

[1] 《民法典》第509条第3款。

旧物回收等义务。^①"旧物回收"义务就是绿色履行原则的体现，旧物重复使用，节约资源，保护环境。

第二节　合同履行的具体规则

一、合同漏洞的填补规则

合同漏洞是指合同欠缺应有内容。这里的"应有"，不是指影响合同成立的主要条款，而是指主要条款之外的，影响合同履行的条款。欠缺它，合同履行就无法正常进行。合同漏洞之所以需要填补，是因为它影响合同的履行，也就是说，该缺失的条款虽不属于合同主要条款或者合同主要条款的核心内容，但也是合同关系必不可少的内容。在此情形下，就需要对该漏洞予以填补，以规范并保护当事人的履行行为。

合同漏洞的填补由三个递进适用的规则组成，分别规定在《民法典》第510条和第511条。

（一）通过"协议补充"填补

《民法典》第510条规定："合同生效后，当事人就质量、价款或者报酬、履行地点等内容没有约定或者约定不明确的，可以协议补充……"当出现合同漏洞时，当事人可以通过签订补充协议的方式来填补漏洞。填补合同漏洞首先由当事人"协议补充"，约定优先。有约定从约定，没有约定补充约定，这是契约自由原则的必然体现。

（二）通过"有权解释"填补

《民法典》第510条规定："合同生效后，当事人就质量、价款或者报酬、履行地点等内容没有约定或者约定不明确的，可以协议补充；不能达成补充协议的，按照合同相关条款或者交易习惯确定。"如果当事人不能达成补充协议，私人自治、契约自由失灵后，那么，就必须借助法院或者仲裁机构的

----

① 《民法典》第558条。

"有权解释"① 方法来填补漏洞。"有权解释"适用的前提是当事人不能达成补充协议。"有权解释"不是随意解释，而是应当"按照合同相关条款或者交易习惯确定"。

（三）通过补足规则填补

《民法典》第 511 条规定："当事人就有关合同内容约定不明确，依据前条规定仍不能确定的，适用下列规定……"这就是合同漏洞的补足规则。当"协议补充""有权解释"均无法填补漏洞时，应当适用补足规则来填补。补足规则是兜底性质的合同漏洞填补规则。合同漏洞的补足规则具体包括以下几个方面。

1. 合同质量条款的补足规则

当合同对质量要求不明确时，由当事人协议补充。不能补充协议的，由法院或者仲裁机构依法确定。法院或者仲裁机构的"有权解释"仍不能确定的，有强制性国家标准的，按照强制性国家标准履行；没有强制性国家标准的，按照推荐性国家标准履行；没有推荐性国家标准的，按照行业标准履行；没有国家标准、行业标准的，按照通常标准或者符合合同目的的特定标准履行。

标准是指农业、工业、服务业以及社会事业等领域需要统一的技术要求。我国《标准化法》将标准分为国家标准、行业标准、地方标准和团体标准、企业标准。国家标准分为强制性标准、推荐性标准，行业标准、地方标准是推荐性标准。强制性标准必须执行。国家鼓励采用推荐性标准。② 强制性国家标准由国务院批准发布或者授权批准发布。③ 推荐性国家标准由国务院标准化行政主管部门制定。④ 行业标准由国务院有关行政主管部门制定，报国务院标准化行政主管部门备案。⑤ 通常标准是理性人标准，按照人们通常认可的标准来确定。符合合同目的的特定标准应根据实现合同目的的需要来确定。

---

① 对"有权解释"概念的辨析，请参阅张晓飞：《合同解释如何产生法律效力——对有权解释论的反思》，载《学术论坛》2006 年第 8 期。

② 《标准化法》第 2 条。

③ 《标准化法》第 10 条第 4 款。

④ 《标准化法》第 11 条第 2 款。

⑤ 《标准化法》第 12 条第 2 款。

2. 价款或者报酬条款的补足规则

合同价款或者报酬不明确的，如果依法应当执行政府定价或者政府指导价的，依照政府定价或者指导价履行。没有政府定价或者指导价的，按照订立合同时履行地的市场价格履行。

政府定价，是指依照《价格法》的规定，由政府价格主管部门或者其他有关部门，按照定价权限和范围制定的价格。政府指导价，是指依照《价格法》规定，由政府价格主管部门或者其他有关部门，按照定价权限和范围规定基准价及其浮动幅度，指导经营者制定的价格。市场价格也叫市场调节价，是指由经营者自主制定，通过市场竞争形成的价格。① 也可以通过合同履行地特定商品交易市场（所）公布的牌价来确定市场价格。

合同价款执行政府定价或者政府指导价的，当事人迟延履行会遭受履行价款确定上的不利后果，这被称作"价格制裁"。《民法典》第 513 条规定："执行政府定价或者政府指导价的，在合同约定的交付期限内政府价格调整时，按照交付时的价格计价。逾期交付标的物的，遇价格上涨时，按照原价格执行；价格下降时，按照新价格执行。逾期提取标的物或者逾期付款的，遇价格上涨时，按照新价格执行；价格下降时，按照原价格执行。"在合同约定的交付期限内履行交付标的物或者提取标的物、付款义务的，履行价款按照交付时的政府定价或者政府指导价确定。逾期交付标的物的，价款按照政府定价或者指导价在约定交付期限内的价格与实际交付时的价格两个价格中的低价确定。逾期提取标的物或者付款的，价款按照政府定价或者指导价在约定交付期限内的价格和实际交付时的价格两个价格中的高价确定。总之，不能让违约一方因违约而获取不当利益。

3. 履行地点条款的补足规则

合同履行地点是合同义务人履行义务的地点，合同履行地有管辖权的法院是合同纠纷诉讼案件的管辖法院。《民事诉讼法》第 24 条规定："因合同纠纷提起的诉讼，由被告住所地或者合同履行地人民法院管辖。"《民法典》第 511 条第 3 项的规定与《民事诉讼法解释》第 18 条的规定在措辞上稍有不同，但基本规则是一致的。合同履行地点不明确的，义务人履行义务的内容（争

----

① 《价格法》第 3 条。

议标的）为给付货币的，在接受给付（货币）一方所在地履行。义务人履行义务的内容为向对方交付不动产的，在不动产所在地履行。其他给付内容（标的）的履行，在履行义务一方所在地履行。即时结清的合同，双方交易行为地为合同履行地。"一方所在地"是指自然人的住所（经常居所或者户籍登记或者其他有效身份登记记载的居所）和法人的住所（主要办事机构所在地或者注册地、登记地）。

4. 履行期限条款的补足规则

合同履行期限不明确的，债务人可以随时履行，债权人也可以随时请求履行，但是应当给对方必要的准备时间。无论是"随时履行"，还是"随时请求履行"，均表现为催告，要把履行或者请求履行的意思通知对方。"必要的准备时间"自催告时起算，是自催告到履行或者请求履行期限之间的一个合理时间差，这个时间差足以使相对人能够做好履行或者接受履行的准备。

5. 履行方式条款的补足规则

合同履行方式不明确的，按照有利于实现合同目的的方式履行。合同履行方式是说合同义务履行的方法。采用何种履行方法，都必须以有利于实现合同目的为原则。譬如大型成套设备的交付，要根据定作人现场施工、安装进度及工序分批履行，不能一次性交付。定作人也不能要求承揽人违反工序要求交付设备，因为这样做有可能增加定作人的成本，造成损失。

在商事领域，合同履行方式本身可能属于一种特别商事行为，适用特定的商事规则。合同义务履行方式如果涉及这类特别商事行为的话，履行行为就应当同时满足该商事行为的特定规则。

案例 5.3　银行与公司签订汇票承兑协议是否属于履行综合授信合同义务的行为？

2018 年 4 月 22 日，甲公司与乙银行签订了综合授信合同，期限两年，授信额度 1.4 亿元。合同签订后，甲公司用等值房产为乙银行设定了最高额抵押担保登记。2019 年 4 月 28 日，甲公司与乙银行签订了银行承兑汇票承兑协议，约定甲公司向乙银行申请金额为 6000 万元的承兑汇票，甲公司按照票面金额的 50% 在乙银行指定账户存入保证金作为担保。乙银行于协议签订当日为甲公司开具了合计金额为 1.4 亿元的多张银行承兑汇票，并于当日以承兑汇票到期扣款为由从甲公司账户直接划转 1.4 亿元现金。请问：乙银行的做法是否妥当？

从授信合同的目的来看，乙银行为甲公司开具银行承兑汇票应属于履行授信合同义务的一种特殊方式，但银行为客户开具承兑汇票应同时遵守央行对商业银行票据业务的监管要求，授信合同中的最高额抵押担保不能满足央行的监管要求。乙银行开具 1.4 亿元承兑汇票的本意其实是要履行授信合同，但当其发现这样做违规时，便未经甲公司同意，径行扣划了现金，乙银行的做法是一种违约行为。

6. 履行费用条款的补足规则

合同履行费用的负担不明确的，履行义务所需必要费用应由履行义务一方负担。履行地点不同，履行费用可能就会不同，这是履行地点与履行费用之间的联动关系。如果因债权人原因增加了履行费用，增加的部分应由债权人负担。

二、不同类型的债的履行规则

《民法典》第 514 条至第 521 条，分别对金钱之债、选择之债、按份之债、连带债务等不同类型的债的履行规则作了规定。

（一）金钱之债的履行规则

《民法典》第 514 条规定："以支付金钱为内容的债，除法律另有规定或者当事人另有约定外，债权人可以请求债务人以实际履行地的法定货币履行。"法定货币与国家主权有关，实际履行地位于哪个国家的主权范围内，这个国家的法定货币在该实际履行地就居于强制流通的地位，以实际履行地的法定货币履行，有利于债务的顺利履行。不只是债权人有权请求债务人以实际履行地的法定货币支付，债务人同样有权以实际履行地的法定货币支付，除非法律规定或者当事人约定以实际履行地之外的外币支付的。当事人的约定是否有效，或者是否可行，还与这个国家的外汇管理制度有关。

案例 5.4 法院民事调解文书能否包含资本项下外汇汇出汇入事项的安排?

中外股东因合资合同纠纷,在法院主持下达成如下调解协议:由合资公司将外方股东委托境外第三人代为出资的 356 万美元原路退回第三人的银行账户,再由外方股东通过自己的银行账户重新向合资公司出资 356 万美元。① 国家外汇管理局资本项目管理司就此《民事调解书》的执行事项函告某省分局:境外投资者交付资金由会计师事务所验资,询证外汇局时,"若缴款人与投资人不一致,则同时在回函中加注'缴款人与投资人不一致'的表述"即可。外商减资购付汇的,根据规定重新申请。

通过外汇管理局的回函可以看出,《民事调解书》规定的退回外汇出资的协议内容无法履行,只能按照减资购汇处理。外商减持合资公司股权不仅审批程序复杂,并且会直接导致外商对合资公司的控制力减弱,外商再出资进境就变成了增资。

(二) 标的选择之债的履行规则

选择之债既包括在多项履行标的中的选择,也包括在多种履行方式、多个履行时间、多个履行地点中的选择。选择之债中的选择权人既可以是债务人,也可以是债权人。《民法典》第 515 条、第 516 条仅规定了标的的选择之债,选择权在债务人与债权人之间分配。多项履行标的选择之债的履行规则如下。

1. 标的选择之债的履行规则先依法律规定、当事人约定或者交易习惯

在履行标的有多项,而债务人只需履行其中一项时,究竟履行哪一项标的,要先按照法律的规定、当事人的约定或者交易习惯来确定。也就是说,法律对此的特别规定、当事人的特别约定或者交易习惯具有优先适用的效力。

《民法典》第 588 条第 1 款规定:"当事人既约定违约金,又约定定金的,一方违约时,对方可以选择适用违约金或者定金条款。"在此情形下,法律规定选择权在守约方,债务人应当按照债权人(守约方)的选择履行。

---

① 陕西省高级人民法院(2009)陕民三终字 19 号民事调解书。

2. 在法律没有规定、当事人没有约定、没有交易习惯时由债务人选择

履行标的有多项，而债务人只需履行其中一项的，法律对此没有特别规定，当事人没有约定，也没有交易习惯可以确定的，债务人对此享有选择权，由债务人选择其中一项标的来履行。

3. 选择权的转移

无论合同哪一方享有选择权，享有选择权的一方当事人，在约定的选择期限内，或者履行期限届满未作选择的，经对方催告后在合理期限内仍未选择的，选择权转移至对方当事人。

4. 选择权的行使

选择权人行使选择权的，应当采用明示的方式通知对方。通知到达对方时，履行标的确定。履行标的确定后不得再变更，除非经对方同意。

5. 选择权的限制

在可选择的标的中存在不能履行情形的，享有选择权的当事人不得选择不能履行的标的，但该不能履行的情形是由对方当事人造成的除外。

（三）按份之债的履行规则

按份之债包括按份债权和按份债务。按份债权是指债权人为二人以上，标的可分，债权人按照份额各自享有债权。按份债务是指债务人为二人以上，标的可分，债务人按照份额各自负担债务。

按份债权的债权人按照其债权份额行使债权，按份债务的债务人按照其债务份额履行债务。按份之债的份额难以确定的，视为份额相同。

（四）连带债务的履行规则

连带债务与连带责任是两个不同的概念。连带责任规定在民事责任制度当中，是两个以上的主体在民事责任承担上对债权人的连带性。连带债务规定在合同的履行制度当中。责任是债务不履行的法律后果，连带责任不一定是因不履行连带债务而产生，连带责任由法律规定或者当事人约定，只要法律有规定，或者当事人有约定，就应当承担连带责任。连带责任不以连带债务的存在为前提。多个连带责任的主体在对外承担连带责任后，可能存在内部之间的追偿问题。

连带债务的债务人对外承担连带责任，均有义务应债权人的请求履行全

部债务。但在连带债务人内部，仍然是按份责任，某一个连带债务人实际向债权人承担债务超过自己份额的，有权就超出部分在其他连带债务人未履行的份额范围内向其追偿，并相应地享有债权人的权利。其他连带债务人对债权人的抗辩，可以向该债务人主张。被追偿的连带债务人不能履行其应分担份额的，其他连带债务人应当在相应范围内按比例分担，以实现连带债务人内部责任分担上的均衡。连带债务人之间的份额难以确定的，视为份额相同。[①]

部分连带债务人通过履行、抵销或者提存等方式向债权人清偿的，其他连带债务人对债权人的债务在已清偿的相应范围内消灭。部分连带债务人的债务被债权人免除的，在该连带债务人应当承担的份额范围内，其他债务人对债权人的债务消灭。部分连带债务人的债务与债权人的债权同归于一人的，在扣除该债务人应当承担的份额后，债权人对其他债务人的债权继续存在。债权人对部分连带债务人的给付受领迟延的，其他连带债务人可援此予以免责抗辩。[②]《民法典》的这一规则，具体适用于共同侵权人身损害赔偿案件时，如果赔偿权利人（原告）起诉部分共同侵权人（被告）的，人民法院应当追加其他共同侵权人作为共同被告。此即必要的共同诉讼。赔偿权利人在诉讼中放弃对部分共同侵权人的诉讼请求的，其他共同侵权人对被放弃诉讼请求的被告应当承担的赔偿份额不承担连带责任。责任范围难以确定的，推定各共同侵权人承担同等责任。当原告作出放弃对部分共同侵权人的诉讼时，人民法院应当向其释明放弃的法律后果，并将此事实记载于法律文书。[③] 因为涉及案件事实的查明，原告对部分共同侵权人（被告）的撤诉应不予准许。案件审理终结后，在判决结论部分将此述明即可。

案例 5.5　共同侵权责任人应承担共同责任还是连带责任？

张某、刘某等四人酒后滋事，共同将马某殴打至重伤，伤残等级七级。主犯张某被以故意伤害罪判处有期徒刑七年。[④] 受害人马某后以人身损害赔偿为由，将张某、刘某等四人诉至法庭，请求判令连带赔偿其医疗

---

① 《民法典》第 519 条。
② 《民法典》第 520 条。
③ 《最高人民法院关于审理人身损害赔偿案件适用法律若干问题的解释》第 2 条。
④ 陕西省泾阳县人民法院（2010）泾刑初字第 00090 号刑事判决书。

费、误工费、赔偿金等合计 41 万余元。马某后以主犯张某投牢服刑为由，撤回了对张某的起诉，法院予以准许。2011 年 8 月，一审判令：刘某等三被告一次性连带赔偿马某医疗费、误工费、赔偿金等合计 36 万余元。[1] 该一审判决已生效。2012 年 10 月，同级检察院向法院发出检察建议，认为原判决将共同侵权人张某排除在外，适用法律不当，建议撤销原判，予以再审。2013 年 7 月，法院再审认定，马某的 36 万余元损失由张某承担赔偿 60%，刘某等三人各承担赔偿 13.33%，四人互负连带责任。[2]

审理该案时，《最高人民法院关于审理人身损害赔偿案件适用法律若干问题的解释》已经施行，应当适用该司法解释第 5 条（2020 年修正后为第 2 条）进行审理。连带责任强调的是民事责任对外的连带性，连带债务的内容包含了对外的连带性和对内的按份性两个方面，对外承担了超出自己份额的连带债务人有权向其他连带债务人追偿。《民法典》及相关司法解释的规定充分体现了连带债务的这一属性。

案例 5.6　是否存在连带债务？

2009 年 7 月，甲公司与乙公司订立《委托经营管理协议》，由甲公司将木塔建材市场委托给乙公司经营管理。其中约定，在合同期限内因政府拆迁，拆迁补偿中的装修部分赔款归乙公司所有。2015 年市场拆迁时，经甲公司与拆迁办沟通，由甲公司股东焦某、汤某、赵某三人分别与拆迁办签订了《补偿协议书》，将拆迁款分别汇入以该三人名义开立的银行账户。焦某、汤某、赵某签署的《拆迁补偿承诺书》写明，对拆迁"产权的遗留问题由我承担全部法律责任和一切经济损失"。后乙公司将焦某等三人诉至法院，要求据此判决三人向其赔偿拆迁款中的装修部分。一审认为，焦某等三人承诺承担全部责任与经济损失，拆迁赔偿款实际支付至该三人账户，判决"其三人在各自收到的赔偿款范围内向债权人承担连带责任"。[3] 二审认为，焦某等作为完全民事行为能力人，且系甲公司股东，焦某等对建材市场的拆迁补偿款中包含装修部分的补偿这一事实是明知的，依然做

① 陕西省泾阳县人民法院（2011）泾民初字第 00170 号民事判决书。
② 陕西省泾阳县人民法院（2013）泾民再字第 00002 号民事判决书。
③ 陕西省西安市雁塔区人民法院（2019）陕 0113 民初 19776 号民事判决书。

出承担全部法律责任的承诺，因此应当对自己签订拆迁协议书中涉及的装修赔款部分承担连带支付责任，维持了原判。① 请问：判决"其三人在各自收到的赔偿款范围内向债权人承担连带责任"的依据是什么呢？

笔者认为，根据审理案件时已经施行的《民法总则》第 178 条第 3 款"连带责任，由法律规定或者当事人约定"之规定，判决三被告"在各自收到的赔偿款范围内向债权人承担连带责任"缺乏依据。

连带债务与共同债务是不同的。连带债务的多个债务人对外承担连带清偿责任，对内按份追偿，债务人相互独立。共同债务规定在《民法典》婚姻家庭编第三章"家庭关系"中，限定于"夫妻共同债务"。夫妻共同债务基于夫妻双方"共同意思表示所负的债务，以及夫妻一方在婚姻关系存续期间以个人名义为家庭日常生活需要所负的债务"②，夫妻是夫妻共同债务的债务人。因此，无论是夫妻共同财产，还是夫妻个人财产，均为夫妻共同债务的责任财产。引起连带债务或者共同债务的原因不同，共同债务并不产生连带责任。③

案例 5.7 是连带债务还是夫妻共同债务？

2018 年 1 月，米某向某平台（P2P）申请借期 12 个月的 3000 万元个人消费借款。在米某向某平台提交的《个人贷款申请表》上，米某的配偶张某签名确认了"借款申请人配偶担保声明"一栏的内容：本人系借款申请人的配偶，同意借款申请人于某平台申请个人贷款，自愿以自有财产为借款申请人上述贷款提供连带责任保证，担保金额等具体内容以借款申请人在某平台签署的电子借款合同约定为准，不因任何原因解除本人的担保义务。因米某未按期归还借款，出借人将米某及张某诉至法院。张某辩称：声明内容系格式条款，"不因任何原因解除本人的担保义务"因未履行提示义务不成为合同的内容。一审认为，被告张某在担保人声明处签

---

① 陕西省西安市中级人民法院（2020）陕 01 民终 4213 号民事判决书。
② 《民法典》第 1064 条。
③ 《民法典》第 1089 条规定："离婚时，夫妻共同债务应当共同偿还。共同财产不足清偿或者财产归各自所有的，由双方协议清偿；协议不成的，由人民法院判决。""共同偿还"应为共同责任，不是连带责任。

名，承诺愿意为米某的贷款提供连带责任保证，不因任何原因解除本人的担保义务。另外，张某作为米某的配偶，米某借款用于家庭共同经营，该欠款亦应认定为夫妻共同债务。原告要求被告张某承担连带保证及共同还款责任，有事实及法律依据，应予支持。[①] 二审认为，该条款不存在不合理免除或减轻一方责任、加重对方责任、限制对方主要权利的内容，且担保声明作为债权的重要保障，在张某签字捺印的情况下，应认定系对案涉借款担保的确认。米某与张某系夫妻，张某明确知晓案涉借款的存在。故一审认定该借款为夫妻共同债务，并无不妥。驳回了上诉请求。[②] 请问：米某向某平台的借款到底是连带债务，还是夫妻共同债务？

产生连带债务的法律关系是保证关系，产生夫妻共同债务的法律关系是夫妻共同借款关系，本案是否同时存在这两个性质不同的法律关系呢？答案是否定的。张某在米某向某平台的借款关系当中，仅作出了保证的意思表示，而未作夫妻借款的"双方共同意思表示"[③]。本案一审、二审判决之所以要将本案事实引向夫妻共同债务，是因为张某所作出的"不因任何原因解除本人的担保义务"这一格式保证条款确实存在效力上的瑕疵，以借助夫妻共同债务来补强张某偿还借款的责任，确保判决结论的牢靠。

三、第三人履行合同的履行规则

第三人履行合同包括向第三人履行的合同、由第三人履行的合同和第三人代为履行的合同三种类型。

（一）向第三人履行的合同的履行规则

向第三人履行的合同是指合同当事人在合同中约定，由合同债务人向合同当事人之外的第三人履行债务。既然是合同约定，那么合同债务人就应当遵守约定，向第三人履行债务。合同债务人未向第三人履行，或者履行不符合约定的，应当向合同债权人承担违约责任。这是由债的相对性所决

---

① 广东省深圳市福田区人民法院（2023）粤0304民初26358号民事判决书。
② 广东省深圳市中级人民法院（2023）粤03民终32216号民事判决书。
③ 《民法典》第1064条第2款规定："夫妻一方在婚姻关系存续期间以个人名义超出家庭日常生活需要所负的债务，不属于夫妻共同债务；但是，债权人能够证明该债务用于夫妻共同生活、共同生产经营或者基于夫妻双方共同意思表示的除外。"

定的。但是法律规定，或者当事人约定，第三人可以直接请求债务人向其履行债务的，第三人未在合理期限内明确拒绝接受该权利的，债务人未向第三人履行债务或者履行债务不符合约定的，第三人可以请求债务人承担违约责任。当然，债务人对债权人的抗辩，同样可以向第三人主张。① 向第三人履行的合同中的第三人，无权行使应由合同当事人行使的撤销权、解除权等权利。②

"法律规定"情形在《保险法》上有所体现。"保险合同是投保人与保险人约定保险权利义务关系的协议"③，被保险人、受益人不是保险合同的当事人，但被保险人、受益人依法"享有保险金请求权"④。保险责任成立时，保险公司不履行保险金支付义务的，"除支付保险金外，应当赔偿被保险人或者受益人因此受到的损失"⑤。被保险人或者受益人有权向保险人请求支付保险金及赔偿损失。

向第三人履行的合同中向第三人履行的义务来自合同约定，既可能是主给付义务，也可能是从给付义务。

案例5.8 《股权转让协议书》是否属于向第三人履行的合同？

2017年10月，转让方甲方甲控股集团、乙公司、王某与受让方乙方陈某订立了《股权转让协议书》，约定：交接日前发生的，未列入移交给乙方的标的公司负债由甲方负责清偿，标的公司收到债权人主张后通知甲方，甲方审核无误后30日内负责偿清债务。2021年10月，目标公司丙公司将甲控股集团、乙公司诉至法庭，请求判令被告为一笔发生在交接日前的债务向其承担连带清偿责任。一审法院对"原告作为目标公司提起本案诉讼是否适格"的争议焦点论证后认为：针对处分标的公司权利义务的约定，要注意区分违约主体的行为直接损害的是公司利益，还是另一方合同主体利益。如违约行为的直接侵害对象是公司，而非合同当事人，则应由公司主张相关权利，因为在公司利益遭受侵害的情况下，股东也会间接受

---

① 《民法典》第522条。
② 《合同编通则解释》第29条第1款。
③ 《保险法》第10条第1款。
④ 《保险法》第12条第5款，《保险法》第18条第3款。
⑤ 《保险法》第23条第2款。

损，但股东遭受的是间接利益损失，而非直接利益损失。本案违约行为损害的是标的公司利益，原告有权提起诉讼。判决支持了原告诉请。[①]

本案合同是否属于向第三人履行的合同呢？需要厘清两个问题：一是向第三人履行的是不是只能是合同的主给付义务呢？不是，只要是不具有专属性的合同义务，均可以约定向第三人履行。二是如何认定第三人？只要是合同当事人之外的主体，都是第三人。本案出现了两个第三人，即标的公司和标的公司的债权人。根据约定，转让方接到标的公司通知审核无误后负责偿清债务。无论是直接支付给标的公司，还是直接支付给标的公司债权人，都能实现协议书约定的"偿清债务"的合同义务。因此，本案合同确属向第三人履行的合同。"继续履行"属于违约责任的承担方式，第三人即使享有"直接请求债务人向其履行债务"的权利，也没有请求"继续履行"的诉权。第三人因与债务人之间不存在合同关系，无权直接向债务人主张违约责任。本案判决违反了债的相对性原则。

案例 5.9　能否接受承包方项目部的委托付款申请？

2020 年 3 月，发包方某院与承包方某集团签订了《建筑安装工程合同》。2022 年 6 月，"某集团建安工程项目部"给某院发来《委托付款申请书》，委托支付外墙工程款给刘某，"我司同意在工程款中扣除，由此发生的一切法律责任均由我司承担"。申请书加盖了项目部印章和项目经理签名。某院可否接受该申请？

建设工程领域转包、违法分包现象较为普遍。承包方规避风险的惯常伎俩就是在项目上使用假的公司印章，或者仅使用项目部印章。一旦发生纠纷，承包方就会立即否认印章效力，不承担加盖印章行为的法律后果。发包方要规避这类风险，必须紧盯项目经理签名，项目经理的身份应由合同明确确认，项目经理签名构成职务行为。除非合同对此有明确的禁止性约定，只要项目经理的签名是真实的，某院就可以接受该申请。尽管如此，我们仍然要注意，尽量通过公用账户进行工程款结算，以降低合同履行的风险。

委托付款变更了原合同义务履行的方式，使得原合同增加了向第三人履

---

① 江苏省淮安经济技术开发区人民法院（2021）苏 0891 民初 3931 号民事判决书。

行的合同内容。向第三人履行的合同，第三人拒绝受领的，债权人有权要求债务人向自己履行。①

(二) 由第三人履行的合同的履行规则

由第三人履行的合同是指合同当事人在合同中约定，合同债务由合同当事人之外的第三人向债权人履行。该约定对第三人不具有真正的约束力，因此，当第三人不履行债务或者履行债务不符合约定的，仍然应当由债务人向债权人承担违约责任，而不是第三人。②

为什么说由第三人履行的合同对第三人不具有真正的法律约束力呢？是因为第三人不是合同的当事人，没有表意行为，不负担合同义务。但当事人在合同中为什么要这样约定呢？一定是有原因的，这个原因一定与第三人有牵连，这个有牵连的原因就构成了由第三人履行合同的原因关系。第三人不履行由第三人履行合同为其设定的义务，会承担基于原因关系的不利法律后果，这个法律后果不一定表现为法律责任，也有可能是法律责任之外的某种约束。由此可见，由第三人履行的合同对第三人的约束力是间接的，是基于原因关系所产生的，不一定表现为法律上的约束力。

案例5.10 《旅游项目开发经营合同书》是否属于由第三人履行的合同？

2009 年 6 月，甲方某县政府与乙方某物流公司订立了《旅游项目开发经营合同书》，约定由乙方分两期开发森林休闲度假酒店、旅游景点等旅游项目。经营方式为乙方独立自主经营，在某县注册成立单独有限责任公司，开展经营活动。新成立公司名称以工商注册为准，其职责主要负责景区开发及旅游的整体经营，组织有益于景区发展的各项活动。乙方使用甲方森林公园景区林间空地、林木风景观赏资源开发旅游项目，进行旅游经营活动，从经营年度起，需按年向甲方缴纳景区资源使用费。从 2013 年起，资源使用费每年 100 万元；资源使用费以后每满 3 年，应缴纳资源使用费在前一年基数的基础上递增一次，递增额为 30 万元。每年缴纳资源使用费时限为每年 1 月 10 日前向甲方一次交清。2009 年 9 月，乙方在某

---

① 《合同编通则解释》第 29 条第 3 款。
② 《民法典》第 523 条。

县工商局登记设立了旅游公司，乙方将《旅游项目开发经营合同书》中的经营权及一切事宜转交给旅游公司履行。因乙方拖欠资源使用费，2016 年 11 月，某县政府将乙方诉至法院，旅游公司为共同被告，请求承担连带责任。法院判决认为，旅游公司不是合同当事人，不承担责任。[①]

该案属于由第三人履行的合同，第三人旅游公司不是合同当事人，不承担基于该合同的违约责任。但要注意本案与合同转承现象的关系。有关合同转承问题见"合同的变更和转让"一章中的相关论述。

案例 5.11　合同实际履行方能否成为合同主体？

1995 年 6 月 7 日，某县政府发文，决定成立某旅游开发总公司，为独资企业，专门从事风景名胜区开发。同日发文，聘任漆某为某旅游开发总公司经理。6 月 8 日，县政府作为甲方与乙方某建筑工程公司漆某签订了《风景名胜区开发协议书》（以下简称《开发协议》），约定开发风景名胜区，经营期限 70 年，并允许继承和转让。协议生效后，成立某旅游开发总公司，具有独立法人资格，代表乙方履约，某建筑工程公司为投资担保单位。后经查，"某旅游开发总公司"始终未在工商机关登记注册。1999 年 3 月，漆某注册了某旅游开发有限公司（以下简称开发公司），并担任法定代表人，漆某前期投资 356.12 万元经审验，作为其向开发公司的出资。2017 年 12 月 5 日，县政府向某建筑工程公司及漆某送达了《关于解除某风景名胜区开发协议书的函》。经评估，某旅游景区建设成本为 28095922.47 元。漆某遂以原告名义，诉请县政府将景区开发"直接成本款"支付给自己。一审认为，《开发协议》虽系县政府与漆某签订，但该协议的实际履行方应为开发公司，本案的补偿不但涉及开发公司的利益，也涉及该公司其他股东的利益，各方的具体损失情况应通过民事诉讼确定。虽本案《开发协议》的解除及补偿涉及作为开发公司股东的原告的利益，但该利益应当在开发公司框架下得到保障，而非独立于公司外将其协议解除后予以独立补偿。驳回了漆某的诉讼请求。[②] 漆某上诉。二审认为，

---

① 陕西省旬邑县人民法院（2017）陕 0429 民初 1337 号民事判决书。
② 陕西省咸阳市中级人民法院（2021）陕 04 行初 71 号行政判决书。

开发公司成立时，漆某对其个人履行涉案协议开发建设的经营积累，经审验折价为成立开发公司的出资。漆某的相应权利转化为股权和公司法人权利，可在行使股权中实现。开发公司成立后，所有履行涉案协议、开发建设行为均以开发公司的名义进行。漆某设立开发公司亦是为了有效履行涉案协议中双方关于成立公司进行项目投资开发建设的约定，开发公司实际承担了涉案项目的投资开发建设，县政府也认可此时涉案协议的实际履行人是开发公司，《开发协议》所涉土地使用权也变更为开发公司。实际是开发公司替代漆某，成为涉案协议的当事人，开发公司开发建设的建筑物直接成本款等其他相关权益应由涉案协议实际履行人开发公司进行主张。驳回了漆某的上诉，维持原判。①

合同是法律行为，法律行为以意思表示为要素。合同关系的内容就是合同权利、合同义务，合同履行是指合同义务的履行。无论是合同当事人自己履行，还是第三人履行，履行行为均以合同关系的存在为前提。一般而言，履行行为不是产生合同关系的行为，履行行为并不具备以订立合同为目的的目的要件。本案也不符合事实推定的规则。本案判决将合同履行主体开发公司认定为合同主体缺乏事实依据。

案例 5.12 出借人是否有权诉请转交人支付借款本息？

2013 年 3 月，师某书写借条一张，"今借到赵某人民币壹佰万元整，借期 1 年，月息 1.2%，计 12000 元整，半年结息一次。年息共计 144000元。借款人：师某。担保人：杨某（签名）"。2022 年 12 月，赵某将孔某列为被告，将师某、杨某列为第三人，诉请孔某归还剩余借款本息。赵某称，经原被告及师某三方协商一致，所有利息及还款由第三人师某支付给被告孔某，再由被告转交原告。截至 2015 年 10 月 9 日，被告共计转交本息 1249000 元，剩余 56773 元本金至今未转交给原告。原告多次向被告要求转交剩余还款，但被告均以第三人师某未还款为由推托。后原告向第三人师某催要剩余款项，师某称其已将借款本息全额支付给了被告。被告取得第三人师某还款后，故意隐瞒真实情况，不转交给原告，给原告造成

---

① 陕西省高级人民法院（2021）陕行终 1517 号行政判决书。

经济损失，故诉请赔偿剩余本息。法院经审理后，以超过诉讼时效为由驳回了原告的诉讼请求。①

由第三人履行的合同与委托履行的区别在于，由第三人履行的合同是债权人和债务人之间约定的，委托履行是债务人和第三人之间约定的。共同点是第三人对履行行为都不向债权人承担法律责任。

在另一起类似的案件中，甲将一笔现金付给乙，请他转交给丙。乙未转交，丙知情后将乙起诉至法院。丙可否起诉乙继续履行呢？不可以。甲、乙之间是委托合同关系，不属于向第三人履行的合同。乙、丙之间没有法律关系，丙对乙没有请求（诉）权。

（三）第三人代为履行的合同的履行规则

债务人不履行合同债务，影响第三人的合法利益的，法律允许第三人未经债务人许可，向债权人代为履行。债权人接受第三人履行后，其对债务人的债权转移给第三人。但是，根据债务性质、按照当事人约定或者依照法律规定只能由债务人履行的除外。②

第三人代为履行是基于维护自身合法利益的需要，而不是基于债务人的委托。"第三人对履行该债务具有合法利益"是代为履行的正当性基础，也是履行效力的来源。《合同编通则解释》第30条规定的"对履行债务具有合法利益的第三人"包括：（1）保证人或者提供物的担保的第三人；（2）担保财产的受让人、用益物权人、合法占有人；（3）担保财产上的后顺位担保权人；（4）对债务人的财产享有合法权益且该权益将因财产被强制执行而丧失的第三人；（5）债务人为法人或者非法人组织的，其出资人或者设立人；（6）债务人为自然人的，其近亲属；（7）其他对履行债务具有合法利益的第三人。债权人如果选择接受第三人的履行，那么，"第三人履行后，其对债务人的债权转让给第三人"。如果第三人在代为履行时与债务人作了另外的约定，债权人的债权并不需要转让给代位履行了债务的第三人。③ 第三人代为履行不属于无因管理，第三人并不能因为代为履行行为而当然取得对债务人请求补偿的权利。

---

① 西安市莲湖区人民法院（2023）陕 0104 民初 1552 号民事判决书。
② 《民法典》第 525 条。
③ 《民法典》第 524 条第 2 款。

四、合同履行中的情事变更规则

《民法典》第533条规定："合同成立后，合同的基础条件发生了当事人在订立合同时无法预见的、不属于商业风险的重大变化，继续履行合同对于当事人一方明显不公平的，受不利影响的当事人可以与对方重新协商；在合理期限内协商不成的，当事人可以请求人民法院或者仲裁机构变更或者解除合同。人民法院或者仲裁机构应当结合案件的实际情况，根据公平原则变更或者解除合同。"

（一）"情事"是指"合同的基础条件"

"合同的基础条件"是当事人订立合同时所依据的内外部客观条件，这些条件对于交易关系的形成、对于合同中权利义务的安排至关重要，是合同关系赖以产生和存在的基础，当事人正是在这一基础上商定合同内容、评估交易风险、形成交易关系的。"情事"不是合同的对价，而是合同对价形成的基础。"情事"不是合同的原因关系，合同法原则上奉行无因性，"无因性"是一种制度安排，合同原因关系的"重大变化"对合同关系在事实上的影响被法律切断了。

（二）"情事变更"是指合同基础条件的"重大变化"

"情事变更"是指合同订立时的基础条件在合同履行时已经发生了重大变化。合同基础条件的"重大变化"包含两部分：一是重大；二是变化。"重大"即法条中的"明显不公平"，如果继续按照合同的约定履行，任何一个理性的人都认为对一方当事人是不公平的，是显失公平的。对"变化"的限定有三个方面：一是在时间上，用合同订立时的基础条件与合同成立后履行时的基础条件进行对比，确实发生了变化；二是这一变化是"受不利影响的当事人"在订立合同时无法预见的；三是这一变化不属于商业风险，因为商业风险是从事特定交易的商事主体能够预见的。合同涉及市场属性活跃、长期以来价格波动较大的大宗商品以及股票、期货等风险投资型金融产品价格的"重大变化"，不应被认定为情事变更。[1]

---

[1] 《合同编通则解释》第32条第1款。

（三）"受不利影响的当事人"依法获得请求"重新协商""变更或者解除合同"的权利

"受不利影响的当事人"的利益受到了不利影响，这一不利影响不可归责于双方当事人。法律赋予"受不利影响的当事人"有权要求对方"重新协商"的再磋商权。"再磋商"行为要前置，由"受不利影响的当事人"发起。"再磋商"是指由双方当事人自治的事项，对方不协商，或者在合理期限内双方达不成协商一致的结果的，法律才赋予"受不利影响的当事人"请求人民法院或者仲裁机构变更或者解除合同的权利，这个变更或者解除的权利是诉权，是应当通过诉讼或者仲裁方式去行使的权利。当双方自治失灵后，法律赋予"受不利影响的当事人"诉请变更或者解除的权利。

（四）情事变更规则是公平原则的具体体现

情事发生变更后，当事人之间的利益失衡，"继续履行合同对于当事人一方明显不公平"。法律规定再磋商权、变更权或者解除权，目的都在于实现公平，使"受不利影响的当事人"获得救济。人民法院或者仲裁机构根据公平原则进行裁判。公平原则在此规则中得以具体化，不再是抽象的理念。

（五）人民法院或者仲裁机构应依请求裁决变更或者解除合同

"受不利影响的当事人"请求变更合同的，人民法院或者仲裁机构在查明案件事实后，根据公平原则裁决是否支持变更合同的请求，以及裁决合同变更的内容。"受不利影响的当事人"请求解除合同的，人民法院或者仲裁机构在查明案件事实后，根据公平原则裁决是否支持解除合同的请求。人民法院或者仲裁机构不能在没有当事人请求的情况下，依职权主动审查并裁决变更或者解除合同，更不可以在裁决变更合同的同时裁决解除合同。

当事人无权通过约定排除情事变更规则的适用。当事人作出类似约定的，约定无效。[①]

案例 5.13 是否构成情事变更？

2019 年 7 月 3 日，甲方某所与乙方某公司订立了《工矿产品采购合同》，约定由甲方向乙方采购电加热器 6 台。设备最终用户为丙公司。

[①]《合同编通则解释》第 32 条第 4 款。

2022 年 3 月 17 日，某公司将某所诉至法院，要求履行收货义务，支付剩余货款 150 万元，并赔偿逾期付款损失。开庭前，法院裁定受理了包括丙公司在内的 252 家关联公司实质合并重整。被告遂以情事变更为由，辩称其并无违约行为，本案纠纷应当适用情事变更规则，如双方协商不成，则案涉合同应当解除或者变更。一审认为，本案应当构成情事变更，《工矿产品采购合同》应当予以解除。原告采购的设备属于定制产品，无法另行出卖他人，故原告主张被告支付货款的请求，本院予以支持。但考虑到本案的情事变更情形，被告应付货款酌减 20%，即 120 万元。本案相应设备可由原告自行处理。遂判决被告支付货款 120 万元，并承担逾期付款的利息损失。[①] 被告以情事变更情形下解除权、变更权系私权，两权只能择一行使，且案涉设备非定制品为由提起上诉。二审以"出现了新情况"为由裁定发回重审。[②] 重审期间，被告反诉解除合同。重审认为，本案中丙公司破产属于商业风险，而非情事变更，对被告的反诉请求不予支持，判决被告继续支付 150 万元货款、逾期利息及仓储费。[③]

　　本案一审判决认定构成情事变更是以"预见"为标准的，在签订合同时，原、被告均不能预见丙公司破产，因此被告无法达成其购买机器的原意。故本案应当构成情事变更，合同应当予以解除。"情事"是双方在订立合同时不能预见的客观情况。重审判决总结的案件争议焦点为货物的最终购买方丙公司破产重整是否构成情事变更，认为丙公司破产属于商业风险，而非情事变更，驳回了被告反诉解除合同的诉请。货物最终用户的"破产"是合同履行中的正常商业风险。

　　除了"情事"的预见性、固有性之外，情事变更与商业风险区分的核心还在于情事变更在后果上的重大性，合同的基础条件的重大变化对于当事人一方明显不公平，导致"显失公平"的法律后果。因情事变更引起的显失公平需要在当事人之间分担才能归于公平，而由一方自担则是不公平的，这是公平原则的具体适用，也是情事变更区别于商业风险的重要之处。本案继续

---

①　西安市未央区人民法院（2022）陕 0112 民初 18973 号民事判决书。

②　西安市中级人民法院（2023）陕 01 民终 8979 号民事裁定书。

③　西安市未央区人民法院（2023）陕 0112 民初 14935 号民事判决书。

履行《工矿产品采购合同》的结果就是由某所一方单独承担因丙公司破产带来的不利后果，而不是由《工矿产品采购合同》的双方当事人分担，尽管双方在订立合同时对货物最终用户的事实是明知的。反过来说，如果丙公司破产属于商业风险的话，也是《工矿产品采购合同》履行的商业风险，是合同双方当事人共同的商业风险，而不是仅某所一方的商业风险。

情事变更中的"明显不公平"在含义上即"显失公平"，但其与"乘人之危"中的"显失公平"存在明显区别，"显失公平"发生的时间节点不同，作为规则构成要素的"显失公平"对应着不同的合同法制度，被分别规定在合同编通则的不同章节当中。"显失公平"都只是作为规则的构成要素，而不是规则本身。

五、债务提前履行规则

《民法典》第 530 条规定："债权人可以拒绝债务人提前履行债务，但是提前履行不损害债权人利益的除外。债务人提前履行债务给债权人增加的费用，由债务人负担。"这是有关债务提前履行的规则。债务人在不损害债权人利益的前提下可以提前履行债务。由于债务人提前履行债务给债权人增加的费用，应由债务人自己负担。

六、债务部分履行规则

《民法典》第 531 条规定："债权人可以拒绝债务人部分履行债务，但是部分履行不损害债权人利益的除外。债务人部分履行债务给债权人增加的费用，由债务人负担。"这是有关债务部分履行的规则。债务人在不损害债权人利益的前提下可以部分履行债务。由于债务人部分履行债务给债权人增加的费用，应由债务人自己负担。

第三节 债务履行抗辩权

一、债务履行抗辩权概述

债务履行抗辩权是指债务人依法享有的阻却债权人履行请求权的对抗性权利。传统民法上规定的债务履行抗辩权包括同时履行抗辩权、先履行抗辩权和不安抗辩权等三种类型。履行抗辩权关注的是债务人之间的顺序利益，不是期限利益。顺序利益在某种意义上也是对债权实现的一种担保。

在实践中，一定要把抗辩权的正当行使与违约行为区分开来。债务人因行使抗辩权而不履行债务或者迟延履行债务，不是违约行为，不承担违约责任。债务履行抗辩权具有以下法律特征。

第一，履行抗辩权因履行请求权而起。没有履行请求权的行使，就没有抗辩权。履行抗辩权是一种具有消极对抗性质的权利，对抗的是债权的请求权能。从民法的角度来看，不同类型的请求权会对应相应的抗辩权，必须结合请求权来认识抗辩权。债务履行抗辩权是债务人享有的对抗债权人履行请求权的特殊的民事权利。履行抗辩权与履行请求权在内容上具有相对性。

第二，履行抗辩权是阻却履行请求权实现的权利。履行请求权是债权人依法享有的请求债务人为给付的权利，债务的实现就表现为债务人履行了债务。履行抗辩权是债务人阻却履行请求权实现的权利，因抗辩而暂不履行债务，债权的实现被阻却、延缓。抗辩权的行使不会使得债权消灭，抗辩权只是使得债权请求权的实现受阻。有的抗辩权一经产生，就永远有效，请求权一行使，它就可以抗辩，叫永久抗辩权，譬如时效抗辩。有的抗辩权所依托的事由是易逝的，抗辩权的存续事由消失，抗辩权就消灭了，这叫一时抗辩权。履行抗辩权均属于一时抗辩权，抗辩权的存续事由一旦消灭，抗辩权就消灭了。

第三，履行抗辩权的适用不应局限于合同之债。双务合同的当事人互负对待给付义务，一方给付以另一方的给付为对价和条件，"我给你是为了你给我"与"你给我是为了我给你"，履行抗辩权所依据的正是这种对价性，或者叫条件性。离开双务合同，这种具有条件性的履行抗辩权可否适用于非因合同所生之债呢？是可以的。从《民法典》的结构上看，履行抗辩权规定在合同编通则当中，履行抗辩权应适用于合同之债。但"非因合同产生的债权债务关系"亦可适用合同编通则的有关规定。履行抗辩权具有适用于合同之债以外的其他债的关系的可能性。要注意在实践中考察这一类适用的情形。

第四，履行抗辩权是一种特殊的答辩事由。在民事诉讼中，面对原告的诉请，被告依法享有答辩的程序权利。原告诉讼请求基于请求权，被告的答辩事由包含有抗辩权，抗辩权是被告的一种答辩事由。抗辩权是对自己不履行债务的一种辩解，是有条件地延缓自己债务履行的一种正当理据。

情事变更作为履行抗辩权主要是从延缓（中止）及变更（再磋商）、解除等方面去平衡与债务人之间的利益，给因情事变更使利益遭受严重影响的一方以救济。情事变更除了阻却履行请求权之外，还有其他的权利内容。基于情事变更事由而产生的中止、再磋商及解除行为，是当事人行使正当权利的行为，不属于违约。无论何种履行抗辩权，均系一时抗辩，抗辩权赖以成立的条件消灭后，抗辩权即丧失。

二、同时履行抗辩权

《民法典》第 525 条规定："当事人互负债务，没有先后履行顺序的，应当同时履行。一方在对方履行之前有权拒绝其履行请求。一方在对方履行债务不符合约定时，有权拒绝其相应的履行请求。"这是有关同时履行抗辩权的法律规定。

同时履行抗辩权是指当事人互负债务，没有先后履行顺序，一方在对方未履行或履行不符合约定时，有权以应当同时履行为由，拒绝对方的履行请求。"同时履行"是该类抗辩权的权利内容，有权请求同时履行。同时履行抗辩权是双方当事人均可享有的权利。同时履行抗辩权的成立要件有以下几个方面。

第一，当事人互负债务。当事人互负债务究竟因何种事由而起，在所不问。这是履行抗辩权可扩大适用至所有类型之债的法律依据。

第二，当事人互负的债务没有先后履行顺序。没有先后履行顺序是指既没有约定顺序，也没有法律规定的顺序，也不是由合同类型和性质所决定的顺序。总之，债务履行没有先后顺序。

第三，一方有权拒绝对方的履行请求。既然没有先后履行顺序，对方就没有理由要求一方先履行。因此，对方未履行或者对方履行不符合约定时，一方享有拒绝对方履行请求的抗辩权。

只要是合法的抗辩理据，债务人均可援用以对抗债权人的履行请求权，但不能混淆不同抗辩权之间的边界，不能把其他的抗辩事由加入同时履行抗辩权中进行论述，譬如未届履行期限的抗辩、履行不能抗辩、时效抗辩，等等。

既然是同时履行，那么，对方不履行，一方也不履行，不履行本身就是行使抗辩权的表现。当对方不履行，反而要求一方履行时，一方就不能沉默了，要以明示的方式行使抗辩权，明确要求同时履行。个别案例中，虽然互负债务没有先后履行的顺序，但可以明确认定债务履行的终期的，债务人就不能仅关注履行顺序而无视义务履行的终期。

三、先履行抗辩权

《民法典》第 526 条规定："当事人互负债务，有先后履行顺序，应当先履行债务一方未履行的，后履行一方有权拒绝其履行请求。先履行一方履行债务不符合约定的，后履行一方有权拒绝其相应的履行请求。"这是有关先履行抗辩权的法律规定。

先履行抗辩权是指当事人互负债务，有先后履行的顺序，先履行一方未履行其义务，或者履行义务不符合约定的，后履行一方有权拒绝其履行请求。先履行抗辩权是后履行一方享有的权利，"先履行"是指抗辩权的内容。先履行抗辩权的成立要件有以下几个方面。

第一，当事人互负债务。这一点与同时履行抗辩权相同。

第二，当事人互负的债务有先后履行顺序。有先后履行顺序是说，履行顺序有当事人约定、法律规定，或者能够根据合同的类型和性质确定。只要有先后履行的顺序，先履行一方就应当先履行。这对于后履行一方而言是一种顺序利益。

第三，先履行一方未履行债务或者履行债务不符合约定。这是后履行一方先履行抗辩权产生的前提条件。先履行一方如果如约履行了自己的债务，后履行一方就不享有先履行抗辩权了。这也是履行抗辩权属于一时抗辩的原因。

案例 5.14 如何正确处理履行顺序与履行期限的关系？（一）

2009 年 7 月，甲乙签订合同，约定甲向乙订购工程机械 10 台，每台 165 万元，签订合同时甲向乙缴纳定金 165 万元，约定交货最后截止日期为 2010 年 2 月 28 日，甲应于乙交货前 7 日支付完所有价款。2010 年 3 月 1 日，甲以乙逾期未交货（迟延履行）为由向法院提起诉讼，要求乙双倍返还定金。乙答辩认为，由于甲没有按照约定提前 7 日支付所有价款，所以他们就没有交货。一审法院审理后认为，乙未按照合同约定的日期交货，已构成违约，应当双倍返还定金，判决支持甲诉请。乙不服，上诉至二审法院。请问：乙是否享有先履行抗辩权？

履行抗辩权保护的是顺序利益，而非期限利益，顺序与期限是两个不同的法律事实。对于有明确履行期限的合同，期限代人催告，乙方在期限上已经违约。

案例 5.15 如何正确处理履行顺序与履行期限的关系？（二）

2011 年 6 月，甲乙订立《合作协议书》，约定甲完成工厂搬迁工作前 8 个工作日，乙向甲支付合作应得款 4200 万元。甲应于 2012 年 3 月 15 日前完成工厂搬迁工作，交付土地。甲方如未在约定时间内完成搬迁交付工作，每推迟一天，应向乙计付违约金。甲实际于 2012 年 10 月 30 日完成搬迁，延期 229 天。乙起诉要求甲承担逾期搬迁损失及违约金。法院判决认为，根据双方约定，甲方搬迁工厂前 8 个工作日，乙方应向甲方支付 4200 万元。本案中，乙方于 2012 年 10 月 29 日支付了 4200 万元，甲方于 10 月 30 日即搬迁，不存在违约行为。[①]

本案履行顺序、履行期限均为有效约定，但裁判以甲方行使先履行抗辩权的事实掩盖了其违反履行期限的违约事实，对甲方违约行为未作处理，裁判结论有待商榷。

---

① 陕西省高级人民法院（2018）陕民终 259 号民事判决书。

四、不安抗辩权

《民法典》第 527 条第 1 款规定，应当先履行债务的当事人，有确切证据证明对方有下列情形之一的，可以中止履行：（1）经营状况严重恶化；（2）转移财产、抽逃资金，以逃避债务；（3）丧失商业信誉；（4）有丧失或者可能丧失履行债务能力的其他情形。这是有关不安抗辩权法律规定的一部分。不安抗辩权的成立要件有以下几个方面。

第一，当事人互负债务。这一点与同时履行抗辩权相同。

第二，应当先履行债务的一方有确切证据证明对方有丧失或者可能丧失履行债务能力的情形。这些有丧失或者可能丧失履行债务能力的情形包括：（1）经营状况严重恶化；（2）转移财产、抽逃资金，以逃避债务；（3）丧失商业信誉等。"有确切证据"是说先履行一方对对方丧失或者可能丧失履行债务能力的情形的掌握不是捕风捉影、道听途说，而是已经掌握了充分的证据。"不安"的事实依据就是先履行债务一方所掌握的证据，这些证据足以令他"不安"，因此，法律有必要对他予以救济，赋予抗辩权。先履行债务一方如果没有这些确切的证据即中止履行债务的，应当承担违约责任。

第三，先履行一方有权"中止履行"。中止就是暂缓，也属一时抗辩。中止履行的决定要及时通知对方。后履行债务一方先履行了债务，或者为履行提供了适当担保，或者恢复了债务履行能力的，导致先履行一方"不安"的情形消失后，先履行一方即应恢复履行。

第四，先履行一方解除合同的权利。在先履行一方提出"中止履行"的不安抗辩后，后履行债务一方"在合理期限内未恢复履行能力且未提供适当担保的，视为以自己的行为表明不履行主要债务"，先履行一方可解除合同，并追究对方的违约责任。[①]

案例 5.16　不安抗辩权成立的条件是什么？（一）

2020 年 11 月，某集团公司以挂牌方式竞得某采矿权，与出让方签订了《采矿权出让成交确认书》，承诺于成交后 20 日内足额付清成交价款至指定账户，逾期将承担滞纳金与违约金。竞得人为其逾期付款行为辩解

[①] 《民法典》第 528 条。

称：由于该矿区位于可视范围，对后期项目环评、采矿许可证办理等方面存在严重不利影响，合同履行存在不确定性，一直在向出让方进行交涉磋商，采矿权价款迟延缴纳不属于违约行为。请问：竞得人的抗辩是否属于不安抗辩权？

矿区位于可视范围会影响项目环评及采矿许可证办理这一政策变化到底发生在什么时间，是评判本案竞得人能否取得不安抗辩权的关键事实。这一政策变化发生在采矿权设置后，因此，挂牌出让采矿权的行为是合法的。这一政策变化如果发生在竞得人签订成交确认书前，竞得人不享有不安抗辩权。否则，竞得人享有不安抗辩权。

案例 5.17　不安抗辩权成立的条件是什么？（二）

2021 年 6 月，某医院与某生物技术公司订立了《健康服务中心建设合作协议》，约定由生物技术公司为医院提供健康管理，提升服务，做好外联、宣传推广、协助管理等服务。医院按照增量结算、分段提取、按月同期比考核结算的原则，在每月财务结算后 5 日内结算服务费，在收到生物技术公司足额发票后 3 日内支付到账。医院应于次月 20 日前向生物技术公司提供财务报表，为生物技术公司开通财务数据相关报表的查询权限。至 2022 年 5 月，医院未向生物技术公司提供财务报表，未支付服务费。2022 年 6 月 30 日，双方签订了《补充协议》，对"权利及义务履行中存在模糊和争议的部分"作了补充规定。2022 年 8 月，生物技术公司提起仲裁，要求医院支付服务费、滞纳金。2022 年 9 月，生物技术公司以"医院不履行合同义务的行为造成了公司集体存在不安心理"为由，认为"公司面临巨大的运营压力"，"不得不考虑暂时中止服务"。请问：生物技术公司是否享有不安抗辩权？

在双方合同履行中的模糊和争议部分通过《补充协议》明确之后，医院就丧失了不履行合同的任何正当理由了。在医院"丧失商业信誉"的情形下，生物技术公司享有不安抗辩权，可中止合同履行。

第六章　合同的保全

第一节　合同的保全概述

一、合同保全的概念

合同的保全也称债的保全，是指为使债权免遭债务人不当行为的侵害，危及债权实现，法律赋予债权人以自己的名义向债务人的债务人（次债务人）主张权利，或者赋予债权人撤销债务人不当处分责任财产行为的权利，以保障债权实现的一种法律制度。

合同的保全制度包括债权人的代位权和撤销权两项具体权利。

二、合同保全的法律特征

（一）合同保全的目的在于保护债权免遭债务人不当行为的侵害

债权实现的物质基础是债务人的责任财产，债务人责任财产的不当减少就会危及债权的实现，合同保全制度的目的不是要增加债务人的责任财产，而是阻止债务人责任财产的不当减少，制止债务人危及债权实现的不作为或者乱作为行为。

（二）合同保全突破了债的相对性

合同保全允许债权人以自己的名义向次债务人主张权利，允许债权人撤销债务人所实施的减少责任财产的不当行为，次债务人、债务人处分责任财产行为的相对人，是债权人与债务人债的关系的第三人。债权人的权利指向了第三人，就是债的相对性的突破。

（三）合同保全制度具体包括债权人的代位权和撤销权

合同保全制度具体体现为债权人的代位权和撤销权两项权利，该两项权利均需通过诉讼或者仲裁的方式去行使。也就是说，代位权和撤销权虽然被规定在《民法典》当中，但它同时属于程序性权利。

合同保全与诉讼保全虽然都使用了"保全"的概念，却是两种不同的制度，要注意区分。

三、我国合同保全制度的立法

我国台湾地区规定有债的保全制度，涉代位权、撤销权各两条。我国台湾地区有关规定指出，债务人怠于行使其权利时，债权人因保全债权，得以自己之名义，行使其权利。但专属于债务人本身者，不在此限。这一条把代位权的含义讲得非常清楚，"行使其权利"的"其"，指的就是债务人，代债务人之位，目的在"保全债权"。我国台湾地区有关规定认为，债务人所为之无偿行为，有害及债权者，债权人得声请法院撤销之。债务人所为之有偿行为，于行为时明知有损害于债权人之权利者，以受益人于受益时亦知其情事者为限，债权人得声请法院撤销之。债务人所为有害债权之无偿行为，债权人可径行申请法院撤销，不论受益人是否"知其情事"。债务人所为有害债权之有偿行为，除有损害于债权者外，还要以受益人明知债务人的处分行为"有损害于债权人之权利"的主观过错为条件，债权人方可申请法院撤销，获得法院的支持。

我国1999年《合同法》在第四章"合同的履行"中规定了代位权和撤销权。代位权规定在第73条，撤销权规定在第74条、第75条，仅三个条文。由于规定得过于简略，为方便司法适用，《合同法解释（二）》补充了3个条文予以细化。至《民法典》，合同编通则分编单列第五章"合同的保全"，共8条，其中规定代位权的是第535条至第537条，规定撤销权的是第538条至第542条。《合同编通则解释》"五、合同的保全"共规定了14条，其中，有关代位权的9条，有关撤销权的5条。对合同保全制度的学习，以现行《民法典》及司法解释的规定为准。

第二节　代　位　权

一、代位权的概念与法律特征

代位权也叫债权人的代位权，是指当债务人怠于行使其对次债务人享有的债权，危及债权人债权的实现时，法律允许债权人以自己的名义代债务人之位，向次债务人主张的权利。代位权具有以下法律特征。

（一）代位权是一种法定权利

代位权是由法律直接规定给债权人的一种权利，是对债权遭遇侵害时的救济措施，不是由债权人与债务人约定的。代位权既从属于债权，又不完全等同于债权，其具有自己独特的法律属性。

（二）代位权是债权人的权利

代位权是债权人依法享有的一种权利，代位权从属于债权，是由债权派生的权利，其立法目的在于通过赋予债权人向次债务人直接主张权利的方式来确保债权的实现。

代位权之"代位"，是指债权人代债务人之位，取得了债务人的地位，取得了向次债务人为请求的权利。"代位"不是基于委托，而是基于法定。

（三）代位权的权利范围受制于前后两个债权

代位权的权利范围既受制于债权人对债务人享有的债权，也同时受制于债务人对次债务人享有的债权，不能超越这两个权利中的任何一个权利去主张。

二、代位权的成立条件

（一）债权人对债务人享有受法律保护的债权

债权人对债务人享有的首先应是合法有效的权利，其次应是可通过诉讼方式行使的权利，要在诉讼时效之内，不能是自然权利。因为是债权人的代位权，所以这个权利还应当是债权。对于附停止条件的债权，条件成就前，债权效力不发生，谈不上代位权的成立；对于已发生效力的债权，在债务人履行期限届满前，债务人怠于行使权利的状态是否会危及债权的实现尚难以预料，此时若成立代位权则对债务人过苛，会造成双方利益的不公。

（二）债务人对次债务人享有到期债权

未到期债权不具有可履行性，不能强制履行。而代位权是诉权，债权人行使代位权所追求的结果就是强制履行。强调只有债务人对次债务人享有的到期债权可以被代位行使，主要是为了保护次债务人的合法利益。债务人对次债务人享有的到期债权之外的其他财产性权利可不可以成为代位权的标的呢？这是一个有争议的问题。笔者认为，凡是具有请求权权能的财产性权利，只要不具有法律上的障碍，债务人怠于行使权利，都可以被债权人代位行使，以保障债权的实现。对于专属于债务人自身的权利，诸如抚养费、赡养费或者扶养费请求权；人身损害赔偿请求权；劳动报酬请求权，但是超过债务人及其所扶养家属的生活必需费用的部分除外；请求支付基本养老保险金、失业保险金、最低生活保障金等保障当事人基本生活的权利等不可以成立代位权。①

（三）债务人怠于行使其对次债务人享有的权利

所谓"债务人怠于行使"是指债务人应当行使、能够行使而不行使的一种消极不作为状态。"应当行使"是指债务人权利行使的一种紧迫状态，譬如时效即将届满、债权申报期限即将届至等，不行使权利就会导致权利消灭。"能够行使"的最初含义是指债务人不存在行使权利的法律障碍，延伸理解也应当包括债权人不存在代位行使债务人权利的法律障碍。债务人自己能够行使权利，债权人也能够代位行使，均不存在权利行使上的法律障碍。不论债务人是有意，还是无意，只要存在"怠于行使"的事实，债权人就可以代位行使其权利。

（四）债务人怠于行使权利会危及债权的实现

债务人怠于行使权利危及债权的实现是指成立代位权的必要性。要从立法目的上去认识债权代位保全的必要性。不能通过对债务人责任财产的现状与债务进行简单的量的比较来认定必要性，债务人怠于行使权利，除了会导致债权无法实现的严重后果外，增加债权实现的难度和成本也应是成立代位

---

① 《合同编通则解释》第34条。

权的考量因素。根据日本、我国台湾地区有关规定,对金钱债务及不特定债务,通常以债务人是否处于无资力状态来判断必要性;而在特定债务和其他与债务人资力无关的债务中,只要债权的实现有危险,就有保全的必要,并不以债务人无资力为要件。在法国,法律明文规定以债务人的无资力作为债权有受到侵害危险的要件。由此可见,法国法侧重保护债权人的价值求偿权,日本与我国台湾地区既考虑价值求偿权又注重债权人特定利益的实现,更具进步性。

(五)债务人已经陷于迟延履行

只有在债务人已经陷于迟延履行并怠于行使其权利危及债权实现时,才有成立代位权的必要。但对于专为保存债务人权利的行为可不受该时间限制,如中断诉讼时效的行为、申报破产债权的行为等,因为债务人在上述事项上的不作为将会导致权利的丧失。在债务人怠于实施上述任何行为可能危及债权实现时,即使是在债务人履行迟延之前,债权人也可代位行使。

案例6.1 代位权成立的要件是什么?

2010年10月,发包人甲公司与承包人乙公司签订《两方合同》,将其生产线项目及配套工程发包给乙公司施工建设。该项目后因市场产量过大停工缓建。2013年4月,甲公司向乙公司出具《工程结算资料送审签收回执单》,载明项目送审金额9730万元。甲公司债权人丙公司以甲公司向乙公司超付工程款为由,请求乙公司代位清偿2780万元。一审判决认为:有关次债权的成立,应当具备三个条件:一是甲公司已支付工程进度款;二是乙公司施工的工程造价已确定;三是甲公司与乙公司对双方的往来款、借款等资金款项进行了结算并已确定。本案丙公司和乙公司对案涉工程造价各持己见,分歧很大,已完工部分的工程造价尚无最终结论。甲公司与乙公司对双方的往来款、借款等资金款项尚存有争议。甲公司对乙公司是否享有到期债权尚不明确,丙公司主张债权人代位权不成立,驳回了丙公司的诉请。[①] 二审认为,甲公司与乙公司之间因案涉工程造价并未结算,且就案涉工程存在其他债权债务关系,甲公司对乙公司是否享有债

---

① 新疆维吾尔自治区克孜勒苏柯尔克孜自治州中级人民法院(2021)新30民初4号民事判决书。

权尚不确定，故丙公司对乙公司主张的代位权不能成立，维持了一审判决。①

丙公司代位权成立的要件即甲公司对乙公司享有债权这一事实是不确定的，丙公司的代位权无法成立。当然，债权人证明债务人"怠于行使债权"比较容易，但要证明次债权的存无、到期与否及金额是相当困难的。债务人"怠于行使债权"的结果就包含次债权金额的无法确定，债权人要证明这些，还得仰赖于债务人与次债务人的积极配合，法院有时确实是爱莫能助的。

三、代位权的行使

（一）代位权的行使主体

代位权的权利人是债权人，债权人有权以自己的名义直接行使代位权。债权人的代位权，建立在两个债权之基础上，受制于两个债权，即债权人对债务人享有的债权以及债务人对次债务人享有的债权。从形式上看，债权人代债务人之位向次债务人行使的是债务人的债权，但同时不可逾越债权人对债务人享有的债权。债权人代债务人之位以自己的名义行使权利，不可借此便利损害债务人的利益，即债权人负有善良管理人的义务，不得因违反注意义务给债务人造成损害。否则，应承担损害赔偿责任。

（二）代位权的行使方式

债权人的代位权应当通过诉讼或者仲裁的方式行使，也就是说代位权是一项诉权。从这个角度来看，代位权是否成立、应否被支持最终取决于裁判确认。涉案各方的合法权益由正当程序来确保。

代位权诉讼的原告是债权人，被告是次债务人，债务人既可为被告，亦可为第三人，管辖法院为次债务人所在地人民法院（专属管辖除外），诉请为请求判令次债务人向债权人履行债务。

在代位权诉讼中，债务人对超过债权人代位请求数额的债权部分起诉相对人，属于同一人民法院管辖的，可以合并审理。不属于同一人民法院管辖

---

① 新疆维吾尔自治区高级人民法院（2022）新民终115号民事判决书。

的，应当告知其向有管辖权的人民法院另行起诉；在代位权诉讼终结前，债务人对相对人的诉讼应当中止。[1]

（三）代位权的行使效果

债权人行使代位权，会产生以下法律后果。

对债权人而言，裁判一旦认定代位权成立，即应裁决由次债务人向债权人履行义务，债权人接受该履行后，债权人与债务人、债务人与次债务人之间的债权债务关系终止。债务人对次债务人的债权，或者与该债权有关的从权利被采取保全、执行措施，或者债务人破产的，依照相关法律的规定处理。债权人通过行使代位权仍然没有实现的债权，有权继续向债务人追讨。

对债务人而言，债权人行使代位权的必要费用，应由债务人负担。代位权因债务人"怠于行使"而起，债务人存在过错。未被债权人代位行使的对次债务人的债权，债务人继续享有。

对次债务人而言，其对债务人享有的抗辩，同样可以向债权人主张。如果次债务人对债务人享有抵销权时，不影响其继续向债权人主张抵销权。抵销结果应当通知债务人。

第三节 撤 销 权

一、撤销权的概念与特征

撤销权即债权人的撤销权，是指债权人对于债务人所为的减损其责任财产、危害债权的行为，有权请求法院或者仲裁机构予以撤销，从而恢复债务人责任财产的原状，以保障债权实现的权利。撤销权具有以下法律特征。

（一）撤销权是一种法定权利

撤销权是由法律直接规定给债权人的一项权利，是对债权遭受侵害时的救济措施，不是由债权人与债务人约定的。撤销权既从属于债权，又与债权相区分，具有自己独特的法律属性。

---

[1] 《合同编通则解释》第 39 条。

（二）撤销权是债权人的权利

撤销权是债权人依法享有的一种权利，是由债权派生的权利，目的在于通过赋予债权人撤销债务人不当减损责任财产的行为，恢复责任财产原状的方式来保障债权的实现。

撤销权之"撤销"，是指债权人撤销债务人所为的有害债权之行为。撤销指向的是债务人与第三人之间的行为，而非行为的标的（物）。债权人的撤销权与其他类型的撤销权关于撤销的基本功能是相同的。

（三）撤销权的功能是撤销不当行为、恢复原状

与代位权不同，撤销权的功能在于撤销债务人的不当行为，恢复债务人责任财产的原状，债权人无法通过行使撤销权而直接实现债权，撤销权的行使为债权实现创造了条件。而代位权行使的结果是次债务人向债权人直接履行债务，债权人的债权通过行使代位权得以实现。但为保护债权人主张撤销权的积极性，债权人在撤销权诉讼中同时请求债务人的相对人向债务人承担返还财产、折价补偿、履行到期债务等法律后果的，人民法院依法予以支持。①

民法上有多种撤销权，以合同编为例，有要约人的撤销权、可撤销合同的撤销权、债权让与通知的撤销权、赠与人的撤销权等，要注意不同的撤销权制度之间的区别，准确适用。

二、撤销权的成立条件

学界的惯常做法，是将撤销权的成立条件区分为客观条件和主观条件两部分来论述的。

（一）撤销权成立的客观条件

撤销权成立的客观条件即债务人实施了减损其责任财产的不当行为，既包括处分行为，也包括负担行为。根据《民法典》第538条、第539条之规定，这些行为具体包括以下几个方面。

1. 债务人放弃其债权

不只是债务人放弃债权，债务人抛弃财产以及财产性权利的，都在此列。

---

① 《合同编通则解释》第46条第1款。

2. 债务人放弃债权担保

债务人放弃为其债权设定的担保，必然会使责任财产的价值减损，危及债权的实现。

3. 债务人无偿转让财产

债务人虽名为转让，但无偿转让跟赠与、抛弃无异，都会使债务人责任财产减损，危及债权的实现。

4. 债务人恶意延长到期债权的履行期限

债务人的债权已经到期，在自身负有到期债务的情况下，本应去积极主张，实现债权，而债务人却采取了延长债务履行期限的方式，不仅使自己的债权无法及时得到清偿，也给债权人债权的实现制造了障碍，危及债权的实现。债务人的恶意表现为其明知延长到期债权的履行期限的行为有害债权，而故意为之。

5. 债务人以明显不合理的低价转让财产

"明显不合理的低价"是说任何一个理性的人都认为是不合理的低价，强调的是债务人的恶意，还有相对人的明知。债务人通过这种方式减损其责任财产的价值，危及债权的实现。

6. 债务人以明显不合理的高价受让他人财产

无论是"明显不合理的低价"，还是"明显不合理的高价"，都在强调债务人减损责任财产行为的主观故意。债务人明知这样做会危害到债权的实现，而有意为之。"明显不合理"首先应是"质"的判断，而非"量"的判断。

无论是"明显不合理的低价"，还是"明显不合理的高价"，所谓的"明显不合理"，人民法院应当按照交易当地一般经营者的判断，并参考交易时交易地的市场交易价或者物价部门指导价予以认定。司法解释给了一个"交易时交易地的市场交易价或者指导价"70%、30%这一判断标准。转让价格未达到交易时交易地的市场交易价或者指导价70%的，一般可以认定为"明显不合理的低价"；受让价格高于交易时交易地的市场交易价或者指导价30%的，一般可以认定为"明显不合理的高价"。[1] 这一规则仅能作为一般情况下法官裁判时的一个参考标准，必须结合具体案情具体对待，不可径直援引司

---

[1] 《合同编通则解释》第 42 条第 2 款。

法解释的这一规定。无论是 70%，还是 30%，都只是一个比例，而非金额。70%、30%的判断规则不适用于债务人与相对人存在亲属关系、关联关系的情形。①

7. 其他不合理交易行为

债务人在自己的责任财产上设定担保是一种负担行为，增加了责任财产的负担，减损了责任财产的价值，为债权实现制造了障碍，危及债权的实现。债务人以明显不合理的价格，实施互易财产、以物抵债、出租或者承租财产、知识产权许可使用等行为，影响债权人的债权实现，债务人的相对人知道或者应当知道该情形，债权人请求撤销债务人的行为的，人民法院应当予以支持。②

债务人的上述行为危及债权的实现，可能使债权无法实现，或者使债权无法完全实现，或是增加了债权实现的成本等，均为应予撤销的行为。如果债务人虽然实施了减损其责任财产的不当行为，但并不影响其偿债能力，在减损后的责任财产范围内，债务人仍有足够的能力清偿债务的，就无必要赋予债权人撤销权。这些都是撤销权之诉中应予着重审查的内容。对于债务人所为的不使责任财产增加的行为，不在撤销权之列。譬如债务人放弃继承的行为，放弃继承会使得债务人责任财产不增加，而不是减损责任财产现状的行为，债权人不得撤销债务人所为的放弃继承的行为。

（二）撤销权成立的主观条件

债务人对其负有债务的事实是明知的，减损责任财产会危及债权的实现是一个常识性的推导结论，从这个意义上讲，债务人实施撤销权指向的行为都具有主观上的故（恶）意。撤销权成立的主观条件说的是债务人不当行为的相对人的主观故意。债权人行使撤销权，撤销债务人的不当行为，必然会影响到债务人不当行为的相对人，立法对这一突破债的相对性的撤销行为规定了多一重的证明义务。债权人不仅要证明相对人对"不合理的低价""不合理的高价"事实的明知，还要证明相对人对债务人以明显不合理的低价转让财产、以明显不合理的高价受让他人财产或者为他人的债务提供担保的行为

---

① 《合同编通则解释》第 42 条第 3 款。
② 《合同编通则解释》第 43 条。

"影响债权人的债权实现"这一事实的明知。立法规定债权人多一重证明义务的目的在于保护相对人的合法权益，维护交易安全。

"明显不合理的低价""明显不合理的高价"中的"明显"应采取理性人标准，容易解释得通，归由裁判认定。但相对人对"影响债权人的债权实现"明知的事实证明难度较大。

案例 6.2　债权人的撤销权能否成立？（一）

2016 年 5 月，女方柴某与男方刘某离婚，刘某承诺给柴某 40 万元。后经强制执行，仍未付足。2021 年 5 月 16 日，刘某将其名下的车辆过户给张某，二手车交易发票金额仅 1 万元，柴某遂起诉，请求撤销。一审判决认定，被告刘某、张某承认该价格并非真实交易价格，是找代办办理过户时为了少缴税而陈述的价格。法院前往相关单位调查了解，确实存在二手车交易时为了少缴税陈述低价，很多陈述价格并非真实的交易价格的情况，而刘某与张某自述双方的真实交易价格为 10 万元。被告刘某曾向张某借款 4 万元，抵销了一部分，余款张某付清了。而柴某未进一步提供充分证据证明被告以不合理低价转让车辆。满足撤销行为的另一条件为债务人的相对人知道或者应当知道该情形，本案债务人的相对人为张某，柴某未提供证据证明其知道或者应当知道柴某与刘某之间的债权债务情形。综上，柴某未提供充分有效的证据证明不合理低价转让，也未提供证据证明债务人的相对人知道或者应当知道该情形，故对其诉讼请求不予支持。[①]二审维持了一审判决。[②]

"明显不合理低价"以及张某明知刘某与柴某之间债的关系这两点证据不足，是导致柴某败诉的原因。

三、撤销权的行使

（一）撤销权的行使主体

撤销权的行使主体是债权人，债权人得以自己的名义向债务人及相对人

---

① 新疆维吾尔自治区哈密市伊州区人民法院（2022）新 2201 民初 3278 号民事判决书。
② 新疆维吾尔自治区哈密市中级人民法院（2022）新 22 民终 330 号民事判决书。

提起撤销权之诉。

（二）撤销权的行使范围

撤销权的行使范围以保全债权为必要。《民法典》第 540 条规定："撤销权的行使范围以债权人的债权为限。"如果债务人的行为是可分的，债权人就应当在足以保全债权的范围内撤销，不能一并撤销整个行为。如果撤销权指向的行为是不可分的，债权人就有权请求撤销该行为，而不限于撤销行为的一部分。

（三）撤销权的行使方式

债权人的撤销权应当通过诉讼或者仲裁的方式行使。撤销权诉讼的原告是债权人，被告是债务人。如果债务人实施了双方行为的话，债务人和债务人的相对人为共同被告。管辖法院按照债权人与债务人之间的债的关系来确定，一般由债务人住所地法院管辖。诉讼请求为请求判令撤销债务人的行为，或者撤销债务人与相对人之间的行为，包括部分撤销在内。

（四）撤销权的行使期限

《民法典》第 541 条规定："撤销权自债权人知道或者应当知道撤销事由之日起一年内行使。自债务人的行为发生之日起五年内没有行使撤销权的，该撤销权消灭。"一年是指除斥期间，一年期限届满债权人未提起撤销权之诉的，撤销权消灭。五年是最长时效，是指权利的存续期间最长为五年。若债权人不知或不应知道撤销事由的存在，则须自债务人的行为发生之日起五年内行使，否则撤销权就消灭了。

（五）撤销权行使的法律效果

债权人行使撤销权，会产生以下法律效果：（1）对债权人而言，裁判一旦认定撤销权成立，即应裁决撤销债务人所实施的减损责任财产的不当行为。债务人的行为，或者与相对人所实施的行为，即归于终止。（2）对债务人而言，债权人行使撤销权的必要费用，应由债务人负担。因为撤销权系因债务人的过错行为而发生。如是部分撤销的话，未被债权人撤销的债务人行为的部分，继续有效。（3）对相对人而言，撤销权行使的结果会使其与债务人实施的行为被全部撤销或者部分撤销，失去法律约束力。

总之，根据《民法典》第 542 条之规定，"债务人影响债权人的债权实现的行为被撤销的，自始没有法律约束力"。部分被撤销的，被撤销的部分自始没有法律约束力。

案例 6.3 债权人的撤销权能否成立？（二）

2017 年至 2018 年，被告何某分三次共向原告苗某借款 90 万元。生效判决确认被告应向原告归还借款本金 90 万元及利息。[①] 被告何某与其妻任某于 1980 年 12 月 9 日结婚，2019 年 4 月 15 日协议离婚，夫妻共有的一套房屋无偿转让给任某个人所有。原告苗某诉被告何某、任某，请求撤销该无偿转让行为。一审认为：因债务人放弃其到期债权或者无偿转让财产，对债权人造成损害的，债权人可以请求人民法院撤销债务人的行为。撤销权的行使范围以债权人的债权为限。具体到本案中，何某与任某签订《离婚协议书》时，原告之债权已实际发生。何某在《离婚协议书》中将其享有之房产份额归属于任某一方之行为，应认定为法律规定的"无偿转让财产"行为，且何某并无其他可供清偿债务的财产，故其上述行为不当减少了何某的责任财产，已对债权人苗某之债权实现造成损害。苗某主张行使撤销权，存在事实与法律依据，应予支持，原告苗某诉请要求撤销何某向任某无偿转让财产之行为，实质系要求撤销二被告离婚协议中关于共同财产处理的约定。判决撤销。[②]

本案属于典型的利用离婚逃废债务的行为，何某享有的共有房屋价值的份额应用来清偿债务。

---

① 浙江省舟山市定海区人民法院（2022）浙 0902 民初 1149 号民事判决书。
② 浙江省舟山市定海区人民法院（2022）浙 0902 民初 2153 号民事判决书。

第七章 合同的变更和转让

第一节 合同的变更

一、合同的变更概述

我国民事立法,从《合同法》到《民法典》合同编,均有"合同的变更和转让"一章。立足变更的狭义解释方可将变更与转让从词义上区分开来。合同的变更是指合同关系成立后,在合同主体不变的前提下,基于法定、约定或者当事人协商一致等事由,对合同内容所作的改变。合同的变更,具有以下法律特征。

(一)合同的变更是对原有合同内容所作的改变

合同的变更是对原有合同内容所作的改变包含两层含义:一是合同的变更是以一个已经存在的合同关系为基础;二是合同的变更是对原有合同关系内容所作的改变,即在保持合同主体不变的前提下,对当事人原有的权利义务所作的改变。

(二)合同的变更事由要合法

合同应当被信守。合同关系成立后,对合同关系的变更一定要建立在具有合法理据的前提下。合同的变更事由,要么是由法律直接规定的,要么是基于自治由当事人约定或者协商一致的。要有合法理据方可对原有合同关系中的权利义务作改变。

(三)合同的变更要保持合同关系的同一性

合同的变更是同一合同关系在内容上的变化,变更前后是同一合同关系,而非两个不同的合同关系。合同的变更要保持合同关系的同一性,合同的基本内容及性质不应因变更而改变。传统民法将合同的变更区分为要素变更和非要素变更。要素变更是给付的重要部分发生变更，会导致原合同关系的消灭和新合同关系的产生，而合同的变更不会导致原合同消灭和新合同产生，合同的变更仅指合同非要素变更，譬如标的物数量的增减、规格的调整，价款或者报酬的增减，履行期限、地点、方式的改变等。合同的变更必须保持合同性质（类型）的同一性，不能因为变更而改变合同的性质（类型）。

（四）合同的变更要关注对原有合同内容的承继

合同的变更建立在原有合同关系内容的基础上，原合同关系的基本面不应因变更而改变。在此基础上，合同的变更是对一些内容作了改变，另一些内容没有改变，没有改变的内容就被承继下来，与改变后的内容，一起成为合同关系的新内容，对当事人产生约束力。"未变更"或者"推定未变更"的，应继续适用原合同的约定。认定合同关系的内容要关注变更发生的时间以及变更后的内容。

二、合同的变更事由

任何合同关系一经成立、生效，即应遵守履行，非依法不得变更。从这个意义上讲，合同的变更事由均应依法律规定。《民法典》第 136 条第 2 款规定："行为人非依法律规定或者未经对方同意，不得擅自变更或者解除民事法律行为。""依法律规定"或者"经对方同意"是两种并列的合同变更事由。

（一）依法律规定引起的合同变更

《民法典》规定引起的合同变更主要有以下几种。

1. "受不利影响的当事人"的变更请求权

根据《民法典》第 533 条之规定，当情事变更发生后，"受不利影响的当事人"在与对方重新协商失败后，有权请求人民法院或者仲裁机构变更合同。人民法院或者仲裁机构经审理后，可根据公平原则予以变更。"受不利影响的当事人"变更请求权的行使方式为诉讼或者仲裁，人民法院或者仲裁机构根据当事人的诉请依法裁决变更合同的，系因依请求、裁决引起的合同变更。

2. 定金数额的变更

根据《民法典》第 586 条第 2 款之规定，作为实践合同的定金，其"数额由当事人约定"。如果"实际交付的定金数额多于或者少于约定数额的，视为变更约定的定金数额"。当事人实际交付的定金数额与约定不符的，视为对定金数额的变更。当事人一方实际交付定金不符合约定的行为视为对合同的变更。

3. 债权人和债务人协商减轻债务的，保证人的保证责任同时减轻

《民法典》第 695 条第 1 款规定："债权人和债务人未经保证人书面同意，协商变更主债权债务合同内容，减轻债务的，保证人仍对变更后的债务承担保证责任……"主债权债务关系的双方未经保证人书面同意减轻债务的，该变更也会引起作为从债的保证人保证责任的减轻。反之，加重主债务的，"保证人对加重的部分不承担保证责任"，保证人在原保证担保范围内继续承担保证责任。

4. 托运人单方变更合同

《民法典》第 829 条规定："在承运人将货物交付收货人之前，托运人可以要求承运人中止运输、返还货物、变更到达地或者将货物交给其他收货人，但是应当赔偿承运人因此受到的损失。"托运人"在承运人将货物交付收货人之前"，可以单方要求承运人中止运输、返还货物、变更到达地及收货人，托运人的变更对承运人有效。由此给承运人造成经济损失的，托运人应当予以赔偿。

（二）经对方同意引起的合同变更

"经对方同意"的本意即依自治，由合同双方通过平等协商解决。《民法典》第 543 条规定的"当事人协商一致，可以变更合同"即为此意。从自治角度来看，也应包括当事人在合同中约定的变更事由，当该事由出现后，合同亦可由此变更。

案例 7.1　受领债务人迟延履行可否视为同意变更履行期限？

原告甲公司与被告乙公司于 2014 年 6 月签订了《房屋租赁合同》，约定由原告将房屋及场地出租给被告，租期十年，前五年租金每年 80 万元，后五年每年 90 万元，合同签订后支付半年租金 40 万元，以后每年的 2 月 15 日及 7 月 15 日支付每半年的租金。被告应按时支付租金，逾期每日按应缴租金的 5% 收取滞纳金，逾期 15 日以上原告有权终止合同，收回房

屋。2018 年 9 月 5 日，原告以被告连续迟延支付租金为由，请求解除合同，并支付拖欠的三期共 120 万元租金及违约金 30 万元。一审判决认为，被告自 2015 年起未能按时支付租金，均拖后支付，原告未提出异议，在 2018 年 11 月才提出异议，向本院起诉，要求解除与被告的租赁合同。显然，在租赁合同的履行过程中，原告已接受了被告迟延交付租金的行为，现以被告违反约定，未按期支付租金为由，认为被告违约，要求解除租赁合同，理由不能成立，本院不予支持。判决驳回原告全部诉讼请求。[①] 请问：本案是否属于视为变更的情形呢？

合同双方未实施变更合同履行期限的行为，也不属于法定的视为变更的情形。根据《民法典》第 140 条第 2 款之规定："沉默只有在有法律规定、当事人约定或者符合当事人之间的交易习惯时，才可以视为意思表示。"法律行为以意思表示为要素，被告没有提出任何变更租金支付期限的意思表示，原告也没有作出任何同意变更租金支付期限的意思表示。原告接受被告支付租金的行为是行使合同权利的受领行为，不应被视为同意变更合同履行期限的意思表示。

三、合同变更的效力

（一）合同变更原则上仅向将来发生效力

除非有明确约定，变更原则上仅向将来有效。变更前已经履行的继续有效，变更后依照新的合同内容履行。

（二）未变更或者推定未变更的继续有效

合同未被变更的内容，或者依法推定未变更的内容继续有效。《民法典》第 544 条规定："当事人对合同变更的内容约定不明确的，推定为未变更。"内容不明确的变更被推定为未变更，能够有效保护交易的安全。

（三）合同变更应依法办理批准等手续

合同变更依法应当办理批准等手续的，应当办理批准等手续。"应当办理

---

① 陕西省西安市新城区人民法院（2019）陕 0102 号民初 87 号民事判决书。本案二审以调解方式结案，陕西省西安市中级人民法院（2019）陕 01 民终 6493 号民事调解书。

申请批准等手续的当事人未履行义务的，对方可以请求其承担违反该义务的责任。"① 对于法律没有要求办理批准等手续的，不适用本规则。

法律有时也会明确禁止某些特殊类型合同一方当事人对合同的变更。《民法典》第 744 条规定："出租人根据承租人对出卖人、租赁物的选择订立的买卖合同，未经承租人同意，出租人不得变更与承租人有关的合同内容。"这是融资租赁合同禁止出租人变更合同的规定。

案例 7.2　贷款展期是否属于加重保证人债务的行为？

因借款人无法按期向银行偿还借款，银行决定将原贷款予以展期。展期协议由借款人公司签章。但由于借款人的法定代表人、保证人被司法机关羁押中，无法在展期协议上签字。请问：保证人是否应对展期后的借款债务继续承担保证责任呢？

贷款展期属于加重保证人债务的情形。贷款展期后，如果保证人继续为展期后的债务承担保证责任，保证责任的存续期间就被延长了。因此，贷款展期时，保证人未继续作出保证的意思表示的，保证人不再对展期后的债务继续承担保证责任。由于展期变更了主债务的内容，原借款协议所约定的保证范围已经被变更了，保证人不再为原债务承担保证责任，更无须为新债务承担保证责任。

案例 7.3　是否存在合同变更情形？

2014 年 6 月 16 日，甲公司与乙公司签订《探矿权转让合同书》，约定将甲公司所有的探矿权转让给乙公司，转让价格为 580 万元。合同生效后 7 个工作日内支付 300 万元，自乙公司取得该探矿权登记管理机关《探矿权转让批准通知书》后 3 个工作日内支付余款 280 万元。如乙公司未按期支付剩余款项，每日应按未付款金额的 1‰向甲公司支付逾期违约金。合同约定的争议解决方式为诉讼。2014 年 9 月 26 日，甲公司与乙公司在省矿业权交易中心签订《探矿权转让合同》，约定将甲公司所有的探矿权转让给乙公司。转让价格为 580 万元。如乙公司违反本合同，按合同总金额的 20%向甲公司支付违约金。双方约定的争议解决方式为"向某仲裁委员

---

① 《民法典》第 502 条第 2 款。

会申请仲裁"。2015 年 5 月 27 日，乙公司收到省国土资源厅批准通知书。乙公司在支付 150 万元后再无支付。在甲公司的催要下，乙公司于 2015 年 12 月 31 日出具《还款承诺计划》，承诺于 2016 年 3 月底之前还清下欠的 130 万元，并愿承担从发证之日至还款之日期间内的银行同期利息。2016 年 5 月 19 日，甲公司致函乙公司："望贵公司于 5 月 31 日前将剩余的 130 万元探矿权转让价款汇给我集团，若在 5 月 31 日前还不能将剩余款项汇至我集团账户，我集团将按照合同约定，每日收取贵公司未付款金额的千分之一作为逾期违约金，并追究相关的法律责任。"2017 年 1 月 6 日，甲公司再致函乙公司："望贵公司能够诚信经营、尽快履行承诺，于元月 25 日前将剩余的 130 万元探矿权转让价款支付给我集团。"2017 年 9 月 14 日，甲公司又致函乙公司："1. 支付我集团欠款 130 万元。2. 支付我集团自省国土资源厅下发《探矿权转让批准通知书》之日至还款之日期间，按照未支付转让款每日 1‰ 计算的逾期违约金。3. 支付我集团自省国土资源厅发证之日至还款之日期间未支付转让款的银行同期利息。以上各款项请于 2017 年 10 月 15 日前付清，否则我集团将通过法律手段向贵公司追讨……"请问：本案是否存在合同变更情形？

本案双方先后订立了两份合同，又有多次函件往来。这些行为当中，哪些属于合同变更呢？本案交易的对象是受国家管制限制流通的矿业权，合同生效须经行政机关批准，而报审批准时使用的合同是在矿业权交易中心订立的格式文本。前后两份合同不属于合同变更，第一份合同未生效，第二份合同经批准后于 2015 年 5 月 27 日生效，应依第二份合同来认定双方权利义务。各方函件往来因没有形成协商一致的结论，不属于合同变更。本案纠纷应提交仲裁解决。甲公司有权请求违约金，无权请求逾期违约金和利息。

第二节　合同的转让

一、合同的转让概述

合同的转让是指在不改变合同内容的前提下，合同当事人依法将其合同权利和义务全部或者部分转让给第三人的行为。从现行立法的规定来看，合同的转让还包括债务加入的情形，第三人作为债务人加入既存的债务关系中，依法向债权人承担债务。

一般而言，合同的转让具有以下法律特征。

（一）合同的转让是原合同关系的主体发生了变化

在原合同关系存续的前提下，保持合同内容（权利义务）不变，当事人一方通过转让的方式，使合同主体发生变化，即为合同的转让。合同转让是合同一方当事人通过交易的方式，将自己在合同关系中享有的权利、负担的义务转让给第三人的行为。

（二）引起合同转让的原因是多样的

《民法典》主要规定的是依照私法自治原则所实施的转让，除此之外，还应当包括法律规定的转让，如企业合并、企业分立等引起的合同转让。

（三）合同的转让类型有三种

根据转让的内容不同，我们将合同的转让区分为合同权利的转让（债权转让）、合同义务的转移（债务转移）和合同的权利和义务一并转让（概括转移）三种类型。不同的转让类型对应不同的规则。下面我们就按照合同转让的不同类型分别进行说明。

二、合同权利的转让（债权转让）

合同权利的转让，又称债权转让，是指在不改变合同权利义务内容的前提下，合同权利人（债权人、让与人）将合同权利的全部或者部分转让给第三人（受让人）的行为。鉴于我国《民法典》合同编通则实质上亦系债法总则的事实，下面的表述将使用债权转让的概念，所述规则适用于不同类型债权的转让。票据权利的转让等应属特别法调整的债权转让类型，不在本节中讲述。

（一）债权转让的结构

债权转让的结构包含三层不同的法律关系。

1. 原债权债务关系

原债权债务关系是基础交易关系，债权转让标的即债权基于该关系而存在。一般而言，没有基础交易关系提供的债权，债权转让标的不存在，债权转让无从发生，有人由此认为，这样的债权转让协议应当无效。但这只是一般理解。当事人在不享有债权的情况下可不可以签订转让债权的协议呢？完全可以。合同只是产生债，债权人没有债权，或者转让的债权超出其实际享有的债权，无法向受让人履行，需要承担合同不履行或者不完全履行的违约责任，没必要令债权转让协议无效。只有债权转让协议有效，才能够通过违约责任的规定来救济受让人的合法权益。基础关系与债权转让协议呈现分离状态，不是决定与被决定的关系。

2. 债权转让协议

债权转让协议是债权人（让与人）与受让人之间的交易关系，债权人（让与人）转让债权，受让人支付取得债权的对价，与一般的双务合同无异。由于债务人并非债权转让协议的当事人，债权转让协议的内容与效力无须关注债务人的意思表示。债权人（让与人）转让债权，无须征得债务人的同意。债权作为相对权，仅有债权人是不够的，这就使得债权转让协议的履行具有了特殊性。履行债权转让协议，必须建立起受让人与债务人之间的联结。

3. 受让人与债务人之间新的债权债务关系

受让人通过受让债权成为新的债权人。但由于债权是相对权，受让人必须建立与债务人之间的联结，其新的债权人的地位才能最终实现。这个联结是债权人（让与人）的履行行为，需要债权人（让与人）去完成。联结完成后，债权转让协议中债权人（让与人）的合同义务才得以完全履行，债权转让协议的目的才最终得以实现。

（二）债权转让协议的标的——债权

债权是债权转让协议的标的。根据《民法典》第 545 条第 1 款之规定，下列情形的债权不得转让：（1）根据债权性质不得转让；（2）按照当事人约定不得转让；（3）依照法律规定不得转让。这是对债权人（让与人）转让债权行为的限制。债权人（让与人）订立债权转让协议，将"根据债权性质"及"依照法律规定"不得转让的债权予以转让的，债权转让协议因违反法律的强制性规定而无效。《民法典》第545条第2款把债权人将"当事人约定不得转让"的债权予以转让的，区分为两类情形来分别处理：（1）"当事人约定非金钱债权不得转让的，不得对抗善意第三人。"当事人约定非金钱债权不得转让的，第三人（受让人）对此约定不知情的，债权人将非金钱债权予以转让的，转让有效。否则，非金钱债权的转让无效。（2）"当事人约定金钱债权不得转让的，不得对抗第三人。"凡金钱债权，均是可以转让的。无论第三人对当事人约定金钱债权不得转让的情形是否知情，金钱债权转让协议均为有效，金钱债权的转让有效。

（三）债权转让通知

债权转让通知是指债权人（让与人）将债权转让的事实通知债务人，进而完成受让人（新债权人）与债务人之间的联结，履行债权"交付"义务，实现债权转让协议的目的。《民法典》第546条第1款规定："债权人转让债权，未通知债务人的，该转让对债务人不发生效力。""未通知债务人"，即没有建立起受让人与债务人之间的联结，债务人没有对新债权人负担起债务，债权转让"对债务人不发生效力"。作为相对权的权利人，受让人（新的债权人）并未最终取得债权，债权转让协议的目的没有实现。

债权人（让与人）转让债权无须经债务人同意，但未通知债务人，会导致债权转让协议的目的无法实现。债权转让通知是债权人的单方行为，表现为债权人的履行行为。债权转让的事实一旦通知债务人，即在债务人与受让人之间建立了新的债权债务关系，受让人就成了新的债权人，取得了债权人的地位。

债权转让的事实一旦通知债务人，即在债务人与新的债权人之间建立了新的债权债务关系，债权人与债务人之间原有的债的关系就消灭了。这时，债权人（让与人）还能否通知债务人，撤销债权转让通知，恢复其与债务人之间债的关系呢？《民法典》第546条第2款规定："债权转让的通知不得撤销，但是经受让人同意的除外。"经受让人同意，债权转让通知可以由债权人单方撤销，进而恢复原债权债务关系。

债权转让通知的送达是一个重要的时间节点，债权转让完成了标的物的交付。这个时间节点之前，债权属于让与人；这个时间节点之后，债权属于受让人。因此，债务人在接到债权转让通知前已经向让与人履行，受让人请求债务人履行的，人民法院不予支持；债务人接到债权转让通知后仍然向让与人履行，受让人请求债务人履行的，人民法院应予支持。[①]

债权转让通知是不要式的。对于受让人所为债权转让通知，债务人接受的，债权转让对债务人有效。

案例 7.4 建设工程施工合同承包人的债权能否转让?

2001 年 11 月，发包人甲公司与承包人乙公司订立了《建设工程施工合同》，约定由承包人承建某假日酒店工程。2002 年 7 月，一区、二区基础分部工程验收合格。2003 年 3 月，三区基础分部工程验收合格。2003 年 4 月，主体分部工程验收合格。2004 年 4 月，乙公司向甲公司送达债权转移通知书，称"贵方与我公司于 2001 年签订了建设工程施工合同，现在我公司因改制重组的需要，欲将我公司对贵方所享有的上述债权转让给丙公司"。甲公司予以签收。后受让人丙公司向法院起诉，请求甲公司支付拖欠的工程款及损失。甲公司辩称：依据合同性质，涉案合同债权依法不得转让，转让时涉案工程项目根本不具备结算条件，乙公司与甲公司之间的债权债务关系无法确定，甲公司仅在回执上注明收到该通知，并未同意其转让行为。不认可原告丙公司的债权人身份。一审认为：乙公司将合同债权转让给丙公司，并向甲公司送达了债权转让通知书，符合相关法律规定。该转让行为系转让人与受让人真实意思表示，并不损害债务人的利益，依法认定有效。丙公司因此取得乙公司应享有的合同债权。[②] 二审法院认为：本案中，乙公司履行了部分合同义务，取得了向甲公司请求支付相应工程款的权利。转让行为发生时，乙公司的此项债权已经形成，债权数额后被本案鉴定结论所确认。甲公司接到乙公司的《债权转移通知书》

---

① 《合同编通则解释》第 48 条第 1 款。
② 陕西省高级人民法院 (2005) 陕民一初字第 10 号民事判决书。

后，并未对此提出异议，法律、法规亦不禁止建设工程施工合同项下的债权转让，债权转让无须征得债务人同意。涉案债权转让合法有效，丙公司因此受让乙公司对甲公司的债权及从权利。甲公司虽然主张涉案债权依法不得转让，但并未提供相关法律依据，故对甲公司关于乙公司转让债权的行为无效的主张，本院不予支持。丙公司基于受让乙公司的债权取得本案诉讼主体资格。①

建设工程施工合同项下的债权并非法律、法规禁止转让的债权。且本案建设工程施工合同的当事人没有约定合同项下的债权不得转让，债权人向第三人转让债权并通知债务人的，债权转让合法有效，债权人无须就债权转让事项征得债务人同意。丙公司依法取得债权，并有权提起诉讼。

案例 7.5 "函件"是否属于债权转让通知？

2018 年 1 月 10 日，甲公司致函乙公司，称今有我公司王某江、邢某平在你单位施工中，借王某清总计 415 万元。我公司同意在你单位支付，此款不用再转我公司。落款有甲公司印章和实际施工人王某江、邢某平签名。王某清以债权转让为由，诉请乙公司向其归还 415 万元。被告答辩认为，"函件"应属由第三人代为履行的法律关系，不是债权让与关系。一审法院认为，债权转让的前提是原债权人与债务人之间存在合法有效的债权，该"函件"形成时，甲公司与乙公司虽然没有明确确切的工程款数额，但事先征得了乙公司的同意，乙公司在接到"函件"时，亦未拒绝，应视为其认可"函件"内容，故该"函件"能够产生"债权转让通知"的法律效果。② 二审法院维持了一审判决。③ 请问，甲公司的"函件"是否属于债权转让通知？

"函件"系三方通知，建筑公司、实际施工人均有权向发包方主张工程款债权，是适格的债权人。"同意在你单位支付，此款不用再转我公司"具有确定的债权转让的意思表示。"由第三人履行的合同"是基于债权人和债务人之

---

① 最高人民法院（2007）民一终字第 10 号民事判决书。
② 河北省承德县（2020）冀 0821 民初 21 号民事判决书。
③ 河北省承德市中级人民法院（2020）冀 08 民终 2354 号民事判决书。

间的约定，不能通过单方通知来产生法律效果。因此，"函件"属于债权转让通知。

（四）债权转让的法律后果

1. 受让人成为债权人

原债权人退出债权债务关系，受让人成为新的债权人，这是债权转让最直接的法律后果。

2. 从权利一并转让

债权转让后，与债权有关的从权利一并由受让人取得，但该从权利专属于原债权人自身的除外。从权利具有从属性，"除外"是说从权利不会一并由受让人取得，从权利因转让而消灭了。

3. 债务人的地位和权利不变

债务人的地位不因债权转让发生变化，债权转让不得加重债务人负担，不得减损债务人原有的抗辩权。《民法典》第 548 条规定："债务人接到债权转让通知后，债务人对让与人的抗辩，可以向受让人主张。"债务人对债权人（让与人）享有的抗辩对受让人继续有效，可以向受让人继续主张。债务人另获得了基于债权转让协议及债权转让通知瑕疵的抗辩。《民法典》第 550 条规定："因债权转让增加的履行费用，由让与人负担。"基于债权转让行为而使债务人增加了履行费用的，该费用应由原债权人负担。也就是说，债务人在债务履行后，发现履行费用因债权转让而增加了，有权就增加的履行费用向原债权人主张。这是法律规定的请求权，不因原债权人与债务人之间的债权债务关系已经消灭而丧失。可否允许债务人向新的债权人主张，或者在抵销条件成立时，向新的债权人主张抵销呢？法律并未就此作出规定。

4. 债务人的抵销权

抵销权产生于双方当事人互享债权、互负债务的事实。债权人转让债权，可能使得债务人既存的抵销权因转让而消灭。债务人的既有权益不应因债权转让而减损。为维护债务人的抵销权，《民法典》第 549 条第 1 项规定，"债务人接到债权转让通知时，债务人对让与人享有债权，且债务人的债权先于转让的债权到期或者同时到期"的，即债务人所享有的债权满足主动债权的条件的，"债务人可以向受让人主张抵销"。债务人要在接到"债权转让通知时"及时行使这一权利,否则,抵销权就会因债权转让而消灭。这其实也应包括债务人因债权转让增加的履行费用债权的抵销,如果在"债权转让通知时",履行费用增加的事实能够确定的话。过了"债权转让通知时"这一时间节点,债务人就只能向原债务人主张增加的履行费用了。

抵销权基于当事人双方互享债权、互负债务的事实,但基于同一双务合同发生的互享债权、互负债务不得抵销。但在债权转让情形下,同一双务合同的一方,将其基于该双务合同所享有的债权转让给受让人,"债务人的债权与转让的债权是基于同一合同产生","债务人可以向受让人主张抵销"。① 这是抵销权的一个特例,基于债权转让的事实而取得抵销权。

(五)保证合同债权转让的特殊规则

《民法典》第696条规定:"债权人转让全部或者部分债权,未通知保证人的,该转让对保证人不发生效力。保证人与债权人约定禁止债权转让,债权人未经保证人书面同意转让债权的,保证人对受让人不再承担保证责任。"该规定包括以下两个规则。

1. 债权转让应通知保证人

有保证担保的债权,保证担保是从权利,保证人是从债务人。债权人转让债权不通知保证人的话,受让人与保证人之间的保证之债的联结没有完成,"该转让对保证人不发生效力",受让人无法取得对保证人的保证担保的权利。有保证担保的债权(主权利)被转让后,原债权人也无法独立享有对保证人的从权利,保证债务会因债权转让未通知保证人而消灭。

2. 保证合同约定禁止债权转让的

债权人与保证人在保证合同中约定禁止债权人转让债权的,债权人未经保证人书面同意转让债权的,即使债权人将债权转让的事实通知了保证人,保证人也不再对受让人继续承担保证责任,保证债务因债权转让而消灭。

(六)保理合同应收账款债权转让的特殊规则

保理合同是应收账款债权人将现有的或者将有的应收账款转让给保理人,保理人提供资金融通、应收账款管理或者催收、应收账款债务人付款担保等

---

① 《民法典》第549条第1款第2项。

服务的合同。① 保理合同是债权人通过将应收账款债权转让给保理人的方式，从保理人处取得融资的特殊贷款合同。保理合同包含债权转让的内容，但债权转让本质上是权利质押的实现方式，包含让与担保的成分，也有应收账款债权人到期不归还贷款视为应收账款被"绝卖"的规则。保理合同所涉债权转让及其规则具有显著的商法属性，对我们全面理解债权转让规则的含义及价值大有裨益。

1. 虚构应收账款的转让

应收账款债权人将与债务人虚构的应收账款作为转让标的，与保理人订立保理合同的，除非保理人明知是虚构的以外，债务人不得以应收账款为虚构对抗保理人，不履行债务。② 企业在询证函上签章时一定要注意询证函的特定用途。

2. 保理人身份的表明

保理人不是单纯的债权受让人，其地位和权利具有复合性。因此，保理人向应收账款债务人发出应收账款转让通知时，应当表明其保理人的身份，并附上必要的凭证。③ 保理合同包含有让与担保的因素，但仍属债权让与。有追索权的保理合同中原债权人承担责任的基础不再是原债权债务关系，而是基于保理合同的约定。

3. 基础交易合同的变更

基础交易合同为债权转让协议提供了标的——债权，基础交易合同的变更或者终止，会导致应收账款债权的变更或者消灭。为维护保理人的正当权益，应收账款债权转让发生后，应收账款债权人与债务人无正当理由协商变更或者终止基础交易合同，对保理人产生不利影响的，对保理人不发生效力。④ 保理人继续享有原应收账款债权。

4. 多重保理的冲突解决规则

应收账款债权人将同一应收账款转让给多个保理人，导致保理人之间权利冲突的，按照下列规则处理：（1）已经登记的保理先于未登记的取得应收账

---

① 《民法典》第 761 条。
② 《民法典》第 763 条。
③ 《民法典》第 764 条。
④ 《民法典》第 765 条。

款债权；（2）均已登记的，按照登记时间的先后顺序取得应收账款；（3）均未登记的，由最先到达应收账款债务人的转让通知中载明的保理人取得应收账款；（4）既未登记也未通知的，按照保理融资款或者服务报酬的比例取得应收账款。①

案例7.6 债权转让通知有无特定的形式要求？

2013 年 12 月 1 日，某银行分行与甲公司签订了《保理服务合同》，约定，甲公司应将其对于买方因销售货物或提供服务或其他种类之基础合同所产生的应收账款全部转让给某银行。某银行应在其受让该应收账款后，依照该应收账款之既定付款条件向买方收取该笔应收账款，并将所收取且账目已厘清之应收账款款项汇至甲公司。2014 年 2 月 11 日，甲公司向乙公司分别开具《介绍信》《发票签收函》。其中，《介绍信》称，我公司因经营需要，现将与贵方订立的合同项下的全部应收账款，以及就应收账款所享有的全部债权及债权的从属权利转让给某银行。根据该安排，对于我公司的发货，某银行已经替代我公司成为合法的债权人。这些该业务的到期款项，请按其指示向某银行直接支付，唯有某银行收到足额款项方可解除你方的债务责任。同时，任何涉及该应收账款的纠纷、请求，请及时通知某银行。请贵方向某银行履行上述应收账款项下的付款义务，并将应收账款直接付至我公司在某银行支行所开立的账号上。贵方按时足额向该账户付款即构成对商务合同项下付款义务的履行。本次应收账款转让及上述收款账户，未经某银行事先以加盖公章的书面文件同意，不得变更或取消。为避免疑问，我公司在此确认：申请人在商务合同项下仅转让权益而不转让义务和责任，商务合同项下的承诺、保证、义务和责任仍由贵方履行等。《发票签收函》载明，现我公司将合同项下债权转让给某银行，金额 5281 万元。以上发票请贵公司知晓并确认该批发票项下债权转让至某银行。请按某合同约定期限将上述发票对应款项付至我公司在某银行的指定账户。乙公司收悉上述《介绍信》《发票签收函》后，当即在《介绍信》回执联内签章表明，我司现确认同意该《介绍信》之内容，并以签署

① 《民法典》第 768 条。

《发票签收函》回执联的方式，就其与甲公司所签订的合同编号及合同项下的发票号码、发票日期、货款金额进行了确认，且表明确认该批发票项下债权转让至某银行分行，同意按约定付款期限将上述发票对应款项付至某银行指定的账户内。甲公司将前述两份经乙公司盖章确认的《介绍信》《发票签收函》，连同《委托制作合同书》及《增值税专用发票》交与某银行进行审核。乙公司后以《介绍信》《发票签收函》不具备债权转让通知之功能，且不清楚债权受让对象为由，未向某银行履行债务。经一审、二审法院判决，乙公司承担了违约责任。[1]

债权转让协议及通知是法律行为，其核心是意思表示而非外在形式，乙公司的答辩难以被采信。

三、合同义务的转移（债务转移）

合同义务的转移也叫债务转移，是指在不改变合同内容的前提下，合同义务人（债务人）将其负有的合同义务（债务）的全部或者部分转移给第三人承担的行为。债务人因债务转移而退出转移了的全部或者部分债的关系，债务人转移了的债务消灭，这是一般意义上的债务转移，即免责的债务承担。《民法典》第 552 条增加了并存的债务承担类型，即债务加入。债务加入不是转移语义下的债务承担。

（一）债务转移的条件

1. 债务人负有债务

债务人负有债务是债务转移最基本的条件。债务人与债权人的基础关系为债务转移协议提供了标的，作为债务转移协议标的的债务应当是真实、合法、有效存在的。

2. 债务人转移的债务应具有可转让性

债务人转移的债务应当是在法律上能够被转移的，具有可转让性。依法不能转移的债务包括三类：一是依照法律规定禁止转移的债务。债务人通过债务转移的方式来规避法律的禁止性规定的，也属不得转移债务的范畴。譬

---

[1]　湖北省武汉市中级人民法院（2016）鄂 01 民初 2026 号民事判决书，湖北省高级人民法院（2018）鄂民终 478 号民事判决书。

如关于限制流通物的买卖，债务人不能通过债务转移的方式将限制流通物转移给非经依法审查批准的合格主体，规避法律的限制性规定。二是依照债务性质不能转移的债务。要根据合同的类型来认定债务性质，如以特定债务人的特殊技能或者特别的人身信任关系为基础，需要债务人亲自履行的债务，如演出、授课、作画等，债务人不能转移这类债务。委托合同中受托人的义务只有在法律允许的情形下才可以被转委托。三是根据当事人约定不得转移的债务。原债权债务关系的当事人明确约定债务不得转移的，债务人不能转移该债务。债务人转移该债务，也因约定不得转移而无法获得债权人的同意。

3. 要有债务转移的合意

债务转移是通过债务人与受让人之间达成债务转移协议的方式来实现的，债务人与受让人是债务转移协议的当事人。债务转移协议是不要式的。当然，债权人也可以通过与第三人达成协议的方式，将债务人的债务转移给第三人承担，债权人转移债务应取得债务人的同意。债权人的这一做法体现为对债务人的恩惠，应当尊重债务人的意愿，取得债务人的同意。

4. 要征得债权人的同意

债权实现的根本基础是债务人的责任财产，债务人的诚信决定了债权实现的时间成本。债务人不同，债务人的责任财产及诚信不同，对债权的实现利害攸关。因此，债务人转移债务应当经债权人同意。《民法典》第551条第1款规定："债务人将债务的全部或者部分转移给第三人的，应当经债权人同意。"征得"债权人同意"，是债务人的义务。由于债权人不是债务转移协议的当事人，债权人不同意并不影响债务转移协议的效力，但债务转移协议的目的会因债权人不同意而无法实现，债务转移协议的标的——债务，会因债权人不同意而无法交付（履行）。为保护第三人（受让人）的正当权益，实现法律关系的安定，法律允许债务人及第三人向债权人催告同意。《民法典》第551条第2款规定："债务人或者第三人可以催告债权人在合理期限内予以同意，债权人未作表示的，视为不同意。"沉默不可以被视为同意的意思表示，债权人可以通过明示的方式表示同意，也可以通过向受让人主张债权的方式推定同意。但这些都需要在一个合理的期限内尽快确定，以使法律关系尽快安定下来。

案例 7.7　借款到期后又转借是否属于债务转移?

甲借给乙 30 万元，乙向甲出具了借条。借款到期后，乙对甲说，丙想用钱，能不能把 30 万元转借给丙，甲同意。于是，由丙向甲出具借条一张，甲将乙出具的借条当乙面撕毁。丙到期未还款，甲将丙诉至法庭，并将乙列为第三人，案由为民间借贷纠纷。请问：本案是否为债务转移?甲将乙列为第三人是否适当?

本案三方均不存在债务转移的意思表示。乙的借款到期后，应向甲归还。乙按照甲的指示将应归还之款项交付给了丙。乙的交付行为具有双重意义：一是履行了向甲的还款义务，甲与乙之间的借款合同消灭；二是代甲履行了将借款交付给丙的出借行为，甲与丙之间的借款合同成立。甲依据与丙之间的借款合同关系起诉丙，无须将乙列为案件当事人。

5. 须依法办理批准、登记、备案等手续

法律如果规定对债务转移应当办理批准、登记、备案等手续的，债务转移还应当依法办理这些手续。

（二）第三人加入债务

第三人加入债务，也叫债务加入，是指第三人加入既存的债权债务关系，与原债务人一起向债权人承担债务的行为。《民法典》第 552 条规定："第三人与债务人约定加入债务并通知债权人，或者第三人向债权人表示愿意加入债务，债权人未在合理期限内明确拒绝的，债权人可以请求第三人在其愿意承担的债务范围内和债务人承担连带债务。"第三人加入债务，是通过与债务人约定的方式，或者向债权人为单方意思表示的方式实现的。第三人与债务人约定，表现为协议行为，该协议的内容也应由债务人或者第三人通知债权人。第三人加入债务，有利于债权的实现，因此，债务加入无须债权人同意，除非债权人明确作出拒绝的意思表示。债务加入后，债权人可以请求第三人在其愿意承担的债务范围内和债务人承担连带债务。第三人加入的债务范围依照第三人的意愿确定，但第三人在加入的债务范围内向债权人承担连带债务是法律明确规定的。

第三人加入债务，可以与债务人约定追偿权，加入债务的第三人向债权人履行债务后，取得向债务人追偿的权利。第三人加入债务，与债务人没有约定追偿权的，第三人有权根据不当得利的规定向债务人追偿。债务人向债权人享有的抗辩可以向第三人主张。①

（三）债务转移的法律后果

1. 债务人退出债的关系

债务人退出债的关系是债务转移最基本的法律后果，债务因债务转移而转由新债务人承担，债务人的债务因被转移而消灭了。但对于第三人加入债务而言，第三人与债务人在第三人愿意承担的债务范围内向债权人承担连带债务，债务人并不因第三人加入债务而退出债的关系。

2. 债务人抗辩权的移转

新债务人因债务转移继承了原债务人的债务，债务的内容并未发生变化，从属于债务的抗辩权同时转移给新债务人享有。《民法典》第553条规定，债务人转移债务的，新债务人可以主张原债务人对债权人的抗辩，抗辩权通过债务转移由新债务人取得。

3. 新债务人抵销权的限制

原债务人对债权人享有的债权并不因债务转移也同时转移给新债务人享有，因此，"原债务人对债权人享有债权的，新债务人不得向债权人主张抵销"。②

4. 关于债务人从债务的转移

从债务具有附属性，主债务转移，从债务随之转移，因此，"债务人转移债务的，新债务人应当承担与主债务有关的从债务，但是该从债务专属于原债务人自身的除外"。③ "该从债务专属于原债务人自身"，即该债务不具备可转让性。

四、合同的权利和义务一并转让（概括转移）

合同的权利和义务一并转让也叫概括转移，是指合同当事人一方将其合同的权利和义务一并转让给第三人，进而退出合同关系的行为。《民法典》第555条规定："当事人一方经对方同意，可以将自己在合同中的权利和义务一

---

① 《合同编通则解释》第51条。
② 《民法典》第553条。
③ 《民法典》第554条。

并转让给第三人。"合同当事人一方将其"在合同中的权利和义务一并转让给第三人",是合同当事人地位的转让,第三人取得了合同当事人一方的地位,成为合同新的当事人,这才是真正意义上的合同转让,是合同关系的转让,是合同的权利和义务的概括转移。

合同的权利和义务一并转让,既包含权利的转让,也包含义务的转移,因此,合同权利转让和义务转移的规则都要遵守。《民法典》第 556 条规定:"合同的权利和义务一并转让的,适用债权转让、债务转移的有关规定。"比较债权转让和债务转移的规则,实质上应当按照债务转移的规则进行。

《民法典》合同编通则关于合同的权利和义务一并转让属于协议方式的转让。除此之外,还有合同的权利和义务非协议方式的一并转让。包括:(1)因法人合并、分立引起的合同的权利和义务的一并转让。《民法典》第 67 条规定:"法人合并的,其权利和义务由合并后的法人享有和承担。法人分立的,其权利和义务由分立后的法人享有连带债权,承担连带债务,但是债权人和债务人另有约定的除外。"法人合并的,合同的权利和义务概括转移给合并后的法人。法人分立的,合同的权利和义务由分立后的法人享有连带债权,承担连带债务。对应到公司法上,就是《公司法》第 174 条和第 176 条之规定。《公司法》第 174 条规定:"公司合并时,合并各方的债权、债务,应当由合并后存续的公司或者新设的公司承继。"合同当事人一方因公司合并发生变更的,由变更后的公司概括承继合同当事人地位。第 176 条规定:"公司分立前的债务由分立后的公司承担连带责任。"公司因分立而由一家公司变更为两家或者两家以上公司的,分立前公司的合同债务由分立后的多家公司向债权人承担连带责任。对于法人的分立而言,法人在分立时就债权债务的承继与相对人另有约定的,从其约定,不适用一般法定规则。(2)"买卖不破租赁"规则下租赁合同的权利和义务的一并转让。《民法典》第 725 条规定:"租赁物在承租人按照租赁合同占有期限内发生所有权变动的,不影响租赁合同的效力。"此即"买卖不破租赁"规则,租赁合同出租人的权利和义务基于法律的一般规定一并转让给新的所有权人,承租人的合同地位不变,保持了租赁关系的稳定性,保护了承租人的权益。

第三节　合同的转承

一、合同转承的概念

合同的转承，也叫合同的替代，是指因履行合同的行为，在事实上成立了一个新的合同关系，原合同因被新合同替代而消灭的一种现象。

合同转承不是责任转承。合同转承是合同关系的承继，新合同关系取代了原合同关系，原合同关系因此而消灭。合同转承是合同法领域的一种现象，通过对合同转承的认识，重在厘清法律关系，认定解决纠纷的事实依据。责任转承是对外承担责任的主体依法所发生的变更，行为人不再对外承担责任，内部责任分配依法确定。责任转承是侵权法上的制度，立足于最大限度地保护受害人的权益。

二、合同转承的法律特征

第一，存在原合同关系。原合同关系是合同转承的前提和基础，新合同关系经由原合同关系转化而来。

第二，新合同是承继原合同的结果。转承是指转化、承继，新合同是履行原合同的必然结果。合同转承不是合同变更，合同转承强调的是前后合同之间承继性，而非同一性。无论是合同主体，还是合同内容，新合同都是基于原合同而发生，前后两份合同在主体及内容上具有牵连性。

第三，合同转承是基于履行行为而发生。合同转承是一种法律现象，是因履行原合同而发生。合同转承既可因原合同的明确约定而发生，也可是履行原合同行为的必然结果，当事人之间不必存在转承的明确的意思表示。新合同关系的当事人不能以原合同双方订立合同时并不具有以新合同替代原合同的约定来否认合同转承的事实。

第四，原合同因转承而消灭。因履行原合同，在事实上成立了新合同，原合同因新合同关系的成立而消灭。处理纠纷，应当依据新合同关系的内容，而非原合同关系。

第五，合同转承多发生在商事交易领域。当事人在原合同中明确约定合同应由另一新成立的商事主体来履行，或者民事主体签订合同内容的商事属性决定了合同必须由商事主体来履行的，都会涉及合同转承现象。

案例 7.8　概括转移还是合同转承？

2013 年 8 月 13 日，甲公司与某县政府签订《某建设项目协议书》（以下简称《协议书》），约定甲公司向县政府支付 3000 万元诚意金；甲公司在某县注册成立公司后，该协议中关于甲公司的权利义务由新注册的公司承担。2013 年 12 月 16 日，甲公司出资 3200 万元（含 3000 万元诚意金）设立乙公司。乙公司成立后，即投入人力、物力到某建设项目，完成了该项目的前期论证及规划设计等工作。2014 年 10 月 10 日，甲公司将持有的乙公司 100% 股权转让。2015 年以来，因项目征地拆迁工作一直没有完成，乙公司向县政府申请退出该项目并要求退还已投入的 3000 万元诚意金。2017 年 4 月 26 日，县政府召开常务会议，同意解除《协议书》并退还给乙公司 3000 万元诚意金。2018 年 8 月，在协商解除《协议书》时了解到，2018 年 7 月甲公司又在该县注册成立了丙公司，并向县政府发函要求继续履行某建设项目，同时主张《协议书》中约定的相关权利。乙公司遂起诉，要求确认《协议书》中甲公司的权利义务在乙公司成立后就由乙公司承担。一审确定的案由为债权债务概括转移合同纠纷，判决由乙公司承继并享有《协议书》中甲公司的权利义务。二审维持了一审判决。[①]

地方政府的招商引资合同，一般都会要求投资者在当地设立项目公司，具体负责项目的实施。这有地方政府的多重考虑，几乎成为一种惯例。那么，原招商引资合同的一方主体是否就此发生了概括转移呢？不是。概括转移是法律行为，必须有转移双方有关概括转移的合意。本案这种情形应当属于合同转承，合同主体的变化是履行原合同的必然结果，符合原合同的约定。

无论是基于约定，还是由合同性质所决定，履行原合同必然会引起合同

---

① 湖北省十堰市中级人民法院（2018）鄂 03 民初 374 号民事判决书。

主体的变更。譬如，自然人李某承租房屋用于经营网吧，为此与出租人签订了书面的房屋租赁合同。基于监管要求，李某成立了一家网络有限公司来实际经营网吧。出租人遂以李某违法转租房屋为由，请求法院确认转租无效，进而请求解除房屋租赁合同。出租人的请求经法院审理后被驳回。

案例7.9　是否存在合同转承现象？

2013年6月，出卖人甲公司与买受人乙公司签订《干混砂浆搅拌站买卖合同》，在付款方式上约定买受人以融资租赁方式付款。为此约定，合同签订后，出卖人为配合买受人取得融资款项，与融资租赁公司另外签订三方买卖合同。三方买卖合同中的买受人为融资租赁公司，本合同中的买受人则为承租人。合同除所有权保留条款的约定执行三方合同外，其他合同条款均以本合同为准，而不论三方合同签订的时间是否在本合同之后。双方随后签订补充协议，约定买受人应向出卖人首付110万元货款，另付30万元融资保证金。买受人已付50万元货款，剩余首笔货款及融资保证金共计90万元未付。2013年12月19日，出租人某融资租赁公司与承租人乙公司签订《融资租赁合同》。同日，某融资租赁公司作为买受人与甲公司签署《干混砂浆搅拌站买卖合同》，约定"本合同签订后10天内，最终使用人将首付款153万元一次性支付给出卖人。剩余合同价款的支付依据出卖人与买受人签订的合同执行"。同日，某融资租赁公司、乙公司、甲公司三方签署《代付协议》，约定"乙公司应向某融资租赁公司支付的首笔租金153万元，由乙公司直接向甲公司交付，作为某融资租赁公司应向甲公司支付的首付款"。搅拌站安装交付后，在运行过程中，乙公司多次发函要求甲公司履行保修义务未果，遂拒绝继续支付甲公司款项及某融资租赁公司租金。2014年6月11日，甲公司因与丙公司追偿权纠纷案件，达成调解协议，甲公司将包括乙公司欠付90万元在内的1598万元债权转让给丙公司。① 2014年10月20日，丙公司起诉乙公司，要求支付货款及融资保证金90万元，并承担违约金责任。请问：本案是否存在合同转承的现象？

---

① 江苏省徐州市铜山区人民法院（2014）铜商初字第00440号民事调解书。

　　本案合同当事人明确约定排除了合同转承的适用，因此，应按照合同相对性来分别处理各方的法律关系。

　　合同转承是我们对众多同一类型的合同纠纷案件进行深入思考的结果，以期形成共识，确立裁判规则，避免裁判混乱。

第八章　合同的权利义务终止

第一节　合同的权利义务终止概述

一、合同的权利义务终止的概念与法律特征

合同的权利义务终止也叫合同的终止、合同的消灭，是指当出现特定的法律事实时，已经存在且有效的合同关系归于消灭的现象。

《民法典》中的"监护关系终止""代理终止""合同的权利义务终止"等都是指法律关系的消灭，法律关系消灭了，法律关系所具有的法律效力自然也就丧失了。民事法律行为因其所附终止期限届满，该民事法律行为自期限届满终止，其法律效力也就"自期限届满时失效"。①

合同的权利义务终止有以下法律特征。

（一）合同的权利义务终止是指合同关系的消灭

合同是一种法律关系。合同的权利义务终止就是指合同这一法律关系消灭，合同不存在了，合同中的权利义务自然也就不存在了。

（二）合同的权利义务终止应基于法定事由

《民法典》对合同的权利义务终止事由采取了列举加概括的立法模式，除了法条列举的六种典型事由外，法律规定或者当事人约定终止等其他事由也会导致合同的终止。这些事由均由法律所规定，譬如附终止期限届满后的终止。

（三）合同的权利义务终止规则适用于其他类型的债权债务终止

《民法典》该章标题为"合同的权利义务终止"，呼应的是上级标题"合

---

① 《民法典》第160条。

同编"。但在法条的具体表述中，又常常使用"债权债务终止"。也就是说，本章有关合同的权利义务终止规则，除专用于合同的，如合同解除，均可适用于其他类型的债权债务关系的终止。

合同的权利义务终止与合同的变更与转让有所不同。合同的变更是指合同主体不变，合同内容发生变化。合同的转让是指合同内容不变，但合同主体发生变化。另外，合同的权利义务终止与合同无效、合同被撤销也不同。合同无效与合同被撤销均属合同效力制度的范畴，指向合同效力的否定。而合同的权利义务终止是针对有效合同而言的，因出现法定事由而使得有效合同归于消灭。

二、合同的权利义务终止的法律后果

（一）当事人仍应履行后合同义务

《民法典》第 558 条规定："债权债务终止后，当事人应当遵循诚信等原则，根据交易习惯履行通知、协助、保密、旧物回收等义务。"这是基于诚信原则所衍生的后合同义务。在合同的权利义务终止后，当事人依照诚信原则所负有的后合同义务仍应继续履行。

（二）债权的从权利同时消灭

《民法典》第 559 条规定："债权债务终止时，债权的从权利同时消灭，但是法律另有规定或者当事人另有约定的除外。"这是由权利的主从关系必然决定。同理，主债务的从债务也应同时消灭。

（三）当事人仍应履行合同结算和清理义务

《民法典》第 567 条规定："合同的权利义务关系终止，不影响合同中结算和清理条款的效力。"合同的权利义务终止后，合同尚未结算的，应当继续按照合同约定的结算条款结算。合同的各项事务尚未清理的，应当继续按照合同约定的清理条款清理。合同中结算和清理条款的效力不因合同终止而同时失效。这是由这类条款在内容上的特殊性所决定的。

合同的权利义务终止的法律后果还应包括"相互返还债权证书"一项。无论是证权证书，还是设权证书，合同的权利义务终止后，均应返还或者销毁，以防止任何一方恶意再次请求。

三、合同的权利义务终止的事由

《民法典》第 557 条规定了合同的权利义务终止的七类法定事由，其中"债务已经履行"（清偿）、"债务相互抵销"（抵销）、"债务人依法将标的物提存"（提存）、"债权人免除债务"（免除）、"债权债务同归于一人"（混同）、"法律规定或者当事人约定终止的其他情形"六类适用于包括合同之债在内的所有类型的债权债务终止，"合同解除"仅适用于合同之债。下面我们来一一分析。

第二节　清　偿

一、清偿的概念

清偿在《合同法》中被表述为"债务已经按照约定履行"，在《民法典》中被表述为"债务已经履行"，均立足于债务人履行债务的角度。债务履行在"合同的履行"一章中专门规定。在"合同的权利义务终止"章下，债务已经履行强调的是债权债务终止的结果，因此，清偿一词更能体现债务已经履行的规范意旨。

清偿是指债务人依据债务的本旨履行债务，使债权债务关系消灭的行为。清偿强调的是债务人的履行行为与债权人的债权实现之间的统一，是履行行为与清偿结果的统一，最终实现债的消灭的法律后果。

债务履行规则集中见于"合同的履行"一章，本节仅论述与清偿这一主旨有关的规则。

二、主债务与利息、实现债权费用之间的清偿顺序

《民法典》第 561 条规定："债务人在履行主债务外还应当支付利息和实现债权的有关费用，其给付不足以清偿全部债务的，除当事人另有约定外，应当按照下列顺序履行：（一）实现债权的有关费用；（二）利息；（三）主债务。"债务人除负担主债务之外，还应负担支付利息和实现债权的有关费

用。当债务人的给付不足以清偿上述全部债务的情况下，法律规定了清偿的顺位，在先的债务应优先清偿。

我国现行法规定的清偿顺序是：（1）应先清偿"实现债权的有关费用"。譬如在诉讼案件当中，案件受理费、保全费、公告费、鉴定费、评估费、审计费、律师费等。（2）第二顺位应清偿主债务的利息。这一般适用于借贷关系及其他依法应当承担计付利息的情形。（3）最后清偿的是主债务。前两项清偿完毕还有剩余的，才轮到清偿主债务。这一清偿顺序与债权债务双方利益攸关。清偿顺序是民间借贷纠纷案件中的常见问题。债务人希望他的部分给付能够更多地抵偿本金，以使债务人的利息负担降下来，否则，未清偿的本金（主债务）会继续生息。

案例 8.1　如何认定委托方支付的清偿顺位？

2010 年 8 月 2 日，委托方甲公司与代理方乙公司签订了《代理进口委托合同书》，约定由代理方代理进口铅精矿矿石。合同约定应由委托方向代理方支付的款项包括：代理开证货款保证金、开证费、银行利息及手续费、海关保证金、港口检验费、货款、仓储费和手续费、进口关税和费用、进口商品的增值税、检验费、国内运费、报关费、港杂费、堆存费、代理费等。合同对每笔款项的支付节点、金额及延期支付的责任均作了明确约定。委托方支付货款后，代理方向委托方转移相应数量货物的所有权。委托方在付款时，除未按合同约定的付款期限、金额付款外，在付款用途一栏，要么不作任何标记（指示），要么就记为货款。代理方在收到每笔款项后，按照先费用（包含延期支付的垫资利息、违约金）后货款的方式记账，按照收到货款的金额向委托方释放相应的货物。双方为此发生争议。委托方以代理方迟延解付货物给其造成经济损失为由，诉请赔偿损失。双方的争议焦点包括委托方应否承担垫资利息及迟延付款违约金。一审未论及此。[①] 二审对此的论证是：代理方提供的垫资证据，实际是其向标准银行进行融资，而委托方已经承担了该部分的融资利息，代理方要求委托方另外再支付垫资利息缺乏依据。至于代理方要求委托方承担逾期付

[①]　陕西省西安市中级人民法院（2013）西民一初字第 00049 号民事判决书。

款实际天数约定银行标准利息及违约金，因代理方没有通知委托方代理方银行付款的具体时间，合同约定的委托方应在代理方银行付款 180 天内全部付款提货的期限无从起算，所以不能证明委托方逾期付款，对该主张不予支持。① 再审认为：该合同在实际履行中，代理方通过向标准银行融资方式申请了不可撤销跟单信用证。委托方于 2010 年 8 月 16 日开始陆续向代理方账户汇款，代理方在收到货款后，标准银行开具货物发票，代理方发出放货指令，委托方根据放货指令提货。代理方并未实际向银行支付货款，亦未提供有效证据证实其将办理信用证的具体时间书面通知委托方，合同约定的代理方银行支付之日起 180 天期限无从起算，委托方分批付款后，代理方均予以接收，对付款时间并未提出书面异议。故在该合同履行中，代理方再审申请认为委托方逾期付款的理由不能成立。②

外贸代理是典型的商事代理，代理商是以自己的名义而非以委托人的名义对外从事贸易活动的。无论国内的委托人是否按时向代理商支付了各项费用及货款，代理商均应依照其与外商之间的合同约定按时履行自己在与外商的贸易合同的义务。因此，外贸代理合同为延期付款约定了垫资利息及违约金。按照清偿顺序的法定规则，委托人的付款应先清偿约定的垫资利息，而后才是主债务及其违约金。

三、清偿的抵充

清偿的抵充是指债务人对同一债权人负担的数项债务种类相同时，债务人的给付不足以清偿全部债务的，决定其给付应清偿何项债务的制度。种类相同是指数项债务给付的标的相同，譬如均为金钱给付，或者均为同一种类物的交付。

清偿抵充与清偿顺序不同。清偿抵充与清偿顺序虽然均针对债务人"给付不足"的情况，但清偿顺序要解决的是同一债务的不同构成部分的清偿问题，而清偿抵充针对的是数项债务的清偿问题。在清偿抵充的项下，仍有清偿顺序规则适用的可能性。

---

① 陕西省高级人民法院（2017）陕民终 724 号民事判决书。
② 最高人民法院（2018）最高法民再 421 号民事判决书。

《民法典》第 560 条规定："债务人对同一债权人负担的数项债务种类相同，债务人的给付不足以清偿全部债务的，除当事人另有约定外，由债务人在清偿时指定其履行的债务。债务人未作指定的，应当优先履行已经到期的债务；数项债务均到期的，优先履行对债权人缺乏担保或者担保最少的债务；均无担保或者担保相等的，优先履行债务人负担较重的债务；负担相同的，按照债务到期的先后顺序履行；到期时间相同的，按照债务比例履行。"根据这一规定，清偿的抵充顺序如下：（1）依当事人约定。当事人对清偿的顺序有约定的，按照约定的顺序抵充。（2）依债务人指定。当事人对清偿的顺序没有约定的，"由债务人在清偿时指定其履行的债务"。（3）已到期的债务优先清偿。债务人在清偿时未指定时，适用债务期限标准，已经到期的债务先抵充。（4）对债权人无担保或者担保最少的债务优先清偿。依照债务是否到期的标准无法确定时，适用债权担保标准，"对债权人缺乏担保或者担保最少的债务"优先清偿。（5）债务人负担较重的债务优先清偿。依照债权是否存在担保的标准无法确定时，适用债务负担标准，"债务人负担较重的债务"优先清偿。（6）债务先到期的优先清偿。依照债务负担标准无法确定时，适用债务到期先后顺序标准，债务先到期的先清偿。（7）按债务比例清偿。依照债务到期先后顺序标准无法确定时，按照债务的比例清偿。依照法定的清偿顺序标准，适用在先的标准能确定清偿顺序的，不得适用在后的标准。

第三节　抵　销

一、抵销的概念、分类与功能

抵销是指当事人互负债务，该债务的标的物种类、品质相同的，任何一方有权以己方之债务与对方之债务相抵销，进而在同等数额内消灭债的一种制度。主动提出抵销的一方所享有的债权是主动债权，而被抵销的债权为被动债权。这是法定抵销制度。

根据抵销发生的原因不同，可以将抵销分为法定抵销和约定抵销。法定抵销可再分为法定一般抵销与法定特殊抵销。法定一般抵销规定在《民法典》

"合同的权利义务终止"一章中，具体表现为《民法典》第 568 条、第 569 条。法定特殊抵销规定在《民法典》的其他部分或者其他单行民事法律当中，譬如上一章讲到的，《民法典》第 549 条规定的债权转让时债务人对受让人可以主张的抵销，《民法典》第 553 条规定的债务转移时对新债务人抵销权的限制等。法定抵销是通过赋予当事人具有形成权性质的抵销权，抵销权人行使抵销权，进而使债得以消灭的制度。约定抵销是指由于标的物种类、品质不同，无法适用法定抵销时，当事人通过协商一致的方式所为之抵销，遵循意思自治原则。

抵销制度的功能有三个方面：一是节省履行成本。双方互负的债务抵销后，债消灭。无债务可履行了，自然就不会有履行成本。节约履行成本的制度价值在所抵销的债务数额较大时方能充分显现。二是对债权的一种特殊担保。债权人向债务人履行了债务，债务人如果不向债权人履行债务的，对债权人来讲是一种风险。适用抵销制度，债权人不用实际履行自己的债务，以己方之债权作为债务的清偿，有效预防了这类风险。三是使主动债权较之债务人的其他债权具有了优先性。债权具有平等性，当债务人的财产不足以清偿全部债务时，应当按比例部分清偿。但当主动债权人行使抵销权后，得以抵销的债权在实质上就得到了足额清偿，相较于其他债权具有了优先效力。《企业破产法》第 40 条规定："债权人在破产申请受理前对债务人负有债务的，可以向管理人主张抵销。但是，有下列情形之一的，不得抵销：（一）债务人的债务人在破产申请受理后取得他人对债务人的债权的；（二）债权人已知债务人有不能清偿到期债务或者破产申请的事实，对债务人负担债务的；但是，债权人因为法律规定或者有破产申请一年前所发生的原因而负担债务的除外；（三）债务人的债务人已知债务人有不能清偿到期债务或者破产申请的事实，对债务人取得债权的；但是，债务人的债务人因为法律规定或者有破产申请一年前所发生的原因而取得债权的除外。"这三种"不得抵销"的情形就是为了防止当事人利用抵销权的优先效力，破坏破产程序中的债权公平受偿原则，侵害其他破产债权人的合法权益。

二、抵销权的成立要件

抵销权是一种形成权，抵销权人通过向对方作出抵销的意思表示即可消灭债的权利。抵销权的成立须具备下列要件。

（一）当事人互负债务、互享债权

当事人互负债务、互享债权是抵销的基本要件。在当事人互负债务、互享债权的情况下，一方当事人将其对对方当事人享有的债权作为债务的清偿，进而在同等数额内消灭债。要将抵销权的条件限定在两个当事人之间，严格遵循债的相对性，而不能适用于连环负债，或者其他类型的负债。譬如公司债权人不得以其对公司享有的债权抵销其对公司股东的债务。主动提出抵销主张的主动债权不得存在权利上的瑕疵，也就是说对方不享有合法正当抗辩来阻却主动债权的行使。一旦主动债权的行使受阻，抵销的目的也就无法实现了。

同一双务合同中具有对待给付性质的互负债务不得抵销，否则，双务合同都会基于抵销而不用履行了。基于同一合同产生的互负债务，也会因为税务监管规范而不能抵销。

案例 8.2　同一合同中不具有对待给付性质的互负债务能否抵销？

2014 年 6 月，甲保险公司与乙保险公司签订了《某省政策性农业保险共保、委托协议》，约定成立共保体，向农户提供农业保险。约定：乙方收到甲方提供的出单电子清单信息表后 5 个工作日内将清单对应的该月总保费的 5‰的出单费划至甲方指定账户。自交保费及财政补贴资金以地市为单位，甲方按照该地市补贴资金拨付情况进行划转，每到账一笔即向乙方划转一笔，且甲方必须在补贴资金到账后 10 个工作日内及时足额向乙方进行划转。乙方应在甲方划转自交保费及财政补贴资金后 10 个工作日内向甲方支付划转金额对应总保费 10%的共保费用。100 万元人民币以下最终赔偿金额（含预付赔款）由甲方无条件优先履行全部支付，乙方在收到赔款后的 3 个工作日内，按各自承保比例将应分摊的赔款划付给甲方。乙方拖欠甲方赔款 785.39 万元、共保费用 125.82 万元。甲方多次催促，乙方辩称，应与财政补贴中乙方应得部分抵销后再付给甲方。而财政补贴迟迟未到位。无奈，甲方起诉了乙方。案件经审理，乙方认识到自己并不享有抵销权，遂主动履行了债务，甲方撤诉。①

———————

① 西安市莲湖区人民法院（2019）陕 0104 民初 5032 号民事裁定书。

本案双方合同约定的不具有对待给付性质的互负债务不可以抵销。一是因为乙方应得财政补贴的划转条件是按照财政补贴资金拨付到账情况，财政补贴没有拨付到账，甲方向乙方划转财政补贴资金的条件没有成就。二是要关注企业税务监管问题，企业资金流转背后对应的是增值税发票，根据"三流合一"的税务稽查要求，企业通过抵销方式消灭债权债务可能带来税务风险。

（二）双方互负债务的标的物种类、品质相同

对"互负债务的标的物种类、品质相同"应作扩大解释，不应局限于"标的物"层面，只要给付的性质相同，具有可比性，即可抵销。立法强调"标的物种类、品质相同"的目的是要解决"同等数额"的认定问题，两个抵销的债之间在价值上要具有可比性，否则，无法认定抵销的债的数额。这一点，在破产抵销权的适用上有所例外，只要"债权人在破产申请受理前对债务人负有债务的"，债权人就可以向管理人主张抵销。①

（三）对方的债务到期

对方债务是主动提出抵销一方的对方当事人所负的债务。对方债务到期说的就是主动债权到期可请求，这是一个相对的概念，有的教科书将这一要件表述为"债权到期"。主动债权如果具有权利瑕疵，则不可抵销。对方的债务没有到期说的其实就是主动债权没有到期，抵销是主动债权人实现债权的一种方式，主动债权人主张抵销会因受到来自债务人的期限抗辩而失败，抵销权并不成立。

债权到期只是消除债权权利瑕疵的一个方面。因为立法上特别强调"到期"这一点，我们就把这一点单列为成立要件之一，方便大家了解。

（四）依主动债务（被动债权）的性质、约定或者法定可抵销

法条的表述为"根据债务性质、按照当事人约定或者依照法律规定不得抵销的除外"。② 抵销债务，对债务人而言是一种利益。这里的"不得抵销"，是针对抵销权人而言的，也就是主动债权人所负有的主动债务，以及被动债权人所享有的被动债权，依照其性质、约定或者法定不得抵销的，不能成立

---

① 《企业破产法》第40条。
② 《民法典》第568条第1款。

抵销权，不得为抵销的意思表示。因侵害自然人人身权益，或者故意、重大过失侵害他人财产权益产生的损害赔偿债务，侵权人主张抵销的，人民法院不予支持。[①] 当事人互负债务，一方以其诉讼时效期间已经届满的债权通知对方主张抵销，对方提出诉讼时效抗辩的，人民法院对该抗辩应予支持。一方的债权诉讼时效期间已经届满，对方主张抵销的，人民法院应予支持。[②] 约定不得抵销从合同法的一般原理。《企业破产法》中债权人不得抵销的规定是法定不得抵销情形的典型代表。

以上是关于法定抵销的条件，约定抵销按照合同法的一般原理处理。

约定抵销仍属抵销的范畴，是在互负债务、互享债权的前提下，双方约定债权债务相抵，与一般的抵债（偿）协议不同，不要将抵债协议混同于约定抵销。抵债协议不以互负债务、互享债权为前提，是清偿的特殊方式，会以债抵债，也会以物抵债。抵销会消灭债，而抵债协议中债务人用以抵债的权利或者物并不一定会通过履行而在法律上产生清偿债务的效果。另外，抵债协议本身又是一个独立的民事法律行为，产生基于该民事法律行为的债权债务关系。

案例 8.3　以房抵债协议能否产生约定抵销的法律后果？（一）

2016 年 3 月，杨某与邢某签订了《协议书》，双方确认，截至协议签订之日，邢某欠杨某本息合计 110 万元。邢某自愿将其名下的一辆小型越野车折价 46 万元出售给杨某，本协议签订之日，邢某向杨某交付相关手续。邢某自愿将其位于某村的自有房屋折价 99 万元出售给杨某。邢某保证如果该房屋拆迁安置，邢某须协助杨某办理相关拆迁安置手续。因该房屋产生的全部利益归杨某所有。本协议签订之日邢某向杨某出具授权委托，委托杨某办理该房屋拆迁安置所涉全部事项。本协议签订之日起，邢某向杨某交付房屋及该房屋宅基地使用证原件。杨某偿还抵债车所欠剩余银行贷款，代邢某偿还欠李某 15 万元。邢某所欠杨某借款及利息与杨某应付邢某购车购房款、代偿欠款折抵后，双方债权债务消灭，再无任何争议。同日，双方签订了《房屋买卖合同》，卖方邢某自愿将其房屋以 99 万

---

① 《合同编通则解释》第 57 条。
② 《合同编通则解释》第 58 条。

元的价格出售给买方杨某。如果该房屋拆迁安置，邢某须协助杨某办理相关拆迁安置手续，因该房屋产生的全部利益归杨某所有。合同签订后，邢某将房屋交付杨某实际占有至今。2019年，杨某以房屋所在宅基地未完成产权变更登记，依照《物权法》及《土地管理法》的规定，原告不具备受让该宅基地及地上建筑物的法律资格，以物抵债《协议书》中被告用于抵偿债务的不动产因法律上的原因不能履行，该约定自始无效为由，请求邢某归还原告款项99万元。邢某以已经清偿为由，拒绝了杨某继续偿还债务的请求。一审认为：依据协议内容，双方之间并非简单的在借款履行期满后的以物抵债。原告系将其对被告的110万元借款本息债权转化为了购买上述车辆和房屋，以及偿还案外人李某欠款的对价。协议达成后，被告向原告交付了案涉房屋，原告已实际占有，并已出租他人。故原告现要求被告偿还其99万元借款本金，无事实和法律依据。如果原告认为双方房屋买卖无效，也应要求被告返还其购房款，由双方对房屋买卖进行结算给付，而非要求被告归还其99万元借款本金。判决驳回原告诉讼请求。[①]杨某遂以此判决为指引，重诉确认《房屋买卖合同》无效，请求返还购房款99万元。重诉判决认为：本案房屋买卖合同涉及的房屋是在村集体土地上修建，系农村村民住宅用房。依据我国现行土地法规，只有农村集体经济组织成员才能在该集体组织土地上享有宅基地使用权。根据房地一体原则，出卖房屋的，房屋所依附的土地使用权一并转让。本案原告并非诉争房屋所在地村集体组织成员，不具有使用该集体经济组织宅基地的资格，其与被告签订的《房屋买卖合同》将导致宅基地使用权由本集体组织成员以外的人享有和使用，违反了《土地管理法》的规定，应属无效。且房屋所在区集体土地非国家确定的宅基地制度改革试点地区，故原告与被告签订的《房屋买卖合同》应属无效合同。因《房屋买卖合同》无效，导致原告、被告签订的《协议书》中就被告以房抵债的条款违反法律规定而成为无效条款，但鉴于其他协议条款仍为有效条款，被告应当向原告返还剩余欠款99万元。判决支持了原告请求返还99万元的诉讼请求。[②]

---

① 陕西省西安市雁塔区人民法院（2018）陕0113民初18835号民事判决书。
② 陕西省西安市雁塔区人民法院（2020）陕0113民初16022号民事判决书。

以房抵债协议纠纷的复杂性在于，以房抵债协议的履行，应是将用于抵债的房屋的所有权转移登记在以房抵债协议的债权人名下。双方仅订立了以房抵债协议，并不能消灭债。要通过履行以房抵债协议，才能消灭债。在上述案例中，由于《协议书》的买受人受集体土地法律制度的特殊限制，根本无法成为抵债房屋的权利主体。《协议书》有关以房抵债的约定因违反法律、行政法规的强制性规定而无效，法院遂判令出卖人返还已收取买受人的购房款。

案例8.4　以房抵债协议能否产生约定抵销的法律后果？（二）

2012年1月，甲公司与乙公司签订《房屋抵顶工程款协议书》，约定就乙方承揽施工甲方的某大厦工程，将协商用该楼盘A座9层房屋抵顶工程款一事达成协议如下：抵顶房屋位于某大厦A座9层。双方抵顶房屋协议价为7500元/平方米，共计1095万元。经查，该房屋尚未办理所有权首次登记及任何转移登记。甲公司在与乙公司的建设工程施工合同纠纷案中，主张某大厦A座9层抵顶工程款应当计入已付工程款中。法院经审理后认为：《房屋抵顶工程款协议书》有效。但本案中仅凭当事人签订《房屋抵顶工程款协议书》的事实，尚不足以认定该协议书约定的房屋抵顶工程款应计入已付工程款，从而消灭相应金额的工程款债务，应根据该协议书的实际履行情况加以判定。根据物权法的相关规定，房屋所有权于办理转移登记之日转移，本案协议项下大厦并未登记在乙公司名下，乙公司未取得房屋所有权，协议书约定的拟以房抵顶的相应工程款债权并未消灭。判决未支持甲公司的该项主张。[①]

《九民纪要》对以物抵债协议的规范核心，在于防范债权人、债务人双方通过以物抵债协议"损害国家利益、社会公共利益、他人合法权益"，否则，以物抵债协议本身是有效的。

三、抵销权的行使

《民法典》第568条第2款规定："当事人主张抵销的，应当通知对方。

---

① 最高人民法院（2016）最高法民终字第484号民事判决书。

通知自到达对方时生效。抵销不得附条件或者附期限。"由此可见，抵销权的行使应注意以下几个方面。

（一）应通过明示的方式行使

明示对应的是默示，是说抵销权人应当以通知的方式将抵销的意思表示送达对方。通知方式没有特定的形式要求，是不要式的。

（二）抵销自通知到达对方时生效

通知作为明示的意思表示方式，自到达对方时生效是一个民法的基本常识。法条中的"通知自到达对方时生效"的核心意思是抵销的法律后果自通知到达对方时发生。这正是抵销权成为形成权的原因，抵销自通知"到达对方时生效"。

（三）抵销不得附条件附期限

抵销如果附了条件，就依条件的成就与否来确定抵销的后果，具有或然性，抵销的法律后果是不确定的。抵销如果附了期限，抵销就不会是"通知自到达对方时生效"，而是期限届满生效。无论是附条件，还是附期限，抵销产生相应法律后果的规则都会被改变，背离抵销权的属性，抵销权就不再是抵销权了。

当事人不享有抵销权而为抵销的意思表示，自然不会产生抵销的法律后果，相对人可以通过诉讼的方式来确认抵销不成立，进而追究其违法抵销行为的法律责任。

抵销权建立的前提是债权债务确定，如果双方对债权债务尚存争议，就应通过协议抵销或者一方请求、另一方反诉的诉讼方式去实现，而不是抵销。

案例 8.5　债权数额不确定能否抵销？

甲公司向乙超市供应商品，乙欠甲货款 108517.66 元未付。甲起诉，乙辩称应扣除返利、促销及退货费用，但乙未反诉。一审判决支持了甲的诉请，未采信乙的抗辩。乙上诉。二审对于乙抵销权的行使问题，认为货款与返利、促销、退货等金额并不混同，且均已到期，是法定抵销权行使之基础，两个债务若基于同一合同而生就不能适用法定抵销。这种看法并不全面，法律并没有禁止基于同一合同而生的债务进行抵销，只要债务有效且不为法律禁止抵销的，都可以抵销。本案双方系买卖合同与联营合同关系且互负债务，甲要求乙偿还拖欠的货款及利息，乙主张按合同约定扣除返利、促销、退货等费用，两笔债务可以相互抵销。类似复合型合同关系中，当事人主张行使法定抵销权于法有据。遂判决撤销原判，改判从甲应得货款中扣除乙方主张的三项费用。

二审认可乙超市的抵销权，在查明返利、促销及退货费用的金额后直接从甲公司应得货款中扣除。乙超市在诉讼中作为抗辩理由的主张并未按照请求权来对待，而是直接按抵销权处理了。

四、抵销的法律后果

（一）在"同等数额内"消灭债

在"同等数额内"消灭债是抵销的直接后果，是抵销制度的价值功能的根本所在。对于可分之债而言，没有被抵销而消灭的部分继续有效。

（二）债权的诉讼时效重新起算

抵销权以债权的存在为基础，债权人行使抵销权的实质是行使债权的一种方式，因此，抵销后剩余债权的诉讼时效重新起算。

（三）法律后果溯及抵销权成立时

抵销的溯及力表现在：自能抵销时就发生抵销效果，债之关系消灭，因而不再发生支付利息的债务；不存在迟延清偿的问题；在能抵销的情形发生后，一方当事人的违约金责任等因抵销的溯及力而不复存在。[1]

第四节　提　存

一、提存的概念与法律特征

提存是指债务人因债权人的原因无法向其交付标的物，使债务不能履行时，由债务人将标的物交付给法定机构，使债权债务终止的制度。提存涉及

---

[1] 李少伟、张晓飞主编：《合同法》，法律出版社2021年版，第173页。

三方当事人：一是提存人，即负有交付标的物义务的债务人；二是提存机构，在我国为公证处；三是提存受领人，即债权人。民法上的提存具有以下法律特征。

（一）提存以清偿为目的

《民法典》规定的提存是"债权债务终止"的法定情形之一。对于需受领之债，债权人不受领，债务人就无法履行。为保护债务人的履行行为，法律允许债务人以向债权人之外的法定机构履行债务代替向债权人直接履行，从而使债务人摆脱债的束缚，使债得以清偿。提存是债务履行的一种特殊方式。

（二）提存适用于交付标的物的债务

从《民法典》合同编"债务人依法将标的物提存"的表述上来看，债务人的履行行为应为交付标的物。债权人接受债务人交付的标的物，履行才能完成。因此，提存适用于需债权人受领的"用于交付标的物的债务"。债权人不受领交付的标的物，债务人的履行行为无法完成，债不能消灭，因此，要将标的物提存，标的物经由提存行为变成了提存物。《民法典》第570条、第571条、第572条、第573条、第574条都能够佐证这一认识。这是由提存的清偿目的所决定的。

（三）提存因债权人的原因而发生

提存是因债权人不受领债务人的履行而发生。无论是债权人不受领，还是债权人不能受领，都会使得债务无法履行。提存是为保护债务人的履行行为而设置。因提存而产生的费用应由债权人承担。

现行有效的规范性文件《提存公证规则》规定了两类性质不同的提存，均以公证方式实现。一类是以清偿为目的的提存，"以清偿为目的的提存公证具有债的消灭和债之标的物风险责任转移的法律效力"，是规定在《民法典》合同编当中的提存；一类是以担保为目的的提存，"以担保为目的的提存公证具有保证债务履行和替代其他担保形式的法律效力"，是规定在《民法典》物权编当中的提存。①

---

① 《提存公证规则》第3条。

二、提存的性质、功能

提存是一种公法行为，是公权力介入私人生活的表现，是为弥补私人自治之不足的一种特殊的救助措施。从提存人的角度来看，提存必须申请，经公证处审查后受理；从提存受领人的角度来看，领取提存标的物，必须提供身份证明、提存通知书或公告，以及有关债权的证明，并承担因提存所产生的费用。以对待给付为条件的提存，还应提供履行对待给付义务的证明；提存标的物满 20 年无人领取的归国家所有。现行规范对提存公证行为是按照行政行为来管理和规范的。当然，提存人和提存受领人之间是私法关系，提存所要维护的利益和实现的目的具有私法性。

提存的功能主要在于保护债务人的履行行为。债务因提存而消灭，债务人摆脱了债务的束缚，不再承担债务不履行的法律风险。

三、适用提存的法定情形

只有当法律规定的情形发生时，债务人方可通过提存的方式"交付"标的物，履行债务。《民法典》第 570 条规定的可适用提存的情形包括以下几个方面。

（一）债权人无正当理由拒绝受领

适用该情形的关键是对"正当理由"的认定。对债权人拒绝受领的理由是否正当应从严把握，债权人非不得已不得拒绝受领。

（二）债权人下落不明

要把这里的"下落不明"与宣告失踪、宣告死亡制度中的"下落不明"区别对待。这里的"下落不明"并非生死不明，而是说通过正常的联络方式无法联系到债权人，即告下落不明。债权人下落不明，债务人无法交付标的物，应允许债务人通过提存方式来履行。

（三）债权人死亡未确定继承人或者丧失民事行为能力人未确定监护人

无论是"未确定继承人"，还是"未确定监护人"，都属于债权受领人不确定，债务人无法确定向谁交付标的物，应允许债务人通过提存方式来履行。

（四）法律规定的其他情形

这是兜底条款，是指由法律规定的以清偿为目的的提存。此处的"法律"应做广义理解。《最高人民法院关于执行和解若干问题的规定》第 7 条规定："执行和解协议履行过程中，符合民法典第五百七十条规定情形的，债务人可以依法向有关机构申请提存；执行和解协议约定给付金钱的，债务人也可以向执行法院申请提存。"执行程序中的提存能够起到消灭债的作用。

以担保为目的的提存规定在《民法典》第 390 条、第 406 条、第 432 条、第 433 条、第 442 条、第 443 条、第 444 条、第 520 条、第 529 条、第 837 条、第 916 条、第 957 条。如：（1）担保期间，担保财产毁损、灭失或者被征收获得的保险金、赔偿金或者补偿金的提存；① （2）抵押期间，抵押人转让抵押财产损害抵押权的，所得价款应当提存；② （3）因质押权人保管不善可能使质押财产毁损、灭失的，出质人可以提存。③

提存标的物，以适于提存者为限。如生鲜商品、爆炸物、化学品等属于不适于提存的标的物。标的物提存费用过高的，债务人依法可以拍卖或者变卖标的物，也可以申请提存机构拍卖或者变卖标的物，提存所得的价款。

案例 8.6　可否通过提存方式履行生效法律文书规定的义务？

李某与深圳某公司因损害公司利益责任纠纷一案，经江西高院 2020 年 10 月 30 日终审判决，李某应于本判决书生效之日起十日内归还某公司 500 万元。但某公司一直未主动提供银行账户，李某寄送给某公司的要求其领取款项的函件也被拒收退回，李某无法履行判决书项下的义务。如果李某未按照判决指定的期间履行给付金钱义务的，应当依法加倍支付迟延履行期间的债务利息。李某未履行完判决书项下的义务，也无法向法院提出解除保全申请，解除账户的冻结及财产的查封。2020 年 11 月 20 日，李

---

① 《民法典》第 390 条：担保期间，担保财产毁损、灭失或者被征收等，担保物权人可以就获得的保险金、赔偿金或者补偿金等优先受偿。被担保债权的履行期限未届满的，也可以提存该保险金、赔偿金或者补偿金等。

② 《民法典》第 406 条：抵押期间，抵押人可以转让抵押财产。当事人另有约定的，按照其约定。抵押财产转让的，抵押权不受影响。抵押人转让抵押财产的，应当及时通知抵押权人。抵押权人能够证明抵押财产转让可能损害抵押权的，可以请求抵押人将转让所得的价款向抵押权人提前清偿债务或者提存。转让的价款超过债权数额的部分归抵押人所有，不足部分由债务人清偿。

③ 《民法典》第 432 条第 2 款：质权人的行为可能使质押财产毁损、灭失的，出质人可以请求质权人将质押财产提存，或者请求提前清偿债务并返还质押财产。

某来到江西省某公证处申请提存公证。公证处为其办理了提存工作。李某凭提存公证书向法院申请解除了保全措施。

李某通过提存的方式来履行生效法律文书规定的债务，是合法可行的。

四、提存公证的程序

根据《公证法》第 12 条之规定，公证机构根据自然人、法人或者其他组织（非法人组织）的申请办理提存事务。提存在我国是公证事务的一种。提存公证程序规定见《公证程序规则》及《提存公证规则》。

（一）申　请

申请人是自然人、法人或者其他组织（非法人组织）。以债务人申请为主，债权人也可依法申请提存。申请人应当填写《公证申请表》，并按要求提供相关资料。

（二）受　理

决定是否受理的审查内容包括：申请材料是否齐全，内容是否属实；提存申请人的民事行为能力和清偿依据；提存之债的真实性、合法性；提存的原因和事实是否属实；提存标的物与债的标的物是否相符，是否适于提存；提存标的物是否需要采取特殊的处理或保管措施。符合条件的，公证机构应当受理。不符合条件的，公证机构不予受理，并通知提存申请人。

（三）审　查

受理后，公证机构应当审查申请人办理提存公证的资格及相应的权利；意思表示是否真实；申请书的内容是否完备，含义是否清晰，签名、印鉴是否齐全；证明材料是否真实、合法、充分等。公证机构在审查中，对申请公证的事项的真实性、合法性有疑义的，可以要求申请人作出说明或者补充证明材料。

（四）出具提存公证书

公证机构办理提存，应当出具提存公证书。提存公证书应当按照规定的格式办理，由承办公证员签名、公证机构加盖印章。

五、提存的成立与效力

(一) 提存的成立

《民法典》第 571 条规定:"债务人将标的物或者将标的物依法拍卖、变卖所得价款交付提存部门时,提存成立。提存成立的,视为债务人在其提存范围内已经交付标的物。"标的物或价款交付提存部门时,提存成立,债务就履行了,债消灭。

(二) 提存的通知

《民法典》第 572 条规定:"标的物提存后,债务人应当及时通知债权人或者债权人的继承人、遗产管理人、监护人、财产代管人。""债权人或者债权人的继承人、遗产管理人、监护人、财产代管人"都是有权受领提存标的物的人,统称提存受领人。以清偿为目的的提存或提存人通知有困难的,公证处应自提存之日起七日内,以书面形式通知提存受领人,告知其领取提存物的时间、期限、地点、方法。提存受领人不清或下落不明、地址不详无法送达通知的,公证处应自提存之日起六十日内,以公告方式通知。公告应刊登在国家或债权人在国内住所地的法制报刊上,公告应在一个月内在同一报刊刊登三次。①

(三) 标的物提存后的风险移转、孳息归属

提存是债务履行的特殊方式,提存了标的物就等同于向债权人交付了标的物,因此,"标的物提存后,毁损、灭失的风险由债权人承担。提存期间,标的物的孳息归债权人所有。提存费用由债权人负担"②。

(四) 债权人提取提存物

既然标的物已经交付,权属归债权人,债权人自然有权随时提取标的(提存)物。但"债权人对债务人负有到期债务的,在债权人未履行债务或者提供担保之前,提存部门根据债务人的要求应当拒绝其领取提存物"③。提存部门拒绝提存受领人领取提存物的前提是"根据债务人的要求",不可主动采

---

① 《提存公证规则》第 18 条。
② 《民法典》第 573 条。
③ 《民法典》第 574 条第 1 款。

取拒绝措施。

债权人领取提存物的权利的除斥（存续）期间是五年，自提存之日起算。期满权利消灭。"提存物扣除提存费用后归国家所有。"①

（五）债务人取回提存物

债权人未履行其对债务人负有的到期债务，债务人有权主张抵销，债务人对债权人所负有的交付标的物的义务在"同等数额"内消灭，债务人可以据此向提存部门申请取回提存物。债权人向提存部门书面表示放弃领取提存物权利，也就是债权人抛弃债权的，债务人可以申请取回提存物。债务人取回提存物的，应当负担提存费用。

第五节　免　　除

一、免除的概念与法律特征

免除是指债权人豁免债务人部分或者全部债务，使债权债务部分或者全部终止的单方法律行为。《民法典》第 575 条规定："债权人免除债务人部分或者全部债务的，债权债务部分或者全部终止，但是债务人在合理期限内拒绝的除外。"免除具有以下法律特征。

（一）免除是债权人的单方法律行为

免除是指"债权人免除"，是债权人的单方行为。通过债权人单方免除债务人债务，债权债务终止。

（二）免除会引起债权债务终止

这是免除最直接的法律后果。免除后，债权人的债权和债务人的债务在免除的范围内均消灭。

（三）债务人有权拒绝接受债权人的豁免

债权人豁免债务人债务对债务人而言是一种恩惠，但恩惠不得强加于人。

---

① 《民法典》第 574 条第 2 款。

另外，债权人豁免债务人债务的原因并不一定会对债务人有益，允许债务人对债权人免除行为背后的原因进行判断后决定是否接受是合理的，债务人有权拒绝债权人的免除。但是，债务人应"在合理期限内拒绝"，以使法律关系尽快确定，这是法的安定性的要求。

免除是单方法律行为是我国立法选择的模式。免除是债权人单方抛弃债权的行为，应是无偿的，且应坚持无因性。免除是不要式的。免除的意思表示送达债务人后，免除的法律后果即发生，没有特定的程式要求。

二、免除的有效要件

免除的有效要件是指免除法律后果发生的条件。免除应具备下列要件。

（一）免除应当具备法律行为有效的一般要件

免除是法律行为之一种，免除应当具备法律行为有效的一般要件，如行为人（债权人）应当具有完全民事行为能力、意思表示真实、不违反法律行政法规的强制性规定等。

（二）免除的意思表示应当向债务人作出

免除的法律后果在债权人免除的意思表示到达债务人时发生。债务人是债权人免除行为的相对人，免除的意思表示应向债务人作出，应当送达债务人。

（三）债权人免除之债应为依法可免除的

债权人抛弃权利，应当是自由的，为防范道德风险，对于故意侵权之债不得通过协议方式预先免除。

三、免除的法律后果

免除消灭债。免除的是主债，从债一并消灭。免除的是从债，主债依然存在。免除部分债务的，未免除的部分继续存在。

第六节　混　同

一、混同的概念与法律特征

混同是指债权和债务同归于一人，使债权债务终止的事实。狭义的混同仅指债权与债务的混同，引起的后果是债权债务同时消灭。广义的混同还包括权利的吸收，当主权利与从权利同归于一人时，从权利会被主权利吸收，从权利因被吸收而消灭，主权利继续存在。如自物权与他物权同归一人时，他物权消灭；主债权（务）与从债权（务）同归一人时，从债权（务）消灭；等等。狭义的混同具有以下法律特征。

（一）引起混同现象的原因是债的相对性丧失了

债权债务是两个相对应的主体之间的关系。债权债务同归于一人时，债的相对性丧失，债乃以存续的法律关系消灭，债就消灭了。

（二）混同是现象而非行为

混同不以意思表示为要素，是债权债务同归于一人后的结果。可以通过法律规定或者当事人约定的方式，来排除混同后果的适用，即混同现象发生时，债并不消灭。

（三）混同使得债权债务终止

这是混同最直接的后果。但因当事人约定排除适用及依照特别法的规定并不消灭债的除外。

二、发生混同的原因

（一）概括承受

概括承受是指债权债务的一并转让，如企业合并、继承等引起的概括承受，会使债权债务同归于一人。

（二）特定继受

特定继受是相对于概括承受而言的，是单就债权或者债务发生的继受，使得债权债务同归于一人，引起债的终止。

三、混同的法律后果

混同会使得债权债务终止，附属于主债的从债也一并终止。但在当事人特约排除适用以及特别法规定的情况下，不引起债权债务终止的后果。不引起债权债务终止的情形包括以下几个方面。

（一）当债权是第三人权利的标的时

譬如权利质押的情形下，作为标的的债权消灭了，质权也同时消灭。因为涉及质权人的利益，因此，在存在质押的场合，混同不发生债权债务终止的法律后果。

（二）票据权利票据义务不因混同而消灭

这是票据流通性的必然要求。否则，票据的流通性就会大打折扣，影响票据各项功能的充分发挥。

第七节　合同解除

一、合同解除的概念与法律特征

合同解除是指已经成立的合同，因法律规定的解除条件具备，合同自始或仅向将来消灭的制度。合同解除具有下列法律特征。

（一）合同解除的对象是已经成立的合同

合同解除是引起合同的权利义务终止的原因之一，若不存在合同关系，合同关系的终止无从谈起。因此，解除的对象是已经成立的合同。只要是成立的合同，无论其是否有效均可依法解除。需注意，撤销的对象是有效合同。撤销使合同归于无效，解除使合同归于消灭。

（二）需具备法律规定的解除条件

我国法规定的解除类型包括自动解除（也可称作当然解除）、协议解除、通知解除、裁判解除（也可称作请求解除）、视为解除、随时解除等，不同类型的解除对应不同的条件。自动解除基于法律的直接规定或者当事人的明确约定。协议解除基于当事人的合意。通知解除以解除权的存在为前提，解除权人通过行使解除权使合同归于消灭。裁判解除是通过赋予当事人以解除诉权的方式，由法院或者仲裁机构裁判解除。视为解除是法律推定的解除。随时解除也叫任意解除，是无须说明理由的解除。

（三）合同解除会引起"合同的权利义务关系终止"

《民法典》第 557 条第 2 款规定："合同解除的，该合同的权利义务关系终止。""合同的权利义务关系终止"也就是债权债务终止，解除是合同之债独有的一种终止情形。除了解除外，第 557 条第 1 款规定的债权债务终止的情形也会引起合同之债的终止，特别要关注"法律规定或者当事人约定终止的其他情形"，这极易被人们忽视。

一般而言，非继续性合同因解除自始消灭，继续性合同仅向将来消灭。

二、合同解除的类型

（一）自动解除、协商解除、通知解除与裁判解除

这是根据合同解除后果发生的依据不同对合同解除所作的分类。

自动解除也叫当然解除，是指法律直接规定或者当事人明确约定，当某一情形发生或者某一条件成就时，当事人无须为解除行为，合同当然解除。我国民法虽没有规定自动解除，但在《企业破产法》中有"视为解除"的规定，解除后果由法律规定直接推定发生，可归入自动解除的范畴。① 当事人也可在合同中约定自动解除的条件，条件成就，合同解除的后果发生，无须再为解除行为。

协议解除也叫双方协商解除，是双方通过协商一致的方式使合同终止。协议解除是通过订立"解除合同"的方式终止原合同关系。"解除合同"是"终止"合同关系的协议，是特殊类型的合同。当事人在协议解除时，未对合同解

---

① 《企业破产法》第 18 条规定："人民法院受理破产申请后，管理人对破产申请受理前成立而债务人和对方当事人均未履行完毕的合同有权决定解除或者继续履行，并通知对方当事人。管理人自破产申请受理之日起二个月内未通知对方当事人，或者自收到对方当事人催告之日起三十日内未答复的，视为解除合同。管理人决定继续履行合同的，对方当事人应当履行；但是，对方当事人有权要求管理人提供担保。管理人不提供担保的，视为解除合同。"

除后的违约责任、结算和清理等问题作出处理的，不影响合同解除的后果。①

通知解除以具有形成权性质的解除权的存在为前提，解除权人以通知方式单方行使解除权，合同自解除通知到达对方时解除。通知解除是最常见的合同解除类型。尽管解除权属于形成权，但解除权人亦可通过诉讼方式去行使权利，该类诉讼为确认之诉，确认有无解除权以及合同是否解除的事实。通知解除的对方当事人亦可通过诉讼方式来否定通知解除的效力。

裁判解除是通过赋予权利人解除诉权的方式，由法院或者仲裁机构裁判解除合同。此类解除权的性质为请求权，权利的内容为请求解除合同。此类诉讼为形成之诉，合同是否解除最终由裁判决定。情势变更情形下受不利影响的当事人可以请求人民法院或者仲裁机构解除合同，人民法院或者仲裁机构应当结合案件的实际情况，根据公平原则解除合同。② 此为典型的裁判解除。

（二）约定解除权解除与法定解除权解除

根据解除权产生的依据是约定还是法定，我们把通知解除区分为约定解除权解除与法定解除权解除。约定解除权是指解除权的产生事由是基于双方当事人的约定，"解除合同的事由发生时，解除权人可以解除合同"③。譬如某超市租赁合同约定，当超市连续 12 个月经营亏损的，超市一方可解除房屋租赁合同，并赔偿出租方 3 个月租金。法定解除权是指解除权的产生事由是由法律明确规定的。法定解除权常常表现为一种特殊的违约救济方式，赋予守约方以解除权。无论解除权是基于约定，还是基于法定，解除权产生后，解除权人必须通过行使解除权，合同方可解除。

案例 8.7 如何确认合同当事人是否享有解除权？

甲系房地产开发企业。2010 年 7 月，甲与员工乙签订了《商品房买卖合同》，以内部价将房屋出售给乙。并特别约定，员工任职未满 5 年离职的，应向甲方补缴房屋差价。2012 年 2 月，乙离职。2012 年 3 月，甲向乙送达《解除合同通知》，以乙任职未满 5 年为由解除了《商品房买卖合同》。2013 年 5 月，甲向乙交付了房屋。2014 年 10 月，乙以甲拒绝为其办

---

① 《合同编通则解释》第 52 条第 1 款。
② 《民法典》第 533 条。
③ 《民法典》第 562 条第 2 款。

理房屋过户登记为由，提起继续履行诉讼。请问：甲是否享有解除权？合同是否已经被解除？

甲不享有解除权，合同没有被解除。甲有权要求乙补足差价，乙有权要求甲办理房产过户。

（三）任意解除与非任意解除

任意解除又叫无条件解除，是法定解除权的特殊类型，是指当事人一方可以不附理由地随时解除合同，但须依法对由此给对方造成的损失承担赔偿责任，以防止任意解除权人滥用解除权损害对方利益。譬如不定期租赁合同、租赁合同、委托合同、承揽合同、不定期物业服务合同、不定期合伙合同、保险合同等，都规定有任意解除的规则。《民法典》第 563 条第 2 款规定："以持续履行的债务为内容的不定期合同，当事人可以随时解除合同，但是应当在合理期限之前通知对方。"此即任意解除之情形，但应"在合理期限之前通知对方"，因解除给对方造成损失的，应予赔偿。非任意解除即有条件解除，解除合同必须具备约定或者法定的条件，否则合同不得解除。

三、合同解除与相关概念辨析

要把合同解除与相关概念区分开来，避免引起法律适用的混乱。

（一）合同解除与合同终止

合同解除是合同终止的一种情形。合同终止除了清偿、抵销、提存、免除、混同、解除等情形外，还包括"法律规定或者当事人约定终止的其他情形"。不能将"法律规定或者当事人约定终止的其他情形"称为解除，不能将解除规则适用于"法律规定或者当事人约定终止的其他情形"。法律规定终止的情形要按照法律条文本身的含义去适用，当事人约定终止的情形要适用法律行为的一般规则处理。《民法典》第 580 条规定的不能履行情形下违约方请求终止合同权利义务关系的权利，在法律条文中明确称为"请求终止合同权利义务关系"，而非请求解除合同，不可将其归入自动解除的范畴，不可适用解除规则去审查其效力。[1]

---

① 《民法典》第 580 条第 2 款规定："有前款规定的除外情形之一，致使不能实现合同目的的，人民法院或者仲裁机构可以根据当事人的请求终止合同权利义务关系，但是不影响违约责任的承担。"

案例 8.8 当事人的约定是合同终止还是合同解除？

2007 年 4 月 16 日，甲集团与乙公司签订了《合作开发……油气资源合同》。第 20.4 条规定：在合作期内，因国家、集团政策变动致使项目无法合作，本合同即告终止。2014 年 12 月 31 日，甲集团向乙公司送达了《关于终止……石油开发合作的函》，称，根据中油股份整改石油合作项目管理的要求，"拟终止与贵公司在……区块的石油开发合作"。后双方就终止事项无法协商一致，成讼。乙公司诉请继续履行，甲集团反诉确认合同已经解除。一审认为"争议焦点为合同应继续履行或是解除清算以及清算基准时间如何认定"，因甲集团不能提交双方就解除合同事宜达成一致意思表示的书面协议，判决合同继续履行。甲集团上诉认为，案涉合同约定的解除条件已经成就，甲集团有权依据合同约定解除合同。二审总结的争议焦点为案涉合同是否已经解除，如已解除，解除后的清算基准日如何确定。二审认为，甲集团对于合同解除的方式在诉讼过程中前后陈述并不完全一致。在证据交换时称"合同是协商解除"，在庭审时称"合同系双方约定解除，而非违约解除"，在法庭辩论环节称"合同不是法定解除，也不是约定解除，系协商解除"。二审时，甲集团认为合同既符合约定解除权解除也符合协议解除。二审判决认定，合同约定的是解除条件，而该条件并未成就。维持了原判。甲集团申请再审。再审认为，合同解除和合同终止是两个不同的法律概念，各有不同的适用条件。甲集团申请再审要求改判终止合同履行，变更了诉讼请求，超出原审审理范围。甲集团关于合同应予终止的请求，超出原审诉请，本院不予审理。驳回了甲集团的再审申请。①

本案的基本事实是双方当事人在合同中所约定的"在合作期内，因国家、集团政策变动致使项目无法合作，本合同即告终止"。从约定所使用的概念来看，不是解除，而是终止，那就不应在解除方式中选择，而应扩大至合同终止的所有方式中选择。当事人的约定属于"当事人约定终止的其他情形"。甲

---

① 陕西省西安市中级人民法院（2020）陕 01 民初 568 号民事判决书，陕西省高级人民法院（2021）陕民终 226 号民事判决书，陕西省高级人民法院（2021）陕民申 4359 号民事裁定书。

集团举证证明集团政策发生变动，且政策变动使合同无法履行，即可诉请确认合同自集团政策变动时"即告终止"，不要纠结于解除制度。

案例 8.9　合同终止后能否单方通知解除合同？

2007 年 8 月，甲方 A 公司与乙方 B 公司、庞某签订《合作协议》，约定合作开发某地产项目。《合作协议》约定：三方商定，本协议书内容的各种条款和责任仅适用于本协议书内的合作开发项目。甲方在本合作项目之外的债权债务与乙方无关，乙方在 A 公司注册资金后的股东权益、法律责任也仅限于本项目的合作开发，该项目合作完结，乙方退出该公司，具体操作以公司法及公司章程为依据。2017 年 7 月 20 日，庞某向 A 公司、B 公司送达《关于解除〈合作协议〉的通知》，称：现该项目开发已经全部完成，需要对该项目经营情况及剩余资产进行清算、清退。为对合作项目实施最终清算创造条件，根据《合同法》第 96 条之规定，通知贵司解除合同。《合作协议》自本通知送达贵公司时解除。请贵司收到本通知 10 日内指派人员，共同组成清算组，与我协商并共同完成清算事宜。B 公司起诉，请求确认解除通知的效力。[①]

"合作完结"，合同已经终止，剩下结算、清理问题。已经终止的合同不需要再通过解除终止一次。庞某错误地适用了解除概念，其通知的本质是催告对方对合同终止后予以结算、清理。

（二）附解除条件与附条件解除

"附解除条件"是由《民法典》明确规定的概念，其完整表述为"附解除条件的民事法律行为"，"附解除条件"用来修饰"民事法律行为"，条件成就与否的法律后果由法律直接规定，指向的是民事法律行为效力的存废。《民法典》第 158 条规定："民事法律行为可以附条件，但是根据其性质不得附条件的除外。……附解除条件的民事法律行为，自条件成就时失效。"失效是指合同效力的丧失，合同归于无效。而合同解除是指合同权利义务关系的终止，是指合同的消灭。附条件解除不是一个由立法条文明确规定的概念，从学界现有的表述来看，意指所附条件成就后，合同解除，该条件成就与否

---

① 陕西省西安市中级人民法院（2018）陕 01 民初 1291 号民事裁定书。

的法律后果由当事人约定，该约定的适用遵循法律行为的一般原理。因此，附条件解除可归入自动解除的范畴。《企业破产法》第 117 条规定的"附解除条件的债权"中的"附解除条件"，[①] 其含义同《民法典》第 158 条的规定。

四、合同解除权的产生

合同解除权来自约定或者法定。约定解除权遵循法律行为的一般规则，当事人约定的条件成就的，解除权产生。法定解除权是由法律直接规定的，一般表述为"可以解除合同"。普遍适用于所有类型合同的为一般法定解除权，规定在《民法典》合同编通则中。仅适用于特定类型合同或者特定情形的为特别法定解除权，既有规定在《民法典》合同编通则当中的，譬如情势变更下"受不利影响的当事人"的解除权，"以持续履行的债务为内容的不定期合同"的任意解除权，也有规定在《民法典》其他部分，以及规定在特别法当中的解除权。特别法定解除权仅适用于法律明确规定的范围。

特别法定解除权在绝大多数情况下是一般法定解除权在特定领域的具体应用。

（一）一般法定解除权的产生情形

《民法典》第 563 条第 1 款规定的任一情形发生，一般法定解除权产生。

1. 因不可抗力致使不能实现合同目的

"不可抗力是不能预见、不能避免且不能克服的客观情况。"[②] 要把"因不可抗力不能履行民事义务"与"因不可抗力致使不能实现合同目的"区分开来。不可抗力引致的结果不同，产生的法律后果各异。"因不可抗力不能履行民事义务"产生"不承担民事责任"的法定免责后果；[③] "因不可抗力致使不能实现合同目的"产生"当事人可以解除合同"的一般法定解除权的后果。当事人援引不可抗力主张解除合同的，必须举证证明存在不可抗力的事实以

---

① 《企业破产法》第 117 条规定："对于附生效条件或者解除条件的债权，管理人应当将其分配额提存。管理人依照前款规定提存的分配额，在最后分配公告日，生效条件未成就或者解除条件成就的，应当分配给其他债权人；在最后分配公告日，生效条件成就或者解除条件未成就的，应当交付给债权人。"

② 《民法典》第 180 条第 2 款。

③ 《民法典》第 180 条第 1 款。

及因不可抗力致使不能实现合同目的的事实，两者缺一不可。

从立法规定来看，当这一情形出现时，合同双方均有权解除合同。

案例8.10 材料供应商可否适用不可抗力解除合同？

材料商向施工单位供应建筑材料，约定的结算付款条件为"别墅全部封顶后"，前期均由材料商垫资。由于政府进行整治，强制拆除了正在建造的别墅，西安院子项目半途而废，"别墅全部封顶"的付款条件确定不能成就。请问：材料商可否适用不可抗力解除合同，诉请开发商结算支付材料款？

政府强制拆除别墅的行为对于合同双方而言属于不可抗力，双方的合同目的均不能实现。材料商可借此主张解除合同，据实结算。

2. 在履行期限届满前，当事人一方明确表示或者以自己的行为表明不履行主要债务

这一情形被称为"预期违约"。"预期违约"不是想象违约，以此主张解除合同，必须有当事人一方"明确表示"或者"以自己的行为表明"在履行期限届满后"不履行主要债务"的证据。如果确有证据，法律即赋予另一方当事人解除权，无须等到"当事人一方"不履行主要债务的违约事实实际发生，即可解除合同。当然，如果享有解除权的一方是先履行义务人，其也可以借此事实行使不安抗辩权，以保护其顺序利益免遭对方预期违约行为之侵害。

3. 当事人一方迟延履行主要债务，经催告后在合理期限内仍未履行

该情形下，并非一有当事人一方迟延履行主要债务的事实，即可主张解除合同，还必须先行催告，给予当事人一方合理宽限期。如催告后仍不履行，即可主张解除合同。增加催告环节，主要是因为当事人一方迟延履行主要债务未必一定会导致合同目的不能实现，而法定解除权的产生以"致使不能实现合同目的"为实质要件。例如，鉴于供用电合同的特殊性，用电人逾期不支付电费的，供电人催告后仍不支付的，供电人可以按照国家规定的程序中止供电，但不得解除合同。①

_____

① 《民法典》第654条第1款。

4. 当事人一方迟延履行债务或者有其他违约行为致使不能实现合同目的

这一情形包括两种：一是当事人一方迟延履行债务（不区分主要债务与次要债务）致使不能实现合同目的；二是当事人一方有其他违约行为致使不能实现合同目的。一言以蔽之，包括迟延履行在内，只要"违约行为致使不能实现合同目的"，守约方即可取得解除权，主张解除合同。一般法定解除权作为对守约方的一种救济手段在这一规定中体现得尤为明显。

（二）特别法定解除权的产生情形

"法律规定的其他情形"即为特别法定解除权。特别法定解除权除了《民法典》规定的以外，在其他特别法中也有规定。我们选择《民法典》规定的几种具有代表性的特别法定解除权予以重点介绍。

1. 不安抗辩权中的解除权

不安抗辩权中的合同解除权是不安抗辩权制度的组成部分。当先履行义务人因"不安"通知对方中止履行后，"对方在合理期限内未恢复履行能力且未提供适当担保的，视为以自己的行为表明不履行主要债务"，中止履行的一方取得解除权。①"视为以自己的行为表明不履行主要债务"同时符合逾期违约一般法定解除权的条件。即便如此，也不能将不安抗辩权当中的解除权等同于逾期违约一般法定解除权。先履行义务人行使不安抗辩权，应当先"中止履行"并"及时通知对方"。"对方提供适当担保的，应当恢复履行。"只有"对方在合理期限内未恢复履行能力且未提供适当担保的"，先履行义务人才取得解除权。先履行义务人不得在未履行前置程序的情况下径行通知对方解除合同。

2. 不定期合同双方当事人的任意解除权

《民法典》第 563 条第 2 款规定："以持续履行的债务为内容的不定期合同，当事人可以随时解除合同，但是应当在合理期限之前通知对方。"持续性不定期合同双方均有权依据本条规定随时解除合同，但应当在通知中为解除附合理期限，以使对方有时间为解除合同做好准备工作。

3. 买卖合同买受人的解除权

买卖合同买受人的解除权规定在买卖合同一章中，是一般法定解除权中"致使不能实现合同目的"根本违约所生解除权在典型合同中的具体应用。买

---

① 《民法典》第 528 条。

卖合同以"转移标的物的所有权于买受人"为合同目的，"因出卖人未取得处分权致使标的物所有权不能转移的"，买受人有权解除合同。① "因标的物不符合质量要求"，"致使不能实现合同目的"的，买受人有权解除合同。② 法律为什么不规定出卖人的解除权呢？是因为买受人不支付价款，出卖人应当请求继续履行，而非解除合同。

4. 借款合同贷款人的解除权

借款人未按约定用途使用借款的，贷款人可以解除合同。③

5. 租赁合同双方当事人的解除权

租赁合同一章中规定了双方当事人的五种解除权。其中，出租人的解除权规定在《民法典》第711条、第716条第2款、第722条，承租人的解除权规定在《民法典》第724条、第729条。出租人解除权产生的情形有：承租人未按约定方法或者未根据租赁物性质使用租赁物，致使租赁物受到损失的；承租人未经出租人同意转租租赁物的；承租人在宽限期满后仍不支付租金的。承租人解除权产生的情形有：非因承租人原因致使租赁物无法使用的；租赁物毁损、灭失致使不能实现合同目的的。

6. 融资租赁合同双方当事人的解除权

对于融资租赁合同，《民法典》除了规定出租人的两项解除权外，④ 还规定了出租人和承租人均可解除合同的三种情形：出租人与出卖人的买卖合同解除、被确认无效或者被撤销，且未能重新订立的；租赁物毁损、灭失，且不能修复或者确定替代物的；因出卖人的原因致使融资租赁合同的目的不能实现的。⑤

7. 建设工程合同双方当事人的解除权

承包人将建设工程转包、违法分包的，发包人有权解除合同。⑥

① 《民法典》第597条第1款。
② 《民法典》第610条。
③ 《民法典》第673条。
④ 《民法典》第752条规定："承租人应当按照约定支付租金。承租人经催告后在合理期限内仍不支付租金的，出租人可以请求支付全部租金；也可以解除合同，收回租赁物。"第753条规定："承租人未经出租人同意，将租赁物转让、抵押、质押、投资入股或者以其他方式处分的，出租人可以解除融资租赁合同。"
⑤ 《民法典》第754条。
⑥ 《民法典》第806条第1款。

发包人提供的主要建筑材料、主要构配件和主要设备不符合强制性标准的，承包人有权解除合同。发包人不履行协助义务，致使承包人无法施工，经承包人催告后在合理期限内仍不履行的，承包人有权解除合同。[①]

《企业破产法》规定，管理人有权决定债务人和对方当事人均未履行完毕合同的解除或者继续履行。[②] 这也属于特别法定解除权。

五、解除权的行使期限与方式

（一）解除权的行使期限

解除权的行使期限也叫作解除权的存续期间。解除权的行使期限为除斥期间，"不适用有关诉讼时效中止、中断和延长的规定"[③]。解除权的行使期限由法律规定或者当事人约定。解除权人应当在解除权的行使期限内行使解除权，期限届满不行使的，解除权消灭。解除权行使期限由以下因素决定：（1）法律规定；（2）当事人约定；（3）法律没有规定、当事人也没有约定的，解除权行使期限为一年，自解除权人知道或者应当知道解除事由之日起算；（4）法律没有规定、当事人也没有约定的，对方催告时给定的合理期限。[④]

案例 8.11　开发商通过补充协议对买受人解除权的限制是否有效？

2018 年 7 月 8 日，张某与某开发商签订了《商品房买卖合同》。第 12 条约定，除不可抗力外，出卖人未按照约定的时间将商品房交付买受人的，逾期超过 180 日后，买受人有权解除合同；买受人解除合同的，应当书面通知出卖人。第 28 条约定，对本合同中未约定或约定不明的内容，双方可根据具体情况签订书面补充协议，补充协议中含有不合理地减轻或免除本合同约定应当由出卖人承担的责任，或不合理地加重买受人责任、排除买受人主要权利内容的，仍以本合同为准。合同补充协议第 10 条"逾期交付责任修改、增补"约定："买受人行使单方解除《商品房买卖

---

① 《民法典》第 806 条第 2 款。
② 《企业破产法》第 18 条第 1 款。
③ 《民法典》第 199 条。
④ 《民法典》第 564 条。

合同》的权利时，应在解除合同条件成立之日起 10 日内书面通知出卖人。买受人逾期未向出卖人发出解除《商品房买卖合同》的书面通知则视为放弃合同解除权，本《商品房买卖合同》继续履行。"2018 年 12 月 5 日，开发商向张某送达《收楼通知书》。但因房屋尚未达到合同约定的交房条件，张某未收房。2020 年 4 月 12 日，张某委托律师向开发商送达了《律师函》，通知解除了《商品房买卖合同》。张某随即起诉，请求确认《商品房买卖合同》解除。一审认为，双方在补充协议第 10 条中约定原告行使单方面解除《商品房买卖合同》的权利时，应在解除合同条件成立之日起 10 日内书面通知被告，逾期视为放弃合同解除权，合同需继续履行。原告于 2020 年 4 月 12 日向被告发函要求解除合同，此时已经超过当事人约定的解除权行使期限，原告的解除权已经消灭，合同不能据此解除。判决合同继续履行。①

本案争议焦点为《商品房买卖合同》补充协议第 10 条"逾期交付责任修改、增补"中对买受人单方解除合同应在解除条件成立之日起 10 日内书面通知出卖人，逾期则视为买受人放弃合同解除权的约定是否有效？笔者认为，开发商限制买受人解除权行使期限属于格式条款，不宜据此直接认定解除权消灭。

（二）解除权的行使方式

解除权的行使方式为通知（明示方式），合同自通知到达对方时解除。解除通知是不要式的。

解除通知可以附宽限期，债务人在宽限期内未履行债务的，宽限期届满时合同自动解除。

解除权人未以通知方式通知对方解除合同，而是直接提起诉讼或者申请仲裁主张解除合同，此诉为确认之诉，人民法院或者仲裁机构确认其主张的，合同自起诉状副本或者仲裁申请书副本送达对方时解除。②

当事人一方以通知方式解除合同，并以对方未在约定的异议期限或者其他合理期限内提出异议为由主张合同已经解除的，人民法院应当对其是否享

① 陕西省西安市雁塔区人民法院（2020）陕 0113 民初 12938 号民事判决书。
② 《民法典》第 565 条。

有解除权进行审查。确认其享有解除权的，合同自通知到达对方时解除；确认其不享有解除权的，通知不发生合同解除的效力。[①]

当事人一方直接以提起诉讼的方式主张解除合同，撤诉后再次起诉主张解除合同，经审理确认其享有解除权的，合同自再次起诉的起诉状副本送达对方时解除。但是，当事人一方撤诉后又通知对方解除合同且该通知已经到达对方的除外。[②]

（三）对解除行为效力异议的确认

对方对解除通知的效力有异议的，双方均可请求法院或者仲裁机构确认解除行为的效力。该诉为确认之诉，确认通知解除一方是否享有解除权。通知一方享有解除权的，合同自通知到达对方时解除；通知一方不享有解除权的，通知不发生解除的效力。通知一方不能仅以对方未在合理期限内提出异议为由主张通知解除有效。

六、合同解除的法律后果

（一）合同的权利义务终止

这是合同解除最直接、最基本的法律后果。

（二）终止履行

合同解除后，尚未履行的，因丧失了履行依据而终止履行。

（三）恢复原状

合同解除后，已经履行的，要根据履行情况和合同性质请求恢复原状或者采取其他补救措施。非继续性合同可以请求恢复原状。无法恢复原状的，可采取其他补救措施。合同解除后的恢复原状，可能表现为返还财产，但绝不能与无效合同的返还财产相混淆。无效合同的返还财产、折价补偿奉行职权主义，解除合同的返还财产应基于当事人的请求。

案例 8.12　判决解除合同的同时可否判决双方返还？

开发商甲与买受人乙签订了《商品房买卖合同》，乙通过首付加银行

---

① 《合同编通则解释》第 53 条。
② 《合同编通则解释》第 54 条。

按揭贷款方式全额支付了购房款。后因乙断供，甲诉至法院，诉请解除合同、支付违约金。请问：法院能否判决甲退还乙已付的房款？

在乙未请求的情况下，法院不能直接判决甲向乙退还已付房款。如果判决甲向乙退还已付房款，那也应当同时判决乙向甲退还房屋。而且，本案甲对乙享有的是基于承担连带保证责任后取得的追偿权，追偿的是甲代乙向银行承担的因拖欠按揭贷款产生的本息等偿还责任。解除《商品房买卖合同》的请求不应得到支持。

（四）赔偿损失

合同解除后，已经履行的部分无法恢复原状，或者虽可恢复原状，但仍使当事人一方有损失的，当事人可以请求赔偿损失。①

（五）请求违约方承担违约责任

合同因违约而解除的，合同虽已消灭，但不影响解除权人请求违约方承担违约责任的权利，除非当事人明确约定了放弃请求违约方承担违约责任。②

（六）担保人继续承担担保责任

合同解除后，对债务人因合同解除应承担的民事责任，担保人仍应继续承担担保责任，除非担保合同对此有相反的约定。③

（七）合同中结算和清理条款继续有效

合同解除后，合同中的结算和清理条款继续有效。④ 合同当事人有权依据该特殊条款对合同进行结算和清理。

---

① 《民法典》第 566 条第 1 款。
② 《民法典》第 566 条第 2 款。
③ 《民法典》第 566 条第 3 款。
④ 《民法典》第 567 条。

第九章　违约责任

第一节　违约责任的概念与构成要件

一、违约责任的概念与特征

违约责任是指合同当事人违反合同义务依法应承担的法律责任。对这一概念的理解，应注意以下几个方面。

（一）违约责任是民事责任之一种

违约责任是民事责任之一种，民事责任属于法律责任。法律责任是指义务主体违反法律义务依法应承担的不利法律后果。我们依照行为所违反法律规范的性质不同，将法律责任划分为民事责任、行政责任、刑事责任。民事责任还可以进一步区分为有限责任与无限责任、按份责任与连带责任、侵权责任与违约责任等。

（二）违约责任是一种合同责任

违约责任是违反合同（契约）义务的一种法律责任。因此，违约责任必须建立在存在合同（契约）关系这一基础之上。违约责任构成要件中的违约行为是指当事人所实施的违反合同义务的行为。合同义务来自两个方面：一是合同的有效约定。合同有效是合同约定义务产生法律约束力的前提，无效则无救济。合同无效时，通常只有独立存在的解决争议的条款会继续有效，其余条款都是无效的。违反无效约定，不承担违约责任。二是法律规定的合同义务。法律规定的合同义务也必须建立在合同有效的前提下。没有有效合同，法律规定的合同义务也无法发挥效力。

（三）违约责任由违约行为引起

违约行为是指违反合同义务的行为。违约责任由违约行为引起，但违约行为并非违约责任的唯一构成要件，也并非全部构成要件。有了违约行为，不一定会有违约责任，违约责任可能因为欠缺过错要件、后果要件、因果关系要件等无法成立。

（四）违约责任对于责任人而言是一种法律上的不利后果

责任是一种不利后果，这种不利后果的承担具有强制性、制裁性，绝少允许当事人自治。需要注意的是，无效合同的后果承担也是一种不利后果，但其与违约责任不能等同。

二、违约责任的构成要件

违约责任是法律责任之一种，我们遵循法律责任构成要件理论来分析违约责任的构成要件。

（一）违约责任的主体

责任主体是依法应承担、能承担法律责任的主体，责任主体要有责任能力。行为主体不一定是责任主体，行为主体如果没有责任能力，即使实施了违反义务的行为，也不承担责任。这是从法律责任主体的一般理论角度的认识，具体到违约责任的主体，其实现了义务主体、行为主体、责任主体的统一。由第三人履行合同中的第三人，不负担合同义务，无须依照合同向相对人承担责任。第三人不履行合同义务就是合同义务人不履行合同义务，合同责任仍应由合同义务人承担，而非第三人。

合同当事人是违约责任的责任主体。

案例 9.1　如何确定《物资租赁合同》的责任主体？

2018 年 6 月，A 公司与 B 公司、C 公司订立了《物资租赁合同》，B 公司负责人吴某、C 公司陕西负责人骆某分别在合同上签字。后 A 公司将 B 公司、C 公司诉至法庭，请求支付拖欠的租赁费及赔偿租赁物资损失。经查，C 公司为某大桥的总包商，B 公司承包了该工程的劳务，吴某以 B 公司授权收货人名义与 A 公司订立租赁合同。B 公司、C 公司均否认合同上加盖的印章是真实的。经鉴定，确与被告提供的印模不一致。一审判决认为：被告 C 公司签字人为骆某，C 公司认可该事实。B 公司吴某以负责人名义签字，原告有理由相信吴某为被告公司工作人员，其行为代表公司。判决支持原告诉请。该案上诉后，被以"本案基本事实不清，还需进一步查明"为由，发回重审。重审将吴某追加为第三人。二被告一概否认与原告签订了租赁合同，双方不存在租赁合同关系。吴某称，自己承包了 B 公司在大桥项目施工的劳务，租赁合同是个人所签，其曾经委托 B 公司向原告代付过租赁费。他与原告之间的费用需要核实清算，不认可原告诉请。重审查明的事实为：C 公司承建了大桥，将具体的施工分包给了 B 公司，B 公司又将工程劳务分包给吴某，吴某与原告订立了租赁合同。由于不能确认合同上吴某、骆某个人签字是代表各自公司的行为，就无法认定被告是租赁合同的当事人。判决驳回原告诉请。该案再次上诉。二审认为，B 公司作为分包单位，其在施工中存在设备使用的需求，本案争议的设备也确定在其施工的范围内被使用。不能简单地仅以吴某的自认来认定应由吴某来承担涉案租赁合同产生的责任。本案租赁合同的承租方只能认定为 B 公司。撤销原判，判决 B 公司承担责任。①

谁是本案《物资租赁合同》的承租人，谁就应当承担支付租金的合同义务。首先，C 公司的骆某是陕西地区负责人，这是身份。只要身份属实，即使公章不真实，同样构成职务行为。其次，B 公司承建大桥工程，租赁物资确实用于大桥工地，吴某的行为构成表见代理。职务行为的后果归属于法人，表见代理的后果归属于被代理人，故《物资租赁合同》的承租人为 C 公司和 B 公司。合同当事人确定了，违约责任主体即确定，二被告应向出租人承担支付租金的共同责任。

（二）违约行为

违约行为是指违反合同义务的行为，包括不履行和不适当履行两种情形。合同义务既有来自法定的，也有来自约定的，因此，违约行为不只是违反约定义务的行为，还包括违反法定义务的行为。不履行就是没有履行合同义务，

① 陕西省泾阳县人民法院（2019）陕 0423 民初 2210 号民事判决书，陕西省咸阳市中级人民法院（2020）陕 04 民终 1302 号民事裁定书，陕西省泾阳县人民法院（2020）陕 0423 民初 3378 号民事判决书，陕西省咸阳市中级人民法院（2021）陕 04 民终 4037 号民事判决书。

而不适当履行是履行了，但"履行合同义务不符合约定"，或"质量不符合约定"，或"迟延履行"，都属于不适当履行。

对违约行为的认定是一个事实判断，只要义务履行与合同约定不符，都可以认定为违约行为。不要把违约行为与违约责任混为一谈。违约行为是违约责任构成的必不可少的一个要件，但不是全部要件，有违约行为并不一定必然构成违约责任。因此，对违约行为客观、绝对的认定能够帮助大家把违约行为与违约责任两个概念区分开来。

在违约行为的认定上，要注意以下三种特殊情形。

1. 预期违约行为。预期违约是将要发生的违约行为。对于守约方来讲，要对预期违约行为提前采取救济措施，就必须满足法定的条件，承担必要的举证责任，否则就会构成类似"假想防卫"的"想象违约"，或者"防卫过当"。预期违约行为包括两类：一是当事人一方明确表示在合同履行期限届满时不履行合同义务；二是当事人一方以自己的行为表明不履行合同义务。"一方明确表示（明示）"或"以自己的行为表明（默示）"都是"对方"需要举证证明的事实。

2. 双方违约行为。双方违约是指在双务合同履行中，当事人各方都存在违反合同义务的情形。当出现这样的情况时，应当根据各自的违约行为分别承担相应的违约责任，而不是"各打五十大板"，互不承担责任。对于复杂的交易关系而言，各方互负之义务种类繁多，义务之间相互制约，互为条件，同时可能存在先后履行的顺序，要一一厘清事实确实不容易。《民法典》第592条第1款规定："当事人都违反合同的，应当各自承担相应的责任。"但要在具体案件中落实并非易事。

3. 因第三人原因造成的违约行为。当事人一方的违约行为是由于第三人的原因造成的，当事人一方应当向合同对方承担违约责任。当事人一方和第三人之间的纠纷，依照法律规定或者按照约定另行处理。① 这是由合同的相对性所决定的。

（三）行为人的主观过错

我们以主观过错是否作为法律责任的构成要件为标准，将法律责任区分

---

① 《民法典》第593条。

为过错责任与无过错责任。过错责任是指行为人主观过错是责任构成要件之一，缺少了该要件，责任不成立。过错责任是法律责任归责原则中"最古老、最为普遍的责任形式。"① 无过错责任是指违法行为人主观过错不是责任构成的要件，行为人有无过错都对责任构成没有影响。无过错责任与过错推定不同。过错推定仍然是过错责任，只不过在证明责任的分配上进行倒置，减轻了原告的负担，原告只要举证证明被告（行为人）实施了特定的违法行为，法律推定其同时具有过错，除非行为人能够反证自己没有过错。

过错是指行为人实施违法行为时的主观心态。行为为表，过错为里，行为与过错一致，不能将行为与过错割裂开来。

《民法典》第 577 条规定："当事人一方不履行合同义务或者履行合同义务不符合约定的，应当承担继续履行、采取补救措施或者赔偿损失等违约责任。"这与《民法典》侵权责任编的相关规定不同。《民法典》第 1165 条规定："行为人因过错侵害他人民事权益造成损害的，应当承担侵权责任。依照法律规定推定行为人有过错，其不能证明自己没有过错的，应当承担侵权责任。"侵权责任构成强调"行为人过错"这个要件，而违约责任则没有这个要件。由此可见，违约责任原则上是无过错责任。守约方请求违约方承担违约责任不以违约方（行为人）有过错为条件。但在合同编分则部分有关供电人责任、承揽人责任等个别典型合同的违约责任构成中，强调了行为人主观过错这一构成要件。由此可见，违约责任构成（归责）以无过错责任为原则，以过错责任为例外。

（四）损失（危害后果）

从法律责任构成的一般理论来看，这一要件应为危害后果要件，把危害后果作为责任的构成要件，无危害后果则无责任。譬如《传染病防治法》第77 条规定："单位和个人违反本法规定，导致传染病传播、流行，给他人人身、财产造成损害的，应当依法承担民事责任。"责任主体承担民事责任的要件包括"导致传染病传播、流行，给他人人身、财产造成损害"的危害后果，无危害后果则无责任。

但是，对于合同而言，损失不是违约责任的构成要件，而只是赔偿损失

---

① 张文显主编：《法理学》，法律出版社 1997 年版，第 148 页。

这一违约责任承担方式适用的必要条件，无损失则无赔偿损失。损失应当具有确定性，必须是在客观上能够认定的，"是违法行为或违约行为已经实际造成的侵害事实，而不是推测的、臆想的、虚构的、尚未发生的情况"①。

（五）因果关系

从法律责任构成的角度来看，违法行为与危害后果之间应当具有法律上的因果关系，危害后果是由违法行为必然引起的。但是，对于合同而言，因果关系不是证明违约责任构成的要素，而是请求违约方为损失承担赔偿责任时必须证明的。损失如果不是由违约行为引起的，就不能请求违约行为人赔偿损失。

案例 9.2　如何认定合同当事人的行为与损害之间是否具有因果关系？

2011 年 4 月 15 日，甲公司与乙公司签订了《代理进口委托合同》，甲公司委托乙公司代理进口铅精矿 1 万吨。合同履行中，乙公司认为甲公司欠其货款未结清，未向甲公司交付相应数量的铅精矿。后，甲公司以乙公司逾期放货为由，请求赔偿损失。一审认为，直到 2013 年 7 月 15 日甲公司提货之前，乙公司始终没有转移任何货权。按照铅精矿市场价格下跌情况，造成甲公司直接经济损失人民币 18440352.27 元。甲公司要求乙公司承担该损失，于法有据，予以支持。二审认为，乙公司从 2011 年 6 月 23 日开始应当按照付款情况转移货权。……直到 2013 年 7 月 15 日甲公司提货之前，乙公司始终没有转移任何货权，给甲公司造成经济损失人民币 18440352.27 元。甲公司要求乙公司承担该损失，于法有据，依法予以支持。维持了一审判决。乙公司以其逾期放货与甲公司损失之间不具有因果关系为由申请再审。再审认为，甲公司自 2011 年 7 月 16 日至 2013 年 7 月 15 日处于被停产阶段，2013 年 7 月 15 日，甲公司恢复生产，并于当日提取了货物，其未有证据证明造成实际的生产性经济损失。改判驳回了甲公司有关赔偿损失的请求。②

甲公司自 2011 年 7 月 16 日至 2013 年 7 月 15 日期间因环保原因处于停产

① 张文显主编：《法理学》，高等教育出版社 2003 年版，第 147 页。
② 陕西省西安市中级人民法院（2013）西民一初字第 00049 号民事审判书，陕西省高级人民法院（2017）陕民终 724 号民事判决书，最高人民法院（2018）最高法民再 421 号民事判决书。

状态，乙公司逾期放货行为与甲公司停产及因停产造成的经济损失之间不具有因果关系。

第二节　违约责任的免除与限制

一、违约责任的免除与限制概述

违约责任的免除与限制被笼统地称作违约责任的免责。免责包含免除责任和限制责任两种情形。免除责任是指在法律责任成立后，因法律规定或者当事人约定的免除条件成就，责任主体不承担责任的制度。限制责任是指在法律责任成立后，因法律规定或者当事人约定的限制责任的条件成就，责任主体只在限定范围（强度或者金额）内承担责任的制度。

对于法定的免责条件，不可抗力属于"不承担民事责任"的情形，可预见规则兼具免除责任与限制责任两种功能，其余如过错相抵规则、损益相抵规则、减损义务规则等，均系限制责任（限制损失赔偿额），而不是不承担（赔偿损失）责任的规则。《民法典》还规定了仅适用于特定类型合同的一些免责条件，这些免责条件系当事人一方"不承担赔偿责任"的情形。对于约定的免责条件，约定必须有效，方可适用。

免责条件是责任主体的抗辩事由，构成责任方抗辩权的内容。从消极中立裁决的角度来看，法院一般不应去主动援引免责条件免除或者限制责任主体的责任。

二、违约责任的法定免责条件

《民法典》规定的免责条件较多，除普遍适用于民事责任的不可抗力规则外，还有仅适用于典型合同，如运输合同中"货物本身的自然性质或者合理损耗"引起的损失，租赁合同中"根据租赁物的性质使用租赁物，致使租赁物受到损耗的"引起的损失等"不承担赔偿责任"的情形，这些都与违约责任的免责有关。

（一）不可抗力规则

不可抗力在《民法典》合同编中涉及两项制度：一是免责制度；二是解除制度。不可抗力作为免责制度在民事责任领域的适用最为广泛，本节讨论不可抗力的免责问题。

《民法典》第 180 条第 1 款规定："因不可抗力不能履行民事义务的，不承担民事责任。法律另有规定的，依照其规定。"当事人因不可抗力不能履行合同义务的，一般不承担违约责任。

1. 不可抗力的概念

"不可抗力是不能预见、不能避免且不能克服的客观情况。"[①] 不可抗力的内涵由三个"不能"所概括，"不能预见、不能避免且不能克服"。三个"不能"是指行为人"不能"，要从理性人角度来认定行为人的"不能"，即任何处于同等地位的人都是"不能"的。构成不可抗力的三个"不能"须同时具备，而不能只具备其中的任一个或者任两个。"客观情况"是指不可抗力事件的发生不可归责于行为人，不是因行为人的行为而导致的结果。

2. 不可抗力的范围

根据学术界的一般认识，不可抗力的外延一般包括以下两大类：一类是自然事件，如水灾、火灾、地震、瘟疫等；另一类是社会事件，如战争、动乱、暴乱、武装冲突、罢工，以及政府行为等。这只是学术上的一般解释，不代表当然适用。为避免对不可抗力事件范围的争议，当事人在订立合同时可对不可抗力事件的范围作出具体约定，予以列举。

案例 9.3 可否约定不可抗力？

甲乙就某城中村改造项目签署《合作经营合同书》，约定："由于合作项目的特殊性，双方同意将××市政府对城中村改造的政策变化视为不可抗力。发生不可抗力时双方互相不赔偿。"请问，该约定是否可行？

甲乙双方可以将市政府对城中村改造的政策变化视为不可抗力，这是当事人对不可抗力事件范围的具体约定。但该约定不具体、不确定，太过笼统，可能无法解决适用时的争议。

---

① 《民法典》第 180 条第 2 款。

案例 9.4　集团公司对集团下属子公司的业务调整（划转）是否属于不可抗力？

2020 年 11 月 25 日，甲集团以挂牌方式，竞得某建筑石料用灰岩矿采矿权，并与某县自然资源局当场签订了《采矿权出让成交确认书》，承诺于 20 日内足额付清全部出让成交价款。逾期，每日按应缴纳费用 2‰ 支付滞纳金，并须按成交价的 20% 向出让人支付违约金。2022 年 4 月 6 日，甲集团的上级企业——乙集团致函某县自然资源局，称，由于集团业务调整，将丙集团确定为项目实施主体，请贵局将采矿权竞得人由甲集团变更为丙集团，后续资源价款缴纳，采矿权手续办理及开发建设等事宜，均由丙集团或其为项目设立的子公司负责办理。甲集团遂以乙集团政策调整系不可抗力事件为由，请求免予收取滞纳金、违约金。请问：集团公司对集团下属子公司的业务调整（划转）是否属于不可抗力事件？

集团公司对下属子公司的业务调整不属于不可抗力。虽然子公司对集团公司"政策"变化确系"不能预见、不能避免且不能克服"，但集团公司"政策"变化不属于"客观情况"，集团公司的"政策"变化不能对抗交易相对人。根据契约自由原则，下属子公司在与相对人从事合同交易时，可以将上级集团公司的"政策"变化作为合同变更的条件。条件成就，可以对合同的相关内容予以变更。

认定不可抗力事件是主张免责抗辩的第一步，主张不可抗力免责的一方还必须证明不可抗力与"不能履行合同"之间存在因果关系，以及不可抗力对履行合同的影响程度，应"根据不可抗力的影响，部分或者全部免除责任"。这些都应在不可抗力的通知中阐明。

3. 不可抗力的通知

不可抗力事件发生后，欲援引不可抗力做免责抗辩的一方应当及时通知对方，"以减轻可能给对方造成的损失"。不可抗力的通知应包含以下内容：（1）对不可抗力事件本身的描述，并提供相应的证据来证明；（2）不可抗力事件与不能履行合同之间的因果关系描述，以及对这一影响持续时间的估算；（3）为克服不可抗力事件对合同履行的影响所采取的措施及效果。

4. 不可抗力的后果

适用不可抗力规则会产生"部分或者全部免除"不能履行合同一方违约责任的法律后果。不可抗力规则的适用存在两种例外情形：（1）"法律另有规定的除外。"法律明确规定，当出现不可抗力时并不免除责任人责任的情形。（2）"当事人迟延履行后发生不可抗力的，不免除其违约责任。"[①] 也就是说，如果当事人如约履行，就不会遭遇不可抗力。不可抗力发生在当事人迟延履行后，这时就不能免除其违约责任了。

当事人可以在合同中自行约定不可抗力规则。譬如有一份合同，其第 7 条约定：不可抗力。由于不可抗力事件发生，直接影响本合同的履行或者不能按约定的条件履行时，遇不可抗力的任何一方，应及时通知另一方，以减轻可能给对方造成的损失，并在不可抗力发生 15 个自然日内提供关于事件详情及本合同不能履行的理由的书面证明，在取得有关机构的不可抗力证明后，按其对履行本合同影响的程度，由合同各方协商，允许延期履行、部分履行或者不履行合同，并根据情况可部分或全部免予承担违约责任。该合同有关不可抗力规则的表述比较具体，基本反映了不可抗力作为法定免责条件的法律意义，是有效的。

不可抗力免责条件规则的司法适用应注意避免两个错误倾向：一是忽视当事人约定的不可抗力条款，认为不可抗力既然是法定免责条件，就应当看法律的规定，而忽视甚至漠视了当事人的约定；二是把审查重点集中在是否发生了不可抗力事件上，而忽视了对因果关系、影响程度及不可抗力通知的审查。不可抗力事件的发生是不可抗力规则适用的前提条件，但并不是唯一条件。

（二）货物本身的自然性质或者合理损耗

货物本身的自然性质或者合理损耗引起运输过程中货物的毁损、灭失，承运人不承担赔偿责任。《民法典》第 832 条规定："承运人对运输过程中货物的毁损、灭失承担赔偿责任。但是，承运人证明货物的毁损、灭失是因不可抗力、货物本身的自然性质或者合理损耗以及托运人、收货人的过错造成的，不承担赔偿责任。"

这三种情形，归结到一点，就是运输中货物的毁损、灭失不是因承运人

---

① 《民法典》第 590 条第 2 款。

的行为而发生的。"货物本身的自然性质或者合理损耗"分解开就是"货物本身的自然性质"及"货物本身的合理损耗"两种情形,"货物本身的自然性质"是基础,货物的"损耗"是否"合理","货物本身的自然性质"是重要的判断依据。除此之外,"合理损耗"的"合理"是一种限制因素,包含理性人标准及商业判断标准,需要根据个案的事实来具体认定。

基于"货物本身的自然性质",货物在运输过程中发生了"合理损耗",不属于违约行为,承运人不承担违约责任。此规则于仓储合同、租赁合同,亦然。《民法典》第917条规定:"因仓储物本身的自然性质……造成仓储物变质、损坏的,保管人不承担赔偿责任。""仓储物本身的自然性质""造成仓储物变质、损坏的",属于"合理损耗","保管人不承担赔偿责任"。《民法典》第710条规定:"承租人……根据租赁物的性质使用租赁物,致使租赁物受到损耗的,不承担赔偿责任。"租赁合同承租人是为取得租赁物的使用价值,通过正常使用租赁物来实现租赁合同的目的。承租人正常使用租赁物,导致租赁物损耗的,该损耗亦为"合理损耗",承租人"不承担赔偿责任"。

三、约定免责条件的效力认定

约定免责条件是指,当事人在合同中约定,一方违约后不承担违约责任或者仅在约定的范围内承担违约责任。约定免责条件的成立与效力遵循法律行为的一般规则,此处不重复解释。除合同无效的一般情形外,下面就约定免责条件无效的几种特殊情形做几点说明。

（一）免除造成对方人身损害责任的条款无效

人身权系基本权利,属于绝对权,法律对此特别保护,不允许当事人通过合同自由约定免除侵害人身权的法律责任。合同有此约定的,该约定无效。

（二）免除因故意或者重大过失造成对方财产损失责任的条款无效

这是有关财产损失赔偿责任的免责条款的无效规定。该规定以过错程度来决定免责条款的效力。约定免除故意或者重大过失造成对方财产损失赔偿责任的,该约定无效。

（三）不合理地免除或者减轻提供格式条款一方责任的格式条款无效

根据《民法典》第497条的规定,"提供格式条款一方不合理地免除或者减轻其责任"的,"该格式条款无效"。可见,提供格式条款的一方如果是合理地免除或者减轻对方的责任的,该格式条款有效。那么,提供格式条款的一方怎样做才是合理的呢?根据《民法典》第 496 条第 2 款的规定,提供格式条款的一方应做到以下几点:(1)遵循公平原则确定当事人之间的权利和义务;(2)采取合理的方式提示对方注意免除或者减轻提供格式条款一方责任的条款;(3)应对方的要求对免除或者减轻提供格式条款一方责任的条款予以说明。

还需要说明的是,当合同无效后,该合同当中包含的约定免责条件也就无效了。

第三节 违约责任与侵权责任的竞合

一、法律责任竞合的一般理论

法律责任竞合是指同一行为同时构成两种或者两种以上同一性质的法律责任的现象。譬如犯罪竞合,以及民事责任中违约责任与侵权责任的竞合等。对法律责任竞合概念的理解,要注意以下几点。

(一)责任竞合是指同一性质的两种以上责任类型之间发生冲突的现象

法律责任的类型划分比较复杂,从立法技术角度来看,依照行为所违反的法律规范性质不同所作的类型划分是一个基本的参照体系,包括刑事责任、行政责任和民事责任。同一性质的法律责任是指同属刑事责任、同属行政责任或者同属民事责任。责任竞合是指同一行为同时符合同一性质法律责任中的两种或者两种以上类型的责任,譬如同为民事责任中的违约责任或者侵权责任,同为刑事责任中的不同犯罪罪名等。

同一行为同时触发两种或者两种以上不同性质的法律责任类型的,不叫作责任竞合,不适用责任竞合的规则。譬如故意伤害致人重伤的,既要承担刑事责任,又要承担民事赔偿责任。譬如重大安全生产责任事故的处理,既有刑事责任,又有行政责任,还有民事责任的承担问题。不同性质的法律责任功能各有不同，互不排斥，可同时适用，不属于责任竞合现象。

（二）责任竞合现象是法律规范本身所引起的

行为人只实施了一个行为，但是由于法律规范本身，这一行为既符合此种责任的构成要件，也符合他种责任的构成要件。立法必须专门制定责任竞合时的处理规则，解决责任竞合时引发的规范冲突问题。

（三）责任竞合的处理规则在公法、私法领域应当有所区分

公法领域的责任竞合规则，如犯罪竞合，应"从一重而处"，再如行政责任中的"一事不二罚"原则。公法领域的责任竞合处理规则表现为强制性规范，目的是实现对公权力运行的约束。私法领域责任竞合处理规则表现为任意性规范，赋予权利人以选择权，更好地实现和保护权利人的合法权益。

二、违约责任与侵权责任竞合的成立

在当事人之间存在合同关系（约）的情况下，一方当事人的违约行为，既构成违约责任，同时又符合侵权责任的构成要件，构成侵权责任，这就叫违约责任与侵权责任的竞合。违约责任与侵权责任竞合的成立，应注意以下几点。

（一）存在合法有效的合同关系

有合同关系，才可能有违约责任。没有违约责任，就不会发生违约责任与侵权责任的竞合现象。

（二）违约方的违约行为同时构成了侵权责任

违约方所实施的违约行为在构成违约责任的同时，也构成了侵权责任，使得守约方（受害人、受损害方）同时获得基于侵权责任的请求权。

（三）两种性质相同的责任在承担上有冲突

一个行为使得相对人同时获得了两个请求权，如果允许这两个请求权同时行使，定会不合理地加重对方的负担，因此，法律不允许两个请求权同时行使。责任竞合的处理规则就是要解决请求权的冲突问题。

三、违约责任与侵权责任竞合时的处理规则

《民法典》第186条规定："因当事人一方的违约行为，损害对方人身权

益、财产权益的，受损害方有权选择请求其承担违约责任或者侵权责任。"当违约行为既构成违约责任，又构成侵权责任时，受损害方"有权选择请求"，即在违约责任或者侵权责任之间择一请求。这是《民法典》总则编的基本规定。至《民法典》侵权责任编，作了补充规定。《民法典》第 996 条规定："因当事人一方的违约行为，损害对方人格权并造成严重精神损害，受损害方选择请求其承担违约责任的，不影响受损害方请求精神损害赔偿。"该补充规定对自然人人身权益的保护作了特别规定，当违约行为侵害了自然人人身权益造成严重精神损害时，受损害方虽然依照《民法典》第 186 条规定选择了请求违约方承担违约责任，但也可以同时请求违约方承担精神损害赔偿责任。该规则相较于《合同法》的规定有所进步，满足了"受损害方"在特定条件下权益最大化的正当诉求。

四、受损害方选择请求时应注意的因素

既然法律将选择权交给了受损害方，那么，受损害方在选择时应注意哪些因素呢？

（一）要注意两种责任的不同构成要件

责任构成要件不同，原告（受损害方）证明责任的内容就不同。主张违约责任，必须先证明存在基础的合同关系，举证证明对方的违约行为。因为违约责任以无过错归责为原则，一般情况下无须证明违约方过错。主张侵权责任，要证明侵权行为，造成的损失，且两者间有因果关系等。

（二）要注意两种责任的不同承担方式

违约责任和侵权责任都有损害赔偿责任承担方式，但违约责任是侵害财产权的责任，侵权责任还包括对人身权益的侵害，因此在赔偿的内容上就有差异。违约责任通常没有精神损害赔偿，而侵权责任会有。要根据原告的受损害情况及诉求去选择责任类型。

（三）两种责任损失赔偿额的计算依据不同

一般情况下，违约责任的赔偿范围包括所受损失和所失利益两部分，依约计算。侵权责任的赔偿范围依法计算。受损害方在选择前都可以事先有个估算。

此外，两种责任在时效与能否抵销上也存在区别。以上因素都会对"受损害方"行使选择权产生影响。

第四节　违约责任的承担方式

一、违约责任的承担方式概述

法律责任是以国家强制力为后盾保障实现的，法律责任的承担总是意味着对责任主体的财产、自由乃至生命的剥夺。因此，对法律责任的认识要注意牢记三个法定：构成要件法定、承担方式法定、实现程序法定。法律责任的构成要件法定包含责任主体法定、归责原则法定。法律责任的承担方式法定是指所有的责任承担方式都是法律预先规定好的，责任承担方式中允许私人自治的部分亦在法律中明示，当事人只有在法律明示授权范围内享有选择上的有限自由，任何人没有创设新的责任承担方式的自由。法律责任的实现程序法定是特别要强调的，无论是裁判程序，还是执行程序，都应当严格按照法律的规定实施，这是法律正义实现的基本保障。

违约责任属于民事责任之大类，其责任承担遵循民事责任的"填平"原则，不适用惩罚性赔偿。[①]《民法典》第577条规定："当事人一方不履行合同义务或者履行合同义务不符合约定的，应当承担继续履行、采取补救措施或者赔偿损失等违约责任。"继续履行、采取补救措施、赔偿损失是法定的违约责任承担方式。继续履行适用于不履行合同义务的情形，在金钱债务与非金钱债务履行上的适用不同。采取补救措施适用于履行合同义务不符合约定的情形，包括修理、更换、重作、退货、减少价款或者报酬等具体措施，由债权人合理选择适用。在继续履行或者采取补救措施后还有损失的，适用赔偿损失，当事人约定"损失赔偿额的计算方法"是对赔偿损失方式的补充。违约责任的承担方式另有违约金和定金罚则，均可独立适用。

---

① 《民法典》中规定的适用惩罚性赔偿的三种情形分别是知识产权侵权责任（第1185条）、产品责任（第1207条）以及环境侵权责任（第1232条），均在"侵权责任编"。

综上，违约责任的承担方式包括继续履行、采取补救措施、赔偿损失、违约金、定金罚则等五种。接下来我们一一予以说明。

二、继续履行

继续履行是指当债务人不履行合同义务的，债权人有权请求债务人继续履行其合同义务。继续履行系债权人的请求权。债权人如以继续履行作为诉讼请求的话，继续履行就会因法院生效判决的支持而最终转化为强制履行。当"根据债务的性质不得强制履行的"，债权人可转向适用赔偿损失的违约责任承担方式。继续履行违约责任承担方式的适用应注意以下几点。

（一）继续履行适用于债务人不履行债务的情形

《民法典》第 577 条规定："当事人一方不履行合同义务……的，应当承担继续履行……违约责任。"第 580 条规定："当事人一方不履行非金钱债务或者履行非金钱债务不符合约定的，对方可以请求履行……"由此可见，继续履行适用于债务人不履行债务的情形。

（二）继续履行适用于金钱债务的履行

《民法典》第 579 条规定："当事人一方未支付价款、报酬、租金、利息，或者不履行其他金钱债务的，对方可以请求其支付。"由此可见，继续履行可以适用于以金钱为履行标的（以给付金钱为内容）的债务。

（三）继续履行适用于非金钱债务的履行

继续履行亦可适用于非金钱债务的履行，但立法有例外之规定。从《民法典》第 580 条的规定来看，有下列情形之一的，不适用继续履行。

1. 法律上或者事实上不能履行。无论是法律上不能履行，还是事实上不能履行，其基本的规范逻辑就是，当某一特定事实发生后，法律认为该事实属于"不能履行"的情形，因此，权利人请求继续履行不被支持。先有不能履行的事实，而后有法律认为不能请求继续履行的后果，事实上不能履行归根结底还是法律上不能履行。

2. 债务的标的不适于强制履行或者履行费用过高。该情形是法益衡平的结果。

3. 债权人在合理期限内未请求履行。"债权人在合理期限内未请求履行"

这一事实产生不能继续履行的法律后果，债权人就不得再请求继续履行了，仍属"法律上或者事实上不能履行"的具体化。

有上述情形"致使不能实现合同目的的"，守约方有权请求人民法院或者仲裁机构终止合同，违约方仍应承担除了继续履行之外的其他方式的违约责任。

案例9.5 土地使用权转让合同的约定能否继续履行？

2008年3月，甲、乙方签订协议，约定：甲方同意，在其竞买某项目定点范围内的国有土地使用权成功，并办理完毕土地使用证之后，按照本协议约定，与乙方签订上述70亩商业用地土地使用权的转让合同。合同签订后，由于土地使用规划变更，甲方无法参与某项目土地的竞买，无法向乙方转让土地使用权。乙方请求法院判令甲方继续履行转让约定地块的土地使用权的义务。

双方关于70亩商业用地使用权转让的约定属于预约合同，甲方未参与土地竞买，致使履行预约合同的条件根本无法成就，构成违反预约合同的违约行为。但土地的使用规划已改变，甲无相关资质，合同无法继续履行。

（四）债务人负担由第三人替代履行的费用

当债权人遭遇债务"不能履行"情形时，其合同利益无法通过请求债务人继续履行的方式得以实现，债权人可以转向适用请求赔偿可得利益损失来维护自身合法权益。但在某些案件当中，债权人无法适用可得利益损失赔偿方式最大限度地实现其合同利益，或者说债权人的合同利益只有通过继续履行才能最大化，因此，在替代履行可行的情形下，债权人可以选择由第三人替代履行，进而请求债务人负担由第三人替代履行的费用。[1]

三、采取补救措施

当"履行债务不符合约定"的瑕疵履行违约行为发生后，债权人可以适用采取补救措施的违约责任承担方式进行救济，补救措施包括修理、重作、更换、退货、减少价款或者报酬等，由债权人根据标的的性质以及损失的大

---

[1] 《民法典》第581条。

小合理选择。

根据《民法典》第582条的规定，当瑕疵履行违约行为发生后，债权人（受损害方）可以按照下列递进适用的规则，请求违约方承担违约责任。[①]

（一）有约定的按照约定内容承担

当事人在合同中针对瑕疵履行违约责任承担作了明确约定的，当瑕疵履行违约行为发生后，依照该约定承担违约责任。

（二）没有约定或者约定不明确的按照合同漏洞填补规则确定的内容承担

合同漏洞填补规则规定在《民法典》第510条，合同没有约定瑕疵履行违约责任承担规则，或者约定的违约责任承担规则不明确，可以通过合同漏洞填补规则确定。合同当事人按照合同漏洞填补规则确定的瑕疵履行违约责任规则来承担违约责任。

（三）在修理、重作、更换、退货、减少价款或者报酬中选择

在前述两种方式无法确定瑕疵履行违约责任时，可以在"修理、重作、更换、退货、减少价款或者报酬"等补救措施中选择。该规则的要点包括：（1）选择权人是瑕疵履行的债权人（受损害方）；（2）选择"根据标的的性质以及损失的大小"；（3）选择的原则是"合理"。

四、赔偿损失

赔偿损失是法定的民事责任承担方式。《民法典》第179条第1款规定："承担民事责任的方式主要有：……（八）赔偿损失；……"第583条规定："当事人一方不履行合同义务或者履行合同义务不符合约定的，在履行义务或者采取补救措施后，对方还有其他损失的，应当赔偿损失。"因此，赔偿损失是一种法定的违约责任承担方式。

"赔偿损失"中的"损失"是指消耗或者失去的东西，民法上的"损失"是指民事权益所遭受的不利变化。

[①] 《民法典》第582条规定："履行不符合约定的，应当按照当事人的约定承担违约责任。对违约责任没有约定或者约定不明确，依据本法第五百一十条的规定仍不能确定的，受损害方根据标的的性质以及损失的大小，可以合理选择请求对方承担修理、重作、更换、退货、减少价款或者报酬等违约责任。"

《民法典》合同编当中的赔偿损失责任承担方式不只适用于违约行为，在合同不成立、合同无效等情形下亦可适用。

（一）何谓损失

结合《民法典》第584条规定，赔偿损失的损失由两部分组成：积极损失、履行利益。

1. 积极损失

这是指违约行为引起的债权人财产的不当减少，是一种积极的损害，亦谓直接损失。当事人通过合同交易，希望获取某种经济上的收益，但由于一方的违约行为，守约方的财产不但没有增加，反而减少了，减少的部分就是损失。加害给付当中的"加害"也属这类损失。

2. 履行利益

也叫可得利益，是指"合同履行后可以获得的利益"，是债权人有权期望得到的收益，债权人财产应增加而没有增加的部分就是损失，亦谓间接损失。

履行利益的确定是一项复杂工作。损失应当是利润，而非成本。非违约方实施了替代交易的，合理的替代交易价格与合同价格之间的差额为可得利益损失。非违约方未实施替代交易的，可以按照违约行为发生后合理期间内合同履行地的市场价格与合同价格的差额确定可得利益损失。[1] 非违约方的可得利益损失难以确定的，人民法院可以综合考虑违约方因违约获得的利益、违约方的过错程度、其他违约情节等因素，遵循公平原则和诚信原则确定。[2]

案例9.6　如何认定"损失"？

甲将一栋六层高的酒店大楼土建工程发包给乙施工。因甲拖欠工程款，乙在将酒店大楼施工至四层时撤场，起诉甲，要求支付拖欠的工程款并赔偿窝工损失。甲反诉，称，由于乙违约中途撤场，为减少损失，其不得不与丙重新签订《施工合同》，并向丙支付了酒店大楼剩余两层楼房施工的工程款，甲以这是"额外支出的工程款"为由，要求乙对此予以赔偿。一审认为，甲诉请的额外支出，因未计入本案鉴定的工程造价内，甲

---

[1] 《合同编通则解释》第60条。
[2] 《合同编通则解释》第62条。

并不存在额外支出，驳回了甲的反诉请求。① 请问：甲反诉请求赔偿的是不是"损失"？

案外人丙为甲施工了酒店大楼的剩余两层，甲向其支付相应工程款，理所应当。乙未施工该两层楼房，也没有向甲主张该部分工程款，甲没有重复支付的问题，何来"损失"？甲反诉请求赔偿的不是"损失"。

（二）损失赔偿额的确定

损失赔偿额的确定是民事诉讼案件当中原告证明责任的重要部分。损失赔偿额的确定规则有以下几个方面。

1. 通过当事人约定的损失赔偿额的计算方法确定

《民法典》第 585 条第 1 款规定："当事人……可以约定因违约产生的损失赔偿额的计算方法。"当事人对损失赔偿额计算方法有约定的，当违约行为发生后，根据约定的计算方法计算损失赔偿额。

案例 9.7　约定的是违约金还是损失赔偿额的计算方法？

甲乙双方就某块商业用地的开发签订了《合作开发协议》，约定："违约方应当赔偿给履约方已经实际支出的损失并赔偿违约金。违约金的计算公式：120 万元/亩×实测土地面积×10%。不再赔偿预期利益。"

本案中的违约金实质上是指损失，赔偿违约金的计算公式实质上就是损失赔偿额的计算公式。

2. 分项计算法

分项计算法是将因违约行为造成的损失的每一项按照加、乘等算术方法计算出得数，分项列明，最后相加得出损失赔偿额。分项计算法具体、直观、说服力强。如在建设工程施工合同纠纷案件中，因发包方拖欠工程款，或未履行其他合同义务，致使工期延误的，施工企业对窝工损失的计算就可采用这种方法。机械租赁费、人员工资、伙食等损失项，乘以窝工天数，总和数就是损失赔偿额。

---

① 陕西省高级人民法院（2005）陕民一初字第 10 号民事判决书，最高人民法院（2007）民一终字第 10 号民事判决书。

3. 比较计算法

也称对比计算法。对于履行利益损失，可以通过比较的方法来计算损失赔偿额。譬如营业损失的计算，可以采取跟受损害方过去同期正常经营月份的营业利润进行比较的方法，参照同期正常营业时段的利润来计算因违约行为导致停业的损失。还有跟同地段、同时段、同行比。比较计算法建立在对以往正常经营时段利润的参考上，因此，要有健全的财务资料来证明。

4. 抽象计算法

抽象计算法是建立在常识估算的基础上，缺乏确实的直接证据或者确切的数据运算过程。譬如知识产权、人身权等的侵权损害赔偿案中，要在选取的计算方法基础上，重点揭示损失的发生及其危害。

案例 9.8　延期交工导致的预期营业收入是否为损失？

甲将建造一家四星级酒店工程发包给乙施工，计划工期 300 天。由于工期拖延，甲将乙诉至法院，要求乙赔偿因延期交工导致的营业损失 855 万元。甲计算损失的依据是洲际酒店管理集团发布在其官网上的一份有关该酒店的盈利预测报告，如果洲际酒店管理集团管理该酒店的话，在投入营业的第一个年度（2005 年）即可实现营业收入 855 万元。[1] 请问：甲主张的营业收入是否为损失？

首先，营业收入不是损失，营业利润才是损失。其次，酒店盈利预测报告只是一个预计的数据，只可作为抽象计算损失赔偿额时的参考，不可直接援引。

特别法上惩罚性损害赔偿责任对损失赔偿额的确定规则仅适用于特定领域，不适用于合同法。譬如《消费者权益保护法》当中的"增加赔偿的金额"[2]，《食品安全法》当中的"价款十倍或者损失三倍的赔偿金"[3] 等。

（三）损失赔偿额的限制

损失赔偿额的计算，还要注意一些除外因素，这些因素都表现为对损失赔偿额的限制。

---

[1] 陕西省高级人民法院（2005）陕民一初字第 10 号民事判决书，最高人民法院（2007）民一终字第 10 号民事判决书。

[2] 《消费者权益保护法》第 55 条。

[3] 《食品安全法》第 148 条。

1. 可预见规则

可预见规则是指违约一方的赔偿责任以其在订立合同时预见到或者应当预见到的因违约可能造成对方的损失为限。《民法典》第 584 条规定："当事人一方不履行合同义务或者履行合同义务不符合约定，造成对方损失的，损失赔偿额应当相当于因违约所造成的损失，包括合同履行后可以获得的利益；但是，不得超过违约一方订立合同时预见到或者应当预见到的因违约可能造成的损失。"由此规定可知，可预见规则是对违约一方承担损失赔偿额的一种限制，没有预见的损失不在赔偿范围内。理解与适用可预见规则，应注意以下几点。

（1）预见人是违约一方。可预见规则考察的是违约一方"预见到或者应当预见到"的对方的损失，而不是对方"预见到或者应当预见到"的自己的损失。

（2）预见的时间是在"订立合同时"。违约一方在订立合同时，对其将来一旦违约可能给对方造成的损失有一个预判，赔偿以此预判为限。

（3）预见的内容是"损失"。这里的"损失"究竟是指损失的类型，还是指损失的大小（程度）？拟或二者兼而有之呢？从法律条文本身来看，应当是指"损失赔偿额"以违约一方"预见"的损失程度为限。损失类型的认定不以违约一方的"预见"为依据。譬如，航班延误给旅客造成的误餐、住宿、交通等方面的损失，在满足旅客基本需求的情况下由航空公司负担，但航班延误给旅客造成的生意泡汤、情人分手等损失不在航空公司应予赔偿之列。也就是说，"预见"受违约行为与损害结果之间因果关系的制约。对预见的审查认定要坚持理性人标准，不可完全依赖违约一方的陈述。对"预见到或者应当预见到的损失"的确定，"人民法院应当根据当事人订立合同的目的，综合考虑合同主体、合同内容、交易类型、交易习惯、磋商过程等因素，按照与违约方处于相同或者类似情况的民事主体在订立合同时预见到或者应当预见到的损失予以确定"①。

2. 减损规则

减损规则也叫减轻损失规则，是指在当事人一方违约后，对方（守约方）

---

① 《合同编通则解释》第 63 条第 1 款。

要采取适当措施防止损失的扩大，否则，无权就扩大的损失请求违约方赔偿。《民法典》第591条第1款规定："当事人一方违约后，对方应当采取适当措施防止损失的扩大；没有采取适当措施致使损失扩大的，不得就扩大的损失请求赔偿。"由此规定可知，减损规则为债权人设定了减损义务，减损义务系基于诚信原则所衍生的附随义务。债权人违反减损义务，致使己方损失扩大的，无权就扩大的损失要求违约方赔偿。因债权人违反减损义务扩大的损失，不在赔偿范围内。

损失系因违约行为而生，"损失的扩大"系因债权人未履行减损义务所致，债权人的不作为与损失扩大之间具有因果关系。鉴于债权人履行减损义务防止了损失的扩大，也就是防止了违约方违约行为危害后果的扩大，债权人"因防止损失扩大而支出的合理费用，由违约方负担"①。

3. 过错相抵规则

《民法典》第592条第2款规定："当事人一方违约造成对方损失，对方对损失的发生有过错的，可以减少相应的损失赔偿额。"此乃过错相抵规则。过错相抵是指同一损害后果是由双方各自的行为共同引起的，即"多因一果"，应按照双方各自行为在损害后果发生上的作用大小来分摊损失。这里的"过错"，不是指债权人行为的违法性，而是强调债权人行为与损害后果之间的因果关系，债权人与债务人双方行为的"多因"引起损害"一果"。过错相抵情形下，债权人行为导致的损失部分，不在赔偿范围内。

《民法典》第592条第1款规定的"当事人都违反合同的，应当各自承担相应的责任"不是过错相抵规则的内容，而是指双方违约。双方各自的违约行为会有各自不同的损害后果，不能是"各打五十大板"，而应在分别查明各自违约责任的情况下，"各自承担相应的责任"。

4. 损益相抵规则

损益相抵也叫损益同销，是指合同当事人一方因对方的违约行为遭受损失的同时获得了利益，一方所获利益应自损失赔偿额中扣除。《买卖合同解释》第23条规定："买卖合同当事人一方因对方违约而获有利益，违约方主张从损失赔偿额中扣除该部分利益的，人民法院应予支持。"亦即损失赔偿额

---

① 《民法典》第591条第2款。

应等于守约方因违约方的违约行为所遭受的"净损失"。[①] 损益相抵规则系"一因多果"现象，违约方的违约行为既给债权人造成了损失，又给债权人带来了收益，债权人所受损失与所获利益的差额才是损失赔偿额。债权人"因对方违约而获有"的"利益"，不在赔偿范围内。

从《买卖合同解释》的规定来看，损益相抵属于违约方的抗辩权，"违约方主张扣除"的，"人民法院应予支持"。

（四）赔偿损失的方式

《民法典》第 584 条、第 585 条规定了"损失赔偿额"的概念，是指一定数额的金钱。

五、违约金

（一）违约金的概念与特征

违约金是当事人约定的，在一方违约时应当根据违约情况向对方支付的一定数额的赔偿金。违约金具有以下法律特征。

1. 违约金由当事人约定

违约金的适用以当事人有约定为前提，无论是合同中的违约金条款，还是事后达成的包含违约金条款的补充协议，违约金应由当事人所约定。

违约金与损失赔偿额的计算方法均由当事人约定，违约金约定的是"一定数额"的金钱，而损失赔偿额的计算方法约定的是一个方法、一个公式，需要将来确定了若干变量后方可计算出损失额。只要当事人的约定是有效的，无论叫违约金，还是叫损失赔偿额的计算方法，均可以作为请求对方承担违约责任的依据。司法实践中，约定的损失赔偿额的计算方法也常常会被称作违约金。

2. 违约金为确定数额的金钱

违约金是约定的一方违约后应当向对方支付的确定数额的金钱，有别于损失赔偿额的计算方法。

3. 违约金是违约时应负担的给付

没有违约，自然不会有违约金的给付。违约金约定的从属性在此表现得

---

① 崔建远：《论损益相抵规则》，载《法学杂志》2022 年第 6 期。

尤为明显。

4. 违约金具有赔偿性质

在学理上，违约金有不同的性质，如有"制裁性质之违约金"与"损害赔偿性质之违约金"。[①] 我国《民法典》规定的违约金属损害赔偿性质的违约金。

（二）违约金的功能与调整

我国法上的违约金，其性质乃"赔偿额之预定"。约定违约金，能够起到合理分配对因违约造成的损失的证明责任的功能。《民法典》第585条第2款规定："约定的违约金低于造成的损失的，人民法院或者仲裁机构可以根据当事人的请求予以增加；约定的违约金过分高于造成的损失的，人民法院或者仲裁机构可以根据当事人的请求予以适当减少。"无论是"低于"，还是"过分高于"，都是约定违约金的数额与损失进行比较的结果。认为"低于造成的损失的"一方，先要证明损失，而后通过将损失与违约金进行比较，得出"违约金低于造成的损失"的结论，"违约金低于造成的损失"是"请求予以增加"的事实依据。此时，增加后的违约金虽然仍叫作违约金，但已与损失无异。认为"过分高于造成的损失的"一方，先要证明损失，而后通过将损失与违约金进行比较，得出"违约金过分高于造成的损失"的结论，"违约金过分高于造成的损失"是"请求予以适当减少"的事实依据。违约金的调整以证明责任的调整为前提，对违约造成的损失的证明责任在双方当事人之间进行调整。

根据《合同编通则解释》第64条的规定，约定违约金的效力受制于损失本身，是否调整由人民法院决定。"非违约方主张约定的违约金合理的，也应当提供相应的证据。"

对约定违约金的调整，除了考虑损失这一基础的因素外，还应兼顾合同主体、交易类型、合同的履行情况、当事人的过错程度、履约背景等因素，遵循公平原则和诚信原则进行综合判定。[②]

[①] 史尚宽：《债法总论》，中国政法大学出版社2000年版，第517页。

[②] 《合同编通则解释》第65条第1款。

六、定　金

（一）定金的概念与特征

作为违约责任承担方式的定金，是指违约一方以合同中实际交付的不超过法定最高限额的定金的负担，作为向对方承担违约责任的方式，也叫定金罚则。定金具有下列法律特征。

1. 定金来自约定

定金产生的基础是定金合同，定金合同是实践合同，以定金的实际交付作为定金合同成立的要件。

2. 要有实际交付的定金

没有实际交付的定金，就没有定金罚则的适用。

3. 定金罚则适用的定金有法定最高限额

《民法典》第 586 条第 2 款规定：“定金的数额……不得超过主合同标的额的百分之二十，超过部分不产生定金的效力。”当事人实际交付的定金数额超过法定限额的，超过部分不适用定金罚则。

4. 以定金的取得或丧失作为责任承担方式

《民法典》第 587 条规定：“……给付定金的一方不履行债务或者履行债务不符合约定，致使不能实现合同目的的，无权请求返还定金；收受定金的一方不履行债务或者履行债务不符合约定，致使不能实现合同目的的，应当双倍返还定金。”

总之，违约一方向对方承担的是定金数额的违约责任，守约方最终获得了定金数额金钱的补偿，这就叫定金罚则。定金罚则同样适用于担保定金、解约定金等定金类型。[①] 在双方均实施了根本违约行为的情形下，任何一方不得请求适用定金罚则。在一方仅实施轻微违约行为，而对方实施了根本违约行为的情形下，定金罚则适用于根本违约一方。在部分违约的情形下，可按部分违约在合同整体中的比例适用定金罚则。[②]

（二）定金与违约金、赔偿损失的适用

《民法典》第 588 条第 1 款规定：“当事人既约定违约金，又约定定金的，

---

① 《合同编通则解释》第 67 条第 3 款、第 4 款。

② 《合同编通则解释》第 68 条。

一方违约时，对方可以选择适用违约金或者定金条款。"由此规定可知，违约金与定金是相互排斥的，债权人只能择一行使。

《民法典》第588条第2款规定："定金不足以弥补一方违约造成的损失的，对方可以请求赔偿超过定金数额的损失。"定金是赔偿性质的，适用定金罚则仍无法弥补债权人的损失的，债权人可以继续请求赔偿定金数额未弥补的损失。违约一方不可以定金高于损失为由请求减少定金数额。

主要参考书目

1. 史尚宽：《民法总论》，中国政法大学出版社 2000 年版。

2. 史尚宽：《债法总论》，中国政法大学出版社 2000 年版。

3. 王泽鉴：《债法原理》（第一册），中国政法大学出版社 2001 年版。

4. 林诚二：《民法债编总论——体系化解说》，中国人民大学出版社 2003 年版。

5. 郑玉波：《民法债编总论》（修订 2 版），中国政法大学出版社 2004 年版。

6. 梁慧星：《民法总论》（第六版），法律出版社 2021 年版。

7. 韩松编著：《民法总论》（第四版），法律出版社 2020 年版。

8. 王利明：《合同法》（第二版），中国人民大学出版社 2021 年版。

9. 崔建远主编：《合同法》（第七版），法律出版社 2021 年版。

10. 杨立新：《合同法》，法律出版社 2021 年版。

11. 崔建远：《合同法》（第四版），北京大学出版社 2021 年版。

12. 李少伟、张晓飞主编：《合同法》，法律出版社 2021 年版。

13. 张翔主编：《民法分论》，中国政法大学出版社 2021 年版。

后　记

在古城初冬慵懒的暖阳下，我独自坐在操场的围栏边，望着操场上生龙活虎的年轻生命，回想起32年前我初入西北政法学院时的情形，当时的一切都那么新鲜，都那么近，又都那么远。

2003年初秋，我在走向法学院讲台的同时，也开始了兼职律师的生涯。20年来，在合同法领域的所学、所见、所思，汇成了这本小书。这本书见证了我在讲台与法庭之间的徘徊，记录着我人生的轨迹。20年后的今天，我仅以此书的成稿，来追忆我逝去的岁月。

感谢我的妻子任亚爱老师，正是她的辛勤付出，使我能够专注于自己喜欢的事业。感谢长久陪伴在我身边的不离不弃的亲人们！

应编辑的叮嘱，我在《最高人民法院关于适用〈中华人民共和国民法典〉合同编通则若干问题的解释》公布后完成了本书的定稿。非常感谢马颖编辑的认真审校，然文责自负，望读者不吝赐教！

张晓飞

2023年12月8日于古城西安

图书在版编目（CIP）数据

民法典合同编通则适用与典型案例解读／张晓飞著
. —北京：中国法制出版社，2024.1

ISBN 978-7-5216-4198-1

Ⅰ.①民… Ⅱ.①张… Ⅲ.①合同法-法律适用-中
国②合同法-案例-中国 Ⅳ.①D923.65

中国国家版本馆 CIP 数据核字（2024）第 016064 号

策划编辑 马 颖
责任编辑 王雯汀 封面设计 李 宁

民法典合同编通则适用与典型案例解读
MINFADIAN HETONGBIAN TONGZE SHIYONG YU DIANXING ANLI JIEDU

著者／张晓飞
经销／新华书店
印刷／三河市紫恒印装有限公司
开本/710 毫米×1000 毫米 16 开 印张／18.75 字数／237 千
版次/2024 年 1 月第 1 版 2024 年 1 月第 1 次印刷

中国法制出版社出版
书号 ISBN 978-7-5216-4198-1 定价：68.00 元

北京市西城区西便门西里甲 16 号西便门办公区
邮政编码：100053 传真：010-63141600
网址：http://www.zgfzs.com 编辑部电话：010-63141821
市场营销部电话：010-63141612 印务部电话：010-63141606

（如有印装质量问题，请与本社印务部联系。）